高尔夫球
专项体能教练教程

殷志栋　孟　梅　杜一鸣◎著

首都经济贸易大学出版社
Capital University of Economics and Business Press
·北　京·

图书在版编目（CIP）数据

高尔夫球专项体能教练教程 / 殷志栋，孟梅，杜一鸣著. -- 北京 : 首都经济贸易大学出版社，2024. 7.
ISBN 978-7-5638-3728-1

Ⅰ. G849. 3

中国国家版本馆 CIP 数据核字第 2024QP1629 号

高尔夫球专项体能教练教程
殷志栋　孟　梅　杜一鸣　著
GAO'ERFUQIU ZHUANXIANG TINENG JIAOLIAN JIAOCHENG

责任编辑　晓　云
封面设计　砚祥志远·激光照排 TEL: 010-65976003
出版发行　首都经济贸易大学出版社
地　　址　北京市朝阳区红庙（邮编 100026）
电　　话　（010）65976483　65065761　65071505（传真）
网　　址　http://www.sjmcb.cueb.edu.cn
经　　销　全国新华书店
照　　排　北京砚祥志远激光照排技术有限公司
印　　刷　北京九州迅驰传媒文化有限公司
成品尺寸　170毫米×240毫米　1/16
字　　数　359千字
印　　张　21.25
版　　次　2024年7月第1版
印　　次　2024年7月第1次印刷
书　　号　ISBN 978-7-5638-3728-1
定　　价　76.00元

河北环境工程学院转型发展校企合作编写系列教材编委会

生态环境产教融合系列教材
总　序

培养大批应用型人才是贯彻落实党中央、国务院关于教育综合改革决策部署的必要之举，产教融合是高等学校培养应用型人才的必由之路。2017年，国务院办公厅印发《关于深化产教融合的若干意见》（国办发〔2017〕95号），明确要求深化职业教育、高等教育等改革，发挥企业重要主体作用，促进人才培养供给侧和产业需求侧的结构和要素全方位融合，培养大批高素质创新人才和技术技能人才。深度推进产教融合在解决教育链与产业链脱节问题、将最新理论和技术落实落地、打破产业发展瓶颈、提升高校应用型人才培养质量等方面具有重要意义。

教材作为知识的载体，体现了人才培养目标的具体要求，是开展教学的基本工具，更是人才培养质量的重要保证。面对应用型人才培养的新要求，教材改革迫在眉睫。目前在应用型人才培养过程中普遍缺乏合适的教材，往往借用原有的普通本科教材，其教学要求、教学内容和教学模式等都不适用于强调实践能力的应用型人才培养，难以实现应用型人才的培养目标；有些应用型教材或地域性过于明显或单一不成体系，限制了学生对行业的整体性了解。因此，面对行业产业需求，将专业教育链与对应的产业链有机衔接，编写具有适用性和实用性的应用型系列教材非常迫切，具有重要的现实意义。

党的二十大报告指出，中国式现代化是人与自然和谐共生的现代化。中共中央、国务院发布的《关于全面推进美丽中国建设的意见》，明确了要加快形成以实现人与自然和谐共生现代化为导向的美丽中国建设新格局。目前，贯彻落实习近平生态文明思想，加快形成绿色低碳生产生活方式，把建设美丽中国转化为社会行为自觉，已成为新时代发展的必然趋势。高等学校是人才培养、文化传承的重要阵地，在美丽中国建设中，要承担起培养适应生态文明建设的人才、传播习近平生态文明思想、提高全民生态文明素质的重任。面对生态文明建设的新形势和美丽中国建设的明确要求，培养适应生态文明建设需要的应用型、复合型、创新型人才非常迫切。由于生态环境问题具有交叉性、系统性和复杂性等特点，在各行各业、生产生活各领域都存在生态环境问题，因此生态环境问题的解决不仅仅是某个行业的事情。这样就使生态环境人才的培养具有两方面特点：一方面具有鲜明的应用型特点，要能够解决各行各业、各个领域的环境问题；另一方面具有交叉复合型特点，培养生态环境人才不仅仅是生态环境类专业独有的任务。因此，高等学校要站在将生态文明建设纳入"五位一体"总体布局的高度，将专业人才培养链与行业产业的生态环境需求有机衔接，培养生态文明建设需要的应用型人才。所以，尽快开发针对各行各业生态环境问题的产教融合系列教材迫在眉睫。

河北环境工程学院的前身是中国环境管理干部学院，由中国环保事业的奠基者曲格平先生亲手创建，是中国最早开展环境教育的高校之一。建校40余年来，学校通过环保干部轮训、环保局长岗位培训、成人高等教育、高职教育、本科教育等形式，为环保事业源源不断输送了大批中坚人才和骨干力量。学校在我国环保事业发展的各个阶段都发挥了重要作用，见证了中国环境保护事业的发展历程，长期以来，学校被誉为环保系统的"黄埔军校"。近年来，学校坚持应用型办学定位，坚定不移走产教融合办学之路，以绿色低碳高质量发展需求为导向，优化学科专业结构，建设与行业产业需求有机衔接的专业集群；以产教融合为人才培养主要路径，建立产教融合协同育人的有效机制；以培养高素质应用型人才为根本目标，建立"跨学科交叉、校政企共育共管、多元协同促教"的应用型人才培养模式，改革课程体系和教育教学方法。其中，以课程建设为突破口，以产教融合应用型教材开发为抓手：对于生态环境类专业，梳理生态环保行业的需求，校企共同编写应用型教材；对于非生态环境类专业，围绕其对应的行业产业，梳理相应的绿色低碳发展的需求，跨学科、跨行业校企共同开发相关教材。拟通过几年的实践探索，校企共同开发一批生态环境产教融合应用型教材，以期解决高等学校生态环境应用型人才培养缺乏适应性教材等问题。

本系列教材以习近平生态文明思想为指导，坚持绿色低碳发展理念，覆盖多学科门类、行业产业领域，具有鲜明的生态环境特色。系列教材中的环境类专业课程教材直接与生态环境保护产业链相关领域结合，培养服务生态环保行业的应用型人才；系列教材中的非环境类专业课程教材，针对其行业产业链中存在的生态环境相关问题，将绿色低碳理念融入教材教学内容，培养学生良好的生态文明职业素养。在具体的教材建设环节，成立由高校“双师型”教师及行业企业一线具有丰富生产经验的专家组成的教材编写组，充分发挥校企合作双主体优势，立足企业现实岗位中的具体工作过程，采取项目式、任务式、案例式教学设计模式，将企业先进的生产技术、管理理念和课程思政等教育元素融入教材，真正实现教材内容与企业具体岗位的需要全面融合，全方位保证教材的适用性。

本系列教材填补了国内生态环境产教融合应用型系列教材的空白，适用于各普通本科院校、职业院校的生态环境类专业学生；同时，非生态环境类专业所开设的与生态环境相关的课程，也可选取系列教材中相关的教材使用。

前　言

进入20世纪80年代以后，高等教育领域逐渐形成了一股新的潮流，那就是普遍重视实践教学、强化应用技术型人才培养。2014年3月，教育部改革方向已经明确：全国普通本科高等院校1 200所学校中，将有600多所逐步向应用技术型大学转变，转型的大学本科院校正好占高校总数的50%。河北环境工程学院被河北省教育厅列为转型发展试点院校。为适应教育教学改革探索中注重实践环境的强化，提高学生社会职业素养和就业竞争力的要求，学校制订应用型高校校企合作开发教材计划，本教材有幸被列为计划内建设教材。我们组织了职业教练、球员、高校教师共计11人召开研讨会，以了解和适应我国高尔夫球运动发展的需求。

《高尔夫球专项体能教练教程》是以能力本位教育思想为指导，以模块化课程理论为依据，以项目引领、任务驱动、案例支撑为模式，由校企合作编写的，对高尔夫球专项体能教练的成长具有高度的针对性和应用性。在本教材的编写过程中，许凯、朱志武、姜芳、樊昌明、何琳、滕春红、葛艳荣、杜方琪、刘婷婷、张冉、朱辰、宋伟鹏、迟燕萍、高奎亭、段杭、陈龙、霍鹏峰、肖奇、刘露露、刘经伟、雷鸣、温蒙、朱杰、陈兴国等也参与了部分内容的研讨与编写。我们希望本教材在高尔夫球专项体能教练的塑造与培养过程中能够发挥出应有的作用，为我国的高尔夫球运动事业的发展尽微薄之力。本次编写的《高尔夫球专项体能教练教程》具有以下特色：

1. 项目引领，任务驱动，案例支撑。本教材采用项目引领，任务驱动、案例支撑的模式，以课题的形式提出问题，以启发式教学为主导来编排知识点，讲解中穿插了经典案例，能够充分调动学习者的积极性和创造性。

2. 通俗易懂，实用性强。本教材文风朴实，专业术语规范，通俗易懂。内容充分兼顾职业教练和教师工作的特点，并列举大量的实例，颇为实用。

3. 结构严谨，层次分明。本教材采用循序渐进的方式，由浅入深地介绍了高尔夫球专项体能教练学应具备的整体能力与素质、周期训练与教学能力、基本理论与力学知识、运动心理学相应概念及各种实用技巧、实例等。

4. 快速上手，简便易学。本教材引入典型案例，并在每个任务后面有训练检测，既方便教师对学生进行辅导，也便于学生自学、自查，有利于学生对技能的掌握。

5. 层次清晰，深度够用。本教材是涉及多学科综合运用的教材，多层面、全方位、高纵深构建理论体系，既有利于学习者在校学习，又有利于学生工作后的不断提高。

6. 适时更新，保持先进。本教材将来会适时更新，以确保教材内容的科学性、先进性和可持续发展性。

本教材在编写过程中得到北京大学生高尔夫球协会、北京金色河畔高尔夫球会、秦皇岛（保利）高尔夫球会、秦皇岛盛泰金海森林高尔夫球俱乐部、秦皇岛博帝高尔夫球练习场的鼎力协助，在此致以由衷的感谢！

本教材不足之处敬请广大读者批评指正，不胜感激。

殷志栋

目　录

项目一　高尔夫球专项体能教练……………………………………1

任务一　高尔夫球专项体能教练概述……………………………………3

课题一　高尔夫球专项体能教练的概念、特点和作用 ………………3

课题二　高尔夫球专项体能教练的工作内容、职业技能与个人发展 …………………………………………………………4

任务二　高尔夫球专项体能教练的基本素养……………………………7

课题一　感知核心素养 ……………………………………………………7

课题二　高尔夫球专项体能教练的基本素养 ……………………………8

项目二　高尔夫球体能的运动人体科学基础……………………………11

任务一　高尔夫球运动的解剖学基础……………………………………13

课题一　高尔夫球运动与运动系统 ……………………………………13

课题二　高尔夫球运动与心血管系统 …………………………………16

课题三　高尔夫球运动与呼吸系统 ……………………………………17

任务二　高尔夫球运动的生理学基础……………………………………19

课题一　高尔夫球运动与骨骼肌机能 …………………………………19

课题二　高尔夫球运动与心血管机能 …………………………………21

课题三　高尔夫球运动与呼吸机能 ……………………………………22

课题四　高尔夫球运动与能量供应和消耗 ……………………………22

课题五　高尔夫球运动与有氧、无氧工作能力 ………………………24

任务三　高尔夫球运动的生物力学基础 …… 28
课题一　高尔夫球运动与生物运动链 …… 28
课题二　高尔夫球运动与人体的标准解剖学姿势和基本轴 …… 30
课题三　高尔夫球运动与肌肉力量 …… 31
任务四　高尔夫球运动的营养学基础 …… 35
课题一　高尔夫球运动标准营养指南 …… 35
课题二　高尔夫球运动与常量营养素 …… 37
课题三　高尔夫球运动与维生素 …… 42
课题四　高尔夫球运动与体液平衡 …… 44
课题五　高尔夫球运动员赛前、赛中和赛后营养 …… 44
任务五　运动机能评定 …… 50
课题一　运动机能评定的概念、功能和作用 …… 50
课题二　各系统机能评定 …… 51
课题三　身体机能的综合评定 …… 54
项目三　高尔夫球专项体能课程系统化设计 …… 57
任务一　高尔夫球专项体能课程目标与教学设计 …… 59
课题一　高尔夫球专项体能课程目标 …… 59
课题二　高尔夫球专项体能课程教学设计 …… 60
任务二　高尔夫球专项体能课程教学大纲与教学进度 …… 62
课题一　高尔夫球专项体能课程教学大纲 …… 62
课题二　高尔夫球专项体能课程教学进度与教学重点、难点 …… 72
任务三　高尔夫球专项体能课程教学模式与教学方法 …… 80
课题一　高尔夫球专项体能课程教学模式 …… 80
课题二　高尔夫球专项体能课程教学方法 …… 86

任务四　高尔夫球专项体能课程教案和教学评价…………………… 89

课题一　高尔夫球专项体能课程教案概述 ………………………… 89

课题二　高尔夫球专项体能课程教案的编写 ……………………… 92

课题三　高尔夫球专项体能课程教案的执行 ………………………107

课题四　高尔夫球专项体能课程教学评价 …………………………112

项目四　高尔夫球体能训练体系……………………………………… 115

任务一　高尔夫球体能训练体系的相关概念………………………… 117

课题一　高尔夫球体能训练体系的建立 ……………………………117

课题二　高尔夫球体能训练的表现性、特点与任务 ………………118

课题三　高尔夫球专项体能训练的方法与手段 ……………………120

任务二　高尔夫球体能状态诊断与训练目标………………………… 122

课题一　高尔夫球体能状态诊断 ……………………………………122

课题二　高尔夫球体能训练目标 ……………………………………123

任务三　高尔夫球体能训练的原则…………………………………… 125

课题一　建立高尔夫球体能训练体系的原则 ………………………125

课题二　高尔夫球体能训练的运动原则 ……………………………126

课题三　高尔夫球体能训练的动机激励原则 ………………………127

课题四　高尔夫球练习场训练原则 …………………………………129

任务四　高尔夫球体能周期性训练及其理论依据…………………… 131

课题一　高尔夫球体能周期性训练概述 ……………………………131

课题二　高尔夫球体能周期性训练的理论依据 ……………………134

任务五　高尔夫球专项体能训练计划的制订 ……………………… 136

课题一　高尔夫球专项体能训练课的类型与结构 …………………136

课题二　高尔夫球专项体能训练课的负荷量度 ……………………139

课题三　高尔夫球专项体能训练计划的基本内容与格式 ………142

项目五　高尔夫球体能心理训练理论………………………………… 143

任务一　高尔夫球体能心理训练概述………………………………… 145

课题一　高尔夫球体能心理训练的基本概念 ……………………145

课题二　高尔夫球体能心理训练的分类 …………………………146

任务二　高尔夫球体能心理训练的作用、原则与方法……………… 148

课题一　高尔夫球体能心理训练的作用和原则 …………………148

课题二　高尔夫球体能心理训练的方法 …………………………150

项目六　高尔夫球专项体能训练理论………………………………… 157

任务一　高尔夫球专项体能训练的相关概念和分类………………… 159

课题一　高尔夫球专项体能训练的相关概念 ……………………159

课题二　高尔夫球专项体能训练的分类 …………………………162

任务二　高尔夫球专项体能力量素质训练…………………………… 164

课题一　高尔夫球专项体能力量素质训练概述 …………………164

课题二　高尔夫球专项体能力量素质训练的作用 ………………166

课题三　高尔夫球专项体能力量素质训练的分类 ………………167

课题四　决定高尔夫球专项体能力量素质的生理学因素 ………169

课题五　高尔夫球专项体能力量素质训练的方法 ………………173

任务三　高尔夫球专项体能耐力素质训练…………………………… 182

课题一　高尔夫球专项体能耐力素质训练概述 …………………182

课题二　高尔夫球专项体能有氧耐力素质训练的要点 …………186

课题三　高尔夫球专项体能无氧耐力素质训练的要点 …………187

课题四　高尔夫球专项体能耐力素质训练的方法 ………………190

任务四 高尔夫球专项体能速度素质训练……………………… 193
课题一 高尔夫球专项体能速度素质概述 ……………………193
课题二 速度素质的生理学基础 ………………………………195
课题三 高尔夫球专项体能速度素质训练的方法 ……………196
任务五 高尔夫球专项体能灵敏素质与柔韧素质训练…………… 201
课题一 高尔夫球专项体能灵敏素质与柔韧素质训练概述 ……201
课题二 高尔夫球专项体能灵敏素质与柔韧素质训练的方法 …205
任务六 高尔夫球专项体能平衡能力和节奏素质训练…………… 221
课题一 高尔夫球专项体能平衡能力训练的方法 ……………221
课题二 高尔夫球专项体能节奏素质训练的方法 ……………222
项目七 高尔夫球运动肌肉动作训练……………………………… 227
任务一 高尔夫球运动与肌肉参与………………………………… 229
课题一 发力和加速度 ………………………………………229
课题二 挥杆时主要参与肌肉和关节 …………………………230
课题三 能量的叠加 …………………………………………232
任务二 高尔夫球运动胸部动作训练……………………………… 234
课题一 胸部肌肉解剖结构与功能 ……………………………234
课题二 胸部动作训练的特点及注意事项 ……………………235
任务三 高尔夫球运动背部动作训练……………………………… 249
课题一 背部肌肉的功能 ……………………………………249
课题二 背部动作训练的特点及注意事项 ……………………250
任务四 高尔夫球运动肩部动作训练……………………………… 256
课题一 三角肌的重要性及其主要功能 ………………………256
课题二 肩部动作训练的特点及注意事项 ……………………257

任务五　高尔夫球运动手臂部动作训练 …… 266
课题一　手臂部肌肉的功能 …… 266
课题二　手臂部动作训练的特点及注意事项 …… 267
任务六　高尔夫球运动腰腹部动作训练 …… 276
课题一　腰腹部肌肉的功能 …… 276
课题二　腰腹部动作训练的特点及注意事项 …… 277
任务七　高尔夫球运动臀部动作训练 …… 283
课题一　臀部肌肉的功能 …… 283
课题二　臀部动作训练的特点及注意事项 …… 284
任务八　高尔夫球运动腿部动作训练 …… 290
课题一　腿部肌肉的功能 …… 290
课题二　腿部动作训练的特点及注意事项 …… 292
项目八　FMS 测试与功能性训练 …… 301
任务一　FMS 测试与弱链筛查 …… 303
课题一　FMS 测试 …… 303
课题二　弱链筛查 …… 317
任务二　功能性训练 …… 320
课题一　功能性训练概述 …… 320
课题二　功能性训练的应用 …… 321
参考文献 …… 323

项目一
高尔夫球专项体能教练

项目描述

高尔夫球运动在一个国家发展得如何，教练的水平起着至关重要的作用，其对一个国家高尔夫球运动的综合水平有着重大而深远的影响。我们将对高尔夫球专项体能教练进行理论分析，力求呈现给大家高尔夫球专项体能教练的工作内容，让大家对高尔夫球专项体能教练的工作性质有一个初步的认识。

学习目标

了解高尔夫球专项体能教练的概念，掌握高尔夫球专项体能教练应具备的工作素质，掌握高尔夫球专项体能教练的工作内容。

能力目标

能够运用所学知识，正确认识高尔夫球专项休能教练的工作内容，提高自己的从业能力。

任务一　高尔夫球专项体能教练概述

活动场地 / 环境

多媒体教室。

任务要求

1. 了解高尔夫球专项体能教练的概念和特点。
2. 了解高尔夫球专项体能教练的工作内容、职业技能与个人发展。

能力训练

掌握高尔夫球专项体能教练的概念，能够有意识地提高对高尔夫球专项体能教练的认知水平；初步形成高尔夫球专项体能教练的概念。

课题一　高尔夫球专项体能教练的概念、特点和作用

一、高尔夫球专项体能教练的概念

高尔夫球专项体能教练是指从事高尔夫球专项体能训练指导的专业人员。他们主要负责评估和改善运动员的身体素质，以帮助运动员在比赛中取得更好的成绩。

二、高尔夫球专项体能教练的特点

1. 专业性。高尔夫球专项体能教练通常具有相关领域的学历背景和丰富的教学经验。他们具备专业的高尔夫球专项体能训练知识，能够为运动员提供科学、有效的指导。

2. 针对性。高尔夫球专项体能教练会根据运动员的身体素质、技术特点、比赛需求等因素，制订个性化的训练计划，以提高运动员的体能水平。

3. 系统性。高尔夫球专项体能教练通常会采用多种训练方法和手段，包括

力量素质训练、柔韧素质训练、耐力素质训练等，以全面提升运动员的身体素质。

三、高尔夫球专项体能教练的作用

1. 提高运动员的身体素质。通过科学的体能训练，高尔夫球专项体能教练可以帮助运动员提高力量、柔韧性、耐力等方面的素质，从而提高运动员的体能水平。

2. 预防运动损伤。高尔夫球专项体能教练可以通过评估运动员的身体状况发现潜在的运动损伤风险，并采取相应的措施来预防损伤的发生。

3. 提升运动员的技术水平。良好的体能是提高技术水平的基础。通过与专业的高尔夫球专项体能教练合作，运动员可以更好地掌握高尔夫技术，提高比赛成绩。

4. 培养正确的运动习惯。高尔夫球专项体能教练可以帮助运动员培养正确的运动习惯，从而让运动员在日常生活中也能够保持健康的生活方式。

课题二　高尔夫球专项体能教练的工作内容、职业技能与个人发展

一、工作内容

1. 评估和制订个性化的训练计划。基于运动员的身体素质、技术特点、比赛需求等因素，制订个性化的体能训练计划。

2. 体能训练指导。这包括力量素质训练、柔韧素质训练、耐力素质训练等，确保运动员在各个方面的体能得到全面提升。

3. 预防运动损伤。通过评估运动员的身体状况，发现潜在的运动损伤风险，并采取相应的措施以预防损伤的发生。

4. 技术指导与反馈。结合体能训练，对运动员的高尔夫球技术进行指导，并提供及时的反馈和建议。

5. 跟踪与调整训练计划。根据运动员的训练进展和反馈，持续调整和优化训练计划。

6. 分享理念和技术。与运动员分享最新的体能训练理念和技术，提高整个团队的体能水平。

二、职业技能

1. 体能训练指导能力。具备专业的体能训练知识，能够根据不同运动员的特点和需求制订个性化的训练计划，指导运动员进行科学、有效的体能训练。

2. 技术分析能力。能够对高尔夫球技术进行深入分析，准确识别运动员在技术上的不足之处，并给出相应的改进建议。

3. 教学能力。能够清晰、准确地传授体能训练的知识和技能，帮助运动员理解和掌握正确的训练方法。

4. 沟通协调能力。具备良好的沟通和协调能力，能够与运动员、教练团队以及其他相关人员有效沟通，确保训练计划的顺利实施。

5. 团队合作能力。与其他教练、运动员密切合作，共同推进训练计划的开展，提高运动员的整体表现。

6. 数据分析和运用能力。能够运用现代科技手段，如运动追踪技术、心率监测设备等，收集和分析运动员的各种数据，为训练计划的制订和调整提供科学依据。

7. 持续学习能力。关注最新的体能训练和技术发展动态，不断学习和研究新的训练方法和理论，提高自己的专业水平。

综上所述，高尔夫球专项体能教练需要具备全面的专业知识和技能，以及良好的沟通协调和团队合作能力。同时，他们还需要不断学习和更新自己的知识，以适应不断变化的运动科学和技术。

三、个人发展

（一）现状及前景

随着高尔夫球运动的普及和竞技水平的提高，对高尔夫球专项体能教练的需求也在持续增长。专业的体能教练不仅需要掌握高尔夫球专项体能训练的知识和技能，还需要具备评估和制订个性化训练计划的能力。随着科技的进步，数字化和高科技手段在体能训练中的应用也越来越广泛，这对体能教练提出了新的技能要求。

（二）职业认证（从业资格）

许多国家和地区都有高尔夫球专项体能教练的认证机构，如IGPA（国际高尔夫球专项体能协会）等。通过认证的教练通常被认为具备了专业知识和技能。此外，一些大学和培训机构也提供相关的课程和培训，为想成为高尔夫球专项体能教练者提供指导和支持。

（三）职业生涯

高尔夫球专项体能教练的职业生涯发展路径可以是多方向的。他们可以选择在俱乐部、学校等地方工作，也可以考虑成为独立教练或开设自己的训练中心。此外，随着经验的积累和声誉的提高，他们还可能被聘请为专业运动员的私人教练。

训练检测

1. 高尔夫球专项体能教练的概念是什么？
2. 高尔夫球专项体能教练的工作内容是什么？

任务二　高尔夫球专项体能教练的基本素养

活动场地 / 环境

多媒体教室。

任务要求

1. 了解核心素养。
2. 了解高尔夫球专项体能教练基本素养的含义。

能力训练

掌握高尔夫球专项体能教练的基本素养，能够有意识地提高自己的素养水平；初步形成高尔夫球专项体能教练基本素养的概念。

课题一　感知核心素养

核心素养指学生应具备的适应终身发展和社会发展需要的必备品格和关键能力，突出强调个人修养、社会关爱、家国情怀，更加注重自主发展、合作参与、创新实践。从价值取向上看，它反映了学生终身学习所必需的素养与国家、社会公认的价值观。

从指标选取上看，核心素养既注重学科基础，也关注个体适应未来社会所必备的素养；不仅反映社会发展的最新动态，同时注重本国历史文化特点和教育现状。

在我国，社会主义核心价值观包含了国家、社会、公民三个层面的价值准则。因此，从结构上看，基于中国国情的核心素养模型，应该以社会主义核心价值观为圆心来构建。此外，核心素养是可培养、可塑造、可维持的，可以通过学校教育而获得。

课题二　高尔夫球专项体能教练的基本素养

一、高尔夫球专项体能教练的道德品质

高尔夫球专项体能教练的一言一行、一举一动都会给运动员以潜移默化的作用，教练品行不端的话，其所培养的运动员会在训练和比赛等各个方面使这种不良品行进一步扩散。总之，高尔夫球专项体能教练应有较高的思想境界和道德情操，身先士卒，要求别人做到，自己应首先做到。

二、高尔夫球专项体能教练的专业知识

所谓专业知识，是指高尔夫球专项体能教练应当精通与专业相关的理论和实务知识，如注重加强力量训练和动力链效能，采用能使神经肌肉系统更加有效率的训练方法，等等。总之，作为一名称职的高尔夫球专项体能教练，要有宽深适度的专业知识，方能使运动员在有限的训练时间内获得尽可能多的专业知识。

三、 高尔夫球专项体能教练的操作技能

具备较高的操作技能，是对高尔夫球专项体能教练的基本要求之一。打铁必须自身硬，自己没有一杯水，肯定灌不满一杯水，这是最基本的道理。

四、高尔夫球专项体能教练的教学能力

（一）语言表达能力

实践表明，教学的效果在很大程度上取决于教练的语言表达能力。高尔夫球专项体能教练的教学讲解应当简单明了、内容具体、生动活泼、有感染力，应当善于联系运动员的思想实际，说明要讲解的问题，以适应他们的理解水平。

（二）观察运动员个性和训练情况的能力

高尔夫球专项体能教练应当根据运动员的外部表现掌握运动员的个性和他们的心理状态，这样既能找出运动员共同具有的特点，又能发现他们的个性特点，从而采取有效的培训措施。

（三）善于全面掌握、理解、运用教学文件的能力

高尔夫球专项体能教练应当钻研教学文件及相关教材，认真备课，厘清

主要内容和次要内容，以及主要和次要内容各要掌握到什么程度，应当采取哪些训练方法和措施来完成各项工作，等等。

五、高尔夫球专项体能教练的组织能力

（一）应具有广博精深的文化专业知识和教育理论水平

未来社会对高尔夫球专项体能教练的专业以及相关学科的知识水平要求越来越高，仅凭学过的专业知识显然是不够的。随着现代科学与技术的飞跃发展，学科知识逐渐渗透、交叉，新兴科技成果不断产生和涌现，它们从不同的层次、不同的方面向体育领域渗透，丰富和发展体育学科知识和理论体系，使知识的陈旧率空前提高，以适应现代体育教育的需要。高尔夫球专项体能教练已不能再是仅仅懂得一些体能训练知识的教练，而是要成为理论扎实、基本功过硬、知识面广、经验丰富、技巧通达的教育者，成为德才兼备、一专多能的复合型教练。

（二）应具有较强的教育科研和创新知识的能力

教学与训练过程本质上就是科学研究的过程。现代教育要求高尔夫球专项体能教练成为具有强烈时代感，不受固有观点和模式约束，积极探索、勇于发现、敢于开拓新领域，并在创新中生存，在开拓中发展的科研型教练。科学研究能提高高尔夫球专项体能教练的业务、理论水平，促使他们去接受新的知识和信息，了解新的动态，站在学科发展的前沿，使高尔夫球专项体能教学更具有新颖性、丰富性和新时代的气息。

（三）应具有熟练掌握和运用现代教学技术的能力

进入 21 世纪，随着科学的进步和教学手段的日益优化，计算机、电化教学等现代技术手段运用于高尔夫球专项体能训练之中已成为普遍现象，并且得到迅速发展。动作捕捉、AI技术等一大批先进的教学技术也正在体能训练领域悄然兴起。因此，高尔夫球专项体能教练必须加强对科学知识的学习，用好计算机和互联网，掌握新的教学技术手段以及一些教具的使用方法，并利用先进的技术不断改进教学手段、方法，为教学和科研服务。

六、高尔夫球专项体能教练的数据分析能力

数据分析指的是利用数学的基本方法，采用统计学、概率学等相关知识，对大量不确定性因素进行建模和预测。在高尔夫球专项体能训练中，数据分

析对于教练来说是至关重要的。通过收集和分析各种数据，教练可以更深入地了解运动员的身体状况、体能水平和训练效果，从而制订更有效的训练计划。具体来说，数据分析可以帮助教练回答以下问题：

- 运动员的体能状况如何？
- 训练计划是否有效？
- 运动员在哪些方面还有待提高？
- 是否有潜在的运动损伤风险？

通过收集和分析这些数据，教练可以更好地评估运动员的表现和进步情况，及时调整训练计划，以达到更好的训练效果。因此，数据分析能力是高尔夫球专项体能教练必备的核心素养之一。

七、高尔夫球专项体能教练的精细化管理能力

精细化管理就是落实管理责任，将管理责任具体化、明确化。它要求每一个管理者都要尽职尽责，第一次就把工作做到位；工作要日清日结，每天都要对当天的情况进行检查，发现问题及时处理；等等。

精细管理也是高尔夫球专项体能训练中的一项核心工程。一个运动队乃至一名优秀的运动员要做好做强，需要有效运用文化精华、技术精华、智慧精华等来指导、促进运动训练的发展。高尔夫专项体能教练需要处理好竞赛与日常训练之间的关系，对战略和目标进行分解、细化和落实，同时把专项体能训练的战略规划有效贯彻到每个体能训练环节之中，使之充分发挥作用。

训练检测

1. 什么是核心素养？
2. 高尔夫球专项体能教练应该具有什么样的基本素养？

项目二
高尔夫球体能的运动人体科学基础

项目描述

运动人体科学是将理论与运动实践相结合的学科，是体育科学中一门综合性、应用性很强的交叉学科，其综合运用运动解剖学、运动生理学、运动营养学、运动生物力学及运动与健康促进等相关理论和实务知识，研究人体在运动过程中的形态结构与功能变化规律，揭示其发生的机制，为运动能力的提高提供必要的方法和手段，是我国体育职业教育中的重要组成部分。

学习目标

掌握运动过程中人体各系统的结构和机能变化规律，掌握运动解剖学、运动生理学、运动生物力学、运动营养学等学科的专业内容。

能力目标

能够运用所学运动人体科学相关知识，正确认识高尔夫球运动的本质，从而根据人体运动规律科学地指导高尔夫球运动员的体能训练。

任务一　高尔夫球运动的解剖学基础

活动场地 / 环境

多媒体教室。

任务要求

1. 了解运动系统的特点。
2. 了解心血管系统的特点。
3. 了解呼吸方式对高尔夫球运动的影响。

能力训练

掌握运动系统、心血管系统和呼吸系统的特点，能够有意识地运用运动解剖学基础知识对高尔夫球体能训练进行指导；初步形成高尔夫球运动解剖学基础的概念。

课题一　高尔夫球运动与运动系统

运动系统由骨、关节和骨骼肌三部分组成，占成人体重的60%~70%。运动系统具有支持、保护和运动的功能。全身各骨骼借关节相连，构成人体的支架和基本形态，支持体重，保护内脏。四肢骨骼的作用则以运动为主。骨骼肌附着于骨，在神经系统支配下收缩和舒张，牵引骨骼产生运动。在运动中骨骼起着杠杆作用，关节为运动的枢纽，骨骼肌是运动的动力器官。

人体的肌肉根据分布、结构和功能特性的不同可分为平滑肌、心肌和骨骼肌。平滑肌主要分布于内脏的中空性器官及血管壁之中，收缩缓慢而持久；心肌为心脏所特有，构成心壁的主要部分，收缩有节律性；骨骼肌主要分布于躯体之中，其收缩快速有力，但易疲劳。心肌和骨骼肌在显微镜下观察都有横纹，均属横纹肌。心肌与平滑肌受内脏神经支配，不受意志的控制，属于不随意肌。

骨骼肌受躯体神经支配，直接受人的意志控制，故称“随意肌”或简称“肌”。

一、高尔夫球运动与骨骼肌形态的关系

骨骼肌是人体运动的动力，绝大多数附着于骨骼之上。骨骼肌在神经系统的支配下，通过收缩与舒张牵拉骨骼以关节为支点进行转动，完成人体的各种随意运动。

肌的生理横断面积与肌的初长度都是影响肌力发挥的解剖学因素，与运动动作关系密切。

肌的生理横断面积指横切整块肌的全部肌纤维后所得到的面积之和。肌的力量与肌的生理横断面积成正比，即肌越发达，生理横断面积越大；以高尔夫球运动为例，肌的绝对力量越大，完成挥杆动作的速度越快。

肌的初长度指肌收缩之前的长度。在一定范围内，肌的初长度增加，则肌力增大。运动实践证明，肌在收缩前被适度地拉长，能有效地将拉长肌产生的动能以弹性势能的形式贮存，使肌收缩时弹性回缩力量增大。通常，肌的初长度是由关键动作之前的动作阶段决定的，亦即关键动作之前的动作越合理，则肌的初长度越适宜，贮存的弹性势能就越大。

高尔夫球上杆的目的，就是预先拉长相关向心收缩发力的骨骼肌，将这些骨骼肌产生的弹性势能储存，这样挥杆的时候就可以加上骨骼肌主动向心收缩的力量，此时肌力发挥的作用远大于单纯的主动向心收缩。

二、高尔夫球运动与关节形态的关系

（一）关节的解剖学基础

1. 关节面及关节面软骨。关节面及关节面软骨是参与组成关节的各相关骨的接触面。每一个关节至少包括两个关节面，一般为一凸一凹，凸者称为关节头，凹者称为关节窝。关节面上覆有关节软骨，即关节面软骨。关节面软骨具有弹性，能承受压力和吸收振荡，减轻运动时的振荡和冲击。关节面软骨表面光滑，覆以少量滑液，可减小摩擦，有利于活动。

2. 关节囊。关节囊是由纤维结缔组织构成的囊，附着于关节面周围的骨面之上并与骨膜融合。关节囊内层富含血管、淋巴管和神经，能产生滑液，并为关节面软骨提供营养。滑液不但为关节提供了液态环境，而且保持了一定的酸碱度，保证关节面软骨的新陈代谢，并增加滑润，减少摩擦，降低软

骨的蚀损，促进关节的运动效能。

3. 关节腔。关节腔是由关节面软骨和关节囊滑膜层共同围成的密闭腔隙，腔内有少量滑液，关节腔内呈负压，对维持关节的稳定性有一定的作用。

4. 关节的辅助结构。关节除具备上述主要结构外，某些关节为适应特殊功能的需要还会分化出一些辅助结构以增加关节的灵活性或稳固性。

（1）韧带。韧带是连于相邻两骨之间的致密纤维结缔组织束，可加强关节的稳固性。韧带有丰富的感觉神经分布，故人在患关节疾病时会感觉极为疼痛。

（2）关节内软骨。关节内软骨为存在于关节腔内的纤维软骨，有关节盘、半月板两种。关节盘是位于两关节面之间的纤维软骨板，其周缘附着于关节囊内面，将关节腔分为两部。膝关节中的关节盘呈半月形，称半月板。关节盘使两关节面更为适合，减少冲击振荡，并可增加关节的稳定性。此外，两个腔可产生不同的运动，从而增加运动的形式和范围。

（3）关节唇。关节唇是附于关节窝周缘的纤维软骨环，它加深关节窝，增大关节面，有增加关节稳固性的作用，主要存在于肩关节和膝关节之中。

（4）滑膜襞和滑膜囊。滑膜襞和滑膜囊的有些关节的滑膜面积大于纤维层，以致滑膜重叠卷褶并突向关节腔，从而形成滑膜皱襞，其中有的内含脂肪和血管，从而形成滑膜脂。在关节运动时，关节腔的形态、容积、压力发生改变，滑膜垫可起调节或充填作用，同时也扩大了滑膜的面积，有利于滑液的分泌和吸收。在有些关节中，滑膜自纤维层缺如或薄弱膨出，充填于肌腱与骨面之间，形成滑膜囊，可减少肌肉活动时与骨面之间的摩擦。

（二）关节的运动幅度及其影响因素

关节的运动幅度是指一个动作从开始到结束时，某一关节处相邻两关节之间的运动范围的极限角度。关节的运动幅度与关节灵活性和稳固性有关，它受以下因素的影响。

1. 构成关节的两关节面面积大小的差别。面积差大的，灵活性大，稳固性小；面积差小的，灵活性小，稳固性大。

2. 关节囊的厚薄及松紧度。关节囊厚而紧张的，灵活性小，坚固性大；关节囊薄弱而松弛的，灵活性大，坚固性小。

3. 关节韧带的多少与强弱。韧带多而强的，稳固性大，灵活性小；韧带少而弱的，稳固性小，灵活性大。

4. 关节周围肌肉的状况。关节周围肌肉力量强，伸展性及弹性差的，稳固性大，灵活性小；关节周围肌肉弱，伸展性及弹性好的，稳固性小，灵活性大。

5. 关节周围的骨突起。关节周围的骨突起常常会阻碍关节的运动，影响关节的运动幅度。另外，关节运动幅度大小还与年龄、性别、运动状况等有关。经常参加体育锻炼的人，既可使关节的灵活性提高，也可使关节的稳固性得到增强。

（三）高尔夫球运动对关节形态的影响

高尔夫球运动可使骨关节面骨密质增厚，从而使其能承受更大的负荷，同时可以使肌腱和韧带增粗，加固关节的稳固性。长期、系统的高尔夫球运动可使关节面软骨增厚。关节稳固性的提高加强了对关节的保护作用。系统的柔韧性练习可以提高关节囊周围肌腱、韧带和肌肉的伸展性，从而使关节运动幅度增加。所以，在进行高尔夫球力量性练习时应配合一定数量的柔韧性练习，使力量与柔韧素质同时得到相应的发展。柔韧素质的发展有助于动作的协调，对提高运动成绩、预防运动损伤有重要意义。

课题二　高尔夫球运动与心血管系统

一、心血管系统的组成

心血管系统由心、动脉、毛细血管和静脉组成。

（一）心

心是中空性的肌性器官，是心血管系统的动力装置，并具有重要的内分泌功能。心肌细胞通过整体性有节律地收缩与舒张，不停地将血液从动脉射出，由静脉吸入，使血液在心血管内周而复始地循环流动。

（二）动脉

动脉是运送血液离心的管道，其由心室发出，在行程中不断细分，愈分愈细，最终形成毛细血管。心室收缩射血时管壁扩张，心室舒张时管壁回缩，以促使血液继续向前流动。中、小动脉特别是小动脉的平滑肌层比较发达，可以在神经体液调节下收缩或舒张，改变管腔的大小，调节局部的血流量和血液阻力，借以维持和调节血压。

（三）毛细血管

毛细血管是极细微的血管，相互交织成网状，管径平均为 6~9 微米，连于小动脉与小静脉之间。毛细血管具有通透性，血流速度缓慢，是血液中的营养物质与组织液中的代谢产物进行交换的场所。毛细血管的开放数量与组织器官的功能状态有关。当肌肉活动增强时毛细血管大量开放，以保证肌肉有充足的血液供应。

（四）静脉

静脉是引导血液回流心房的血管。小静脉起于毛细血管，在回心的过程中汇合中静脉、大静脉，最后注入心房。

二、血液循环途径

血液从心室射出，经动脉、毛细血管、静脉再返回心房，这一周而复始的循环流动称为血液循环。根据循环途径，可分为互相连接的体循环和肺循环。

（一）体循环

当左心室收缩时，含氧较高和营养物质丰富的动脉血自左心室射入主动脉，经其各级分支到达全身各部的毛细血管。血液在毛细血管与周围的组织、细胞之间进行物质交换，转换为含二氧化碳和代谢产物较多的静脉血，最后经上、下腔静脉和冠状窦流回右心房，此循环途径称体循环。体循环的主要特点是路程长，流经范围广，以动脉血滋养全身各部，而将其代谢产物运回右心房。

（二）肺循环

从体循环回流的静脉血，自右心房进入右心室。当右心室收缩时，血液由右心室射出，经肺动脉及其各级分支进入肺泡壁周围的毛细血管网，并在此与肺泡进行气体交换，排出二氧化碳，吸进富含氧的空气，使静脉血变成含氧丰富的动脉血，经肺静脉流回左心房，此循环途径称肺循环。肺循环的特点是路程短，主要经过肺进行气体交换，使静脉血转变成富含氧的动脉血。

三、高尔夫球运动对血液循环的影响

高尔夫球运动能够改善心血管系统，使冠状动脉有足够的血液供给心肌，同时让身体获得良好的新陈代谢。

课题三　高尔夫球运动与呼吸系统

呼吸系统由呼吸道和肺组成。呼吸道是传送气体的管道，肺是进行气体

交换的器官。呼吸系统具有气体交换功能，即吸入氧、排出二氧化碳。

一、呼吸系统的组成

呼吸系统由气管、支气管和肺组成。

气管由气管软骨、结缔组织和平滑肌构成。气管软骨由14~17个缺口向后、呈C形的透明软骨构成，气管后壁的缺口由弹性纤维和平滑肌封闭。气管内面覆盖黏膜，表面覆盖纤毛上皮，黏膜分泌的黏液黏附吸自空气的灰尘颗粒，纤毛不断向喉部摆动，从而将黏液与灰尘排除，净化吸入的气体。

肺位于胸腔内，左右各一叶。右肺宽短，左肺狭长。肺组织分为实质和间质两部分，实质为肺内的支气管和各级分支及末端的大量肺泡，间质为肺内的结缔组织、血管、淋巴管和神经等。毛细血管血液中的二氧化碳与肺泡腔内的氧气进行交换必须通过的结构称为气血屏障。

二、高尔夫球运动的呼吸方式

（一）呼吸方式的选择

呼吸方式分为胸式呼吸和腹式呼吸两种。胸式呼吸是以胸廓上升及下降为特点的呼吸方式，腹式呼吸是以膈肌下降、上升为特点的呼吸方式。

高尔夫球运动是以上肢摆动为主、由核心区及下肢辅助参与的运动方式，其动作技术的完成需要保证胸、肩带部位的稳定。所以，在呼吸方式的选择上应尽量选择腹式呼吸为主的运动方式，这样胸廓就减少了上升和下降，从而保证了上肢肩关节在动作过程中的稳定性，以此保证挥杆击球效果的稳定性。

（二）合理利用憋气

完成一定深度的吸气后，紧闭声门并做尽力呼气动作，称为憋气，通常在完成最大用力动作时需要憋气来配合。高尔夫球挥杆时，憋气可以反射性地引起肌肉张力的增加，同时为挥杆动作创造有利的肌肉收缩条件。例如：挥杆时憋气一方面可以控制胸廓的起伏，使得上肢快速摆动以获得最有效的支撑点；另一方面可以避免腹肌的松弛，为躯干转动提供更强的牵引力量。

训练检测

1. 高尔夫球运动对关节形态会产生哪些影响？
2. 高尔夫球运动的呼吸方式是什么？

任务二　高尔夫球运动的生理学基础

活动场地 / 环境

多媒体教室。

任务要求

1. 了解高尔夫球运动对骨骼肌和心血管机能的影响。
2. 了解高尔夫球运动中呼吸机能的特点。
3. 了解高尔夫球运动中能量供应的特点。
4. 了解高尔夫球运动中有氧运动、无氧运动的生理学本质。

能力训练

掌握运动生理学相关知识，科学指导高尔夫球运动训练；初步形成高尔夫球运动生理学基础的概念。

课题一　高尔夫球运动与骨骼肌机能

一、肌纤维选择性肥大

从骨骼肌的收缩速度上看，肌纤维可分为快肌纤维和慢肌纤维。快肌纤维收缩速度快，但容易疲劳；慢肌纤维收缩速度慢，但可重复收缩次数多。根据训练适应观点，不同运动项目可导致不同类型肌纤维发生适应性改变。高尔夫球运动挥杆时以力量性为主，所以长期系统的高尔夫球训练，会造成运动员肌纤维的选择性肥大。同时，训练引起的快肌纤维肥大会造成肌肉收缩力量增大，使得高尔夫球挥杆的力量增大，击球更远。

二、延迟性肌肉酸痛

无论是运动员还是非运动员，在从事不适应的运动负荷或大负荷运动后

24~72 小时，运动肌会产生不同程度的酸痛，并伴随僵硬、肿胀和肌力下降等症状。肌肉酸痛并不即刻发生于运动期间或运动后，而是自运动后 24 小时起逐渐加剧，因而称为延迟性肌肉酸痛。延迟性肌肉酸痛一般持续 1~4 天，5~7 天后消失。一般不用经过临床治疗，可自行治愈。在运动后如果对参与工作的肌肉采用按摩、理疗等手段进行处理，延迟性肌肉酸痛的症状会减轻，持续时间会缩短。肌肉酸痛可直接影响运动员的运动成绩，还可能引发运动损伤。

三、高尔夫球运动导致的骨骼肌超微结构改变

在骨骼肌发生延迟性肌肉酸痛的同时，骨骼肌纤维超微结构会发生变化，这种变化在离心运动后更明显。研究表明，运动导致的骨骼肌纤维超微结构改变主要表现为肌节缩短，Z带扭曲、增宽、部分或全部消失，M线模糊、扭曲或消失，肌丝排列改变，粗细肌丝相互位置紊乱，部分肌丝断裂或消失，等等。和延迟性肌肉酸痛一样，运动性骨骼肌纤维超微结构变化也具有延迟性特点，因此也称为延迟性骨骼肌纤维超微结构改变。在运动后骨骼肌出现延迟性肌肉酸痛、超微结构改变的同时，还会出现肌肉僵硬、肿胀和收缩力量下降等症状。

四、高尔夫球运动导致的延迟性肌肉酸痛和超微结构改变的防治

（一）热疗

运动后对肌肉进行热敷可减轻延迟性肌肉酸痛和超微结构改变，其原因为：

第一，肌组织温度增加，改善了结缔组织伸展性和关节活动范围，使肌组织抗损伤能力加强。

第二，热疗加快了血液流动速度，进而加快了肌组织性炎性介质的清除速率。

（二）静力牵张

运动后对参加工作的肌肉进行静力牵张，可有效减轻肌肉的延迟性酸痛和超微结构改变。

（三）按摩

与静力牵张一样，运动后对参加工作的肌肉进行按摩，可有效减轻肌肉

酸痛和超微结构改变。按摩治疗延迟性肌肉酸痛的机理可能是：按摩产生的机械压力造成血流加快、肌肉张力减少和神经兴奋性改变。

课题二　高尔夫球运动与心血管机能

一、运动性心脏肥大

长期系统的运动训练使运动员心脏发生明显的增大，称为运动性心脏肥大。普通人心脏体积约为本人的拳头大小，重量为 200~300 克。运动心脏通常明显超过这一重量，有的甚至超重一倍以上，耐力型运动员和力量型运动员尤为明显，速度型运动员的心脏肥大程度则较小。运动性心脏肥大表现在心腔的扩大和心肌肥厚两方面，长期承受耐力性运动刺激的心脏肥大以心室腔内径扩大为主，以心室肌的肥厚为辅。高尔夫球运动员因长期承受力量性运动刺激，其心脏以心肌肥厚为主要特点，其心腔内径的改变相对较小甚至无改变。

无论哪种运动性心脏肥大，均可使心肌收缩功能增强，泵血效率显著提高，心脏每搏输出量增大，但终止运动后一段时间，肥大心脏可逐步恢复到普通状态。

二、运动性心动徐缓

具备运动心脏者普遍出现安静心率明显低于正常值的现象，称为运动性心动徐缓。这在优秀耐力型运动员中尤为明显，其心率常降到 40~50 次/分，最低者竟达 21 次/分。运动心脏安静时虽然心率较低，但由于心脏肥大而表现出较高的每搏输出量（以下简称“每搏量”），因此安静状态下的心排血量与普通心脏无明显差异。但其较低的心率，使得每分钟的能量消耗远较普通人低，会出现安静状态下心功能心率低、每搏量高的能量节省化现象。研究发现，安静状态下运动员主要因较大的静脉回心血量而使每搏量增加，剧烈运动时通过增加心肌收缩力、减小收缩末期心室余血量来保证其自身不因高心率降低静脉回心血量而使每搏量下降，而普通人在运动中主要靠增加心肌收缩力、减小收缩末期心室余血量来增加每搏量。

三、心脏泵血功能改善

在安静状态下，运动心脏与普通心脏的供血量并无显著区别，但普通心脏以较高的心率和较小的每搏量来保证机体供血，而运动心脏则以较低的心率及较大的每搏量保证供血。普通人剧烈运动时的最大心排血量为 20~30 升/分，而运动员最大心排血量可超过 40 升/分，运动心脏心泵功能的良好表现主要反映在运动过程中。

课题三　高尔夫球运动与呼吸机能

呼吸肌活动是呼吸运动的原动力。20 世纪 90 年代的研究发现，呼吸肌也会疲劳，并在一定条件下会引起通气能力下降，限制体能的发挥。

呼吸肌疲劳是指呼吸肌在承担负荷时所产生的收缩力和/或收缩速度的能力降低，这种降低可以经休息而恢复。呼吸肌训练分为肌力训练和耐力训练。有研究表明，以 60%~85%的最大摄氧量运动到筋疲力尽时，运动员和普通人的呼吸都没有达到最大通气量，因此是呼吸肌限制了通气量，而不是通气量限制了氧的供应，所以有可能通过对呼吸肌的力量训练来增强自主呼吸，提高通气量。呼吸肌的耐力训练在一定程度上提高了呼吸肌对运动的适应能力，使通气的机械效率得到提高，从而减少了呼吸肌的代谢需求。有研究表明，在最大强度运动情况下用于呼吸的摄氧量可以达到总摄氧量的 15%，可见呼吸运动的能量代谢消耗占有比例是相当高的，因此降低呼吸肌的代谢需求也是保证运动肌群代谢的一个重要方面。

具体训练呼吸肌的方法有：①借助呼吸肌训练仪进行。通过调整仪器中的呼气吸气阻力、呼吸深度频度等参数值，并根据仪器的提示指引，达到提高呼吸肌肌力和耐力的目的。②通过运动训练获得。进行长时间的耐力训练（如跑步、骑车、游泳），是训练呼吸肌有效、简便的方法。

课题四　高尔夫球运动与能量供应和消耗

人体在各种运动中所需要的能量分别由三种不同的能源系统供给，它们是磷酸原系统、酵解能系统和氧化能系统。

一、磷酸原系统

磷酸原系统又称ATP（三磷酸腺苷）-CP（磷酸肌酸）系统，该系统主要是由结构中带有磷酸基团的ATP、CP构成。由于在供能代谢中均发生磷酸基团的转移，故称之为磷酸原。在肌肉运动中ATP直接分解供能，为维持ATP水平，保持能量的连续性供应，CP会在肌酸激酶作用下再合成 ATP。

CP在肌肉中贮存量很少，约 76.8 毫摩尔/千克湿肌。实际上，磷酸原在运动中的可用量只占 1%左右。磷酸盐系统作为极量运动的能源，虽然其维持运动的时间仅为 6~8 秒，但却是不可替代的快速能源。运动训练中及恢复期，既应设法提高肌肉内磷酸原的贮备量，又要重视提高ATP再合成的速率。

二、 酵解能系统

酵解能系统是指运动中骨骼肌糖原或葡萄糖在无氧条件下酵解，生成乳酸并释放能量供肌肉利用的能源系统。如前所述，该系统尽管生成能量的数量不多，但在极量运动的能量供应中具有特殊的重要性。一般认为，在极量强度运动的开始阶段，该系统即可参与供能，在运动 30~60 秒左右供能速率达到最大，维持运动时间为 2~3 分钟。酵解能系统与磷酸原系统共同为短时间高强度无氧运动提供能量，中距离跑等运动持续时间在2分钟左右的项目主要由酵解能系统供能。而高尔夫球项目在运动中挥杆发力的能量亦由磷酸原及酵解能系统提供。

三、氧化能系统

氧化能系统又称有氧能系统。糖类、脂肪和蛋白质在氧供应充分时，可以氧化分解提供大量能量。该能源系统以糖和脂肪为主，尽管其供能的最大输出功率仅为酵解能系统的 1/2，但其贮备量丰富，维持运动的时间较长（糖类可达1.5~2小时，脂肪可达更长时间），成为长时间运动的主要能源系统。

如上所述，高尔夫球运动的特点要求快速力量的输出，且有较长时间的身体活动，一次挥杆后到再次挥杆之间有一定时间的间隔，这决定了能量代谢基本上是以磷酸原系统为主来供能的，磷酸原的再合成速率是主要的影响因素。同时又因 18 洞的持续时间较长，所以能源物质氧化分解提供能量的能力也是高尔夫球运动能量代谢的主要影响因素。

课题五　高尔夫球运动与有氧、无氧工作能力

高尔夫球运动的能量供应过程是由有氧代谢过程和无氧代谢过程组成的。高尔夫球运动完成一个全挥杆击球动作仅需不到2秒时间，下杆动作则用时更短，所以高尔夫球运动对无氧代谢有很高的要求。同时又因18个球洞距离远、时间长，运动员需要进行连续不同力量的击球，所以该项运动又对有氧代谢能力有较高的要求。

一、有氧工作能力

所谓有氧工作，是指机体在供氧充足的情况下由能源物质氧化分解提供能量所完成的工作。供氧充足是实现有氧工作的先决条件，也是制约有氧工作的关键因素。因此，单位时间内机体的最大摄氧水平和氧利用率是评价人体有氧工作能力的重要指标。

（一）最大摄氧量

最大摄氧量是指人体在进行有大量肌肉群参加的长时间剧烈运动过程中，当心肺功能和肌肉利用氧的能力达到人体极限水平时，单位时间内所摄取的氧气量。它反映了人体吸入氧、运输和利用氧的能力，是评定人体有氧工作能力的主要指标之一。

（二）乳酸阈

最大摄氧量是反映人体有氧工作能力的客观生理指标，并已广泛应用于运动实践，用于评定心肺功能和有氧能力。但近年来，耐力性项目的竞技水平有了大幅度提高，而运动员最大摄氧量增加并不明显。因此，有学者认为，运动员有氧竞技能力的提高并不完全是最大摄氧量增长的结果。由此，与最大摄氧量具有同等重要意义的另一个指标——乳酸阈越来越得到关注。同最大摄氧量相比，乳酸阈更能反映运动员的有氧工作能力。

在递增负荷运动中，血乳酸浓度随运动负荷的递增而增加，当运动强度达到某一负荷时，血乳酸浓度会急剧增加。血乳酸急剧增加的那一点（乳酸拐点）称为乳酸阈，这一点所对应的运动强度即乳酸阈强度，它反映了机体

的代谢方式从有氧代谢为主过渡到无氧代谢为主的临界点或转折点。

二、无氧工作能力

无氧工作能力是指运动中人体通过无氧代谢途径提供能量进行运动的能力。它由两部分组成：ATP-CP分解供能（非乳酸能）和糖无氧酵解供能（乳酸能）。与有氧工作相比，无氧工作的强度提高，但持续时间减少。ATP-CP是无氧功率的物质基础，一切短时间、高效率运动，如冲刺、短跑、高尔夫球运动等，其活动能力均取决于ATP-CP的供能能力；而乳酸能则是速度耐力的物质基础。在长时间剧烈运动的开始和运动中加速过程中，无氧工作也占主导地位。

（一）无氧工作能力的生理基础

高尔夫球运动追求的是快速挥杆以使击球力量达到最大，这是一种典型的无氧工作方式，无氧工作能力的高低取决于以下几点。

1. 能源物质的储备。其包括：

（1）ATP和CP的含量。人体在运动中ATP和CP的供能能力主要取决于ATP和CP的含量，以及通过CP再合成ATP的能力。一般来说，人体每千克肌肉中ATP和CP的含量为 15~25 毫克。在极限强度运动中，肌肉中的ATP和CP在 10 秒内就将几乎耗竭。

（2）糖原含量及其酵解酶活性。糖原含量及其酵解酶活性是糖无氧酵解能力的物质基础。糖无氧酵解供能是指由肌糖原无氧分解为乳酸时释放能量的过程，其供能能力主要取决于肌组织中糖原的含量及其酵解酶活性的高低。实验表明，通过训练可使机体通过糖酵解产生乳酸的能力及限度提高。不少学者提出，用运动后最大乳酸值来评价无氧代谢能力。他们发现最大乳酸值与多种以无氧代谢为主的运动项目的成绩相关。短时间爆发性项目运动员的最大血乳酸值高于耐力项目运动员和一般人。但也有一些研究指出，应用最大血乳酸值评价无氧能力有其不足之处。例如，长期大强度训练可以提高运动成绩，但不能提高最大血乳酸值，故这些研究认为最大血乳酸值不是评价无氧能力的敏感指标。

2. 代谢过程中的调节能力。代谢过程中的调节能力包括参与代谢过程的酶活性、神经与激素对代谢的调节，内环境变化时酸碱平衡的调节，以及各器官活动的协调，等等。例如，肌酸激酶、磷酸果糖酶等对提高ATP再合成速率及快速恢复ATP含量是十分重要的。

（二）提高无氧工作能力的训练

1. 发展ATP-CP供能能力的训练。目前，在发展磷酸原系统供能能力的训练中，主要是采用无氧低乳酸的训练。其原则是：

（1）最大速度或最大练习时间不超过10秒。

（2）每次练习的休息间歇不能短于30秒。因为短于30秒时ATP、CP在运动间歇中的恢复数量不足以维持下一次练习对于能量的需求，故间歇时间一般应长于30秒，并且以60秒或90秒的效果为更好。

（3）成组练习后，组间的练习不能短于3~4分钟，因为ATP-CP的恢复至少需要3~4分钟。与其他供能物质相比，磷酸原的恢复较快。剧烈运动后被消耗掉的磷酸原在20~30秒内合成一半，3~4分钟可完全恢复。因此，发展磷酸原系统的训练一般采用短时间、高强度的重复训练。

2. 提高糖酵解供能系统的训练。需要注意的是，在短跑、跳跃、投掷和高尔夫球项目比赛中，运动员要在10秒内以最大功率输出完成运动。从理论上来看，其能量主要由ATP-CP系统供应，但在能量供应过程中，相邻的供能系统也参与供能，且占一定的比例。研究发现，我国运动员100米跑后血乳酸为（9.46 ± 1.33）毫摩尔/升。所以，在短时间、高强度运动项目的训练中，在注重磷酸原系统供能能力的同时，也应注意加强糖酵解系统供能能力的训练，即应有一定比例的大于10秒的无氧训练。

（1）最大乳酸训练。机体生成乳酸的最大能力和机体对它的耐受力度直接与运动成绩相关。研究表明，血乳酸在12~20毫摩尔/升是最大无氧代谢训练所敏感的范围。采用一次1分钟左右的超极量负荷不可能达到这一高水平的血乳酸。而采用1分钟超极量强度跑、间歇4分钟共重复5次的间歇训练，血乳酸浓度可达到一个很高的水平，最高值可达31.3毫摩尔/升。这表明这种训练可以使身体获得最大的乳酸刺激，是提高最大乳酸能力的有效训练方法。为使运动中能产生高浓度的乳酸，练习强度和密度要大，间歇时间要短。练习时间一般应大于30秒，以1~2分钟为宜。采用这种练习强度和时间及间歇时间的组合，能最大限度地动用糖酵解系统供能的能力。

（2）乳酸耐受力训练。乳酸耐受力一般可以通过提高缓冲能力和肌肉中乳酸脱氢酶的活性而获得。因此，在训练中要求血乳酸达到较高水平。一般认为，在乳酸耐受能力训练时以血乳酸在12毫摩尔/升左右为宜。然后在重复训练时维持在这一水平上，以刺激身体对这一血乳酸水平的适应，提高缓冲能力和肌肉中乳酸脱氢酶的活性。

训练检测

1. 什么是延迟性肌肉酸痛？如何防治？
2. 运动对心脏形态机能的影响有哪些？
3. 如何进行呼吸机能训练？
4. 三大供能系统的供能特点是什么？
5. 高尔夫球运动属于有氧运动还是无氧运动？

任务三　高尔夫球运动的生物力学基础

活动场地 / 环境

多媒体教室。

任务要求

1. 了解生物运动链的分类和特点。
2. 了解人体的标准解剖学姿势和基本轴。
3. 了解肌肉力量的本质和分类。

能力训练

掌握运动生物力学相关知识；初步形成高尔夫球运动生物力学基础的概念。

课题一　高尔夫球运动与生物运动链

相邻关节之间的部分称为环节，两个相邻环节构成最简单的生物运动链。

一、生物运动链的分类

（一）单生物运动链

两个相邻骨环节及其之间的可动连接构成单生物运动链，包括相邻的两个环节和连接在这两个环节之间的关节，如上肢的上臂、肘关节和前臂构成一个单生物运动链，下肢的大腿、膝关节和小腿也构成一个单生物运动链。

（二）双生物运动链 / 多生物运动链

双生物运动链/多生物运动链是由两个或两个以上生物运动链串联而成的。例如，上肢多生物运动链由上臂、肘关节、前臂、腕关节和手构成，其中上臂、肘关节和前臂为一个单生物运动链，与腕关节和手构成了多生物运动链。

高尔夫球挥杆动力链是指在下杆过程中，由双足蹬转发力开始，将地面反作用力自下而上地依次传递并带动膝关节、髋关节、骨盆、胸腔、肩膀、手臂、球杆向目标方向旋转的发力过程。当身体肌肉、关节的运动顺序发生变化时，不仅会降低球速，还会增加身体运动过程中发生潜在损伤的风险。

二、生物运动链的特点

关节的构造特点决定了关节不能做单方向无限制的转动，而只能做往复转动或以关节为中心的圆锥形运动。生物运动链中各环节绕关节轴转动可使末端环节做圆弧运动或平动，平动是生物运动链中几个环节绕相应关节轴转动合成的结果。以高尔夫球挥杆上肢部分动作为例，手的运动是末端关节的平动，它是上臂绕肩关节以及前臂绕肘关节和手绕腕关节三个转动的合成。在生物运动链中，运动可以由一个环节向另一个环节传递，链中几个环节的运动称为末端环节的合运动。

高尔夫球挥杆动作遵循由身体近端传递至远端的动力学顺序，该动作将肢体动作速度依次增加，使末端环节获得最大速度。高尔夫球技术要求在挥杆过程中身体各环节自下而上依次叠加传递，最终将力量传递至球杆并以最快的鞭打速度将球击出，在挥杆击球动作中具有明显的鞭打动作。

三、生物运动链中肌群的工作特点

生物运动链中有的肌肉只作用于一个关节，有的肌肉可以作用于两个或两个以上的关节。每块肌肉并非单独作用，肌肉总以肌群的形式参与运动。在肌群之内各块肌肉之间以及各肌群之间都存在着复杂的相互作用，这种相互作用既包含着相互协同，也包含着相互对抗。这种相互协同对抗的作用使生物运动链的运动更协调、更完善。

生物运动链中关节周围的肌肉共同组成功能群而发挥功能作用。肌肉对关节的固定和解除固定，使生物运动链中活动环节的数量发生变化。整个生物运动链有时可以固定成一个关节，有时可以使运动发生于部分环节，甚至发生于生物运动链的所有环节之中。

肌群的协调工作可保证生物运动链中各环节的运动方向，控制运动速度，限制运动幅度，并在此过程中实现力学量的传递。

课题二　高尔夫球运动与人体的标准解剖学姿势和基本轴

在日常生活、生产劳动和体育运动的过程中，人体各部位与器官的位置关系不是永恒不变的。为了能正确地描述人体各器官的形态结构和位置，在描述人体形态结构和人体运动的位置变化关系时，人们以共同的准则统一规定了常用的解剖学术语。

一、人体的标准解剖学姿势

人体的标准解剖学姿势是指身体直立，两眼向正前方平视，两足并拢，足尖向前，双上肢下垂于躯干的两侧，掌心向前。按人体解剖学方法，可将人体或其任一局部在人体基本解剖学姿势条件下作三个相互垂直的切面，即人体的基本面。

1. 矢状面。矢状面是指沿身体前后径所作的切面。该切面将人体分成左、右两部分，与水平面及冠状面垂直，其中经过人体正中线的切面称为正中矢状面。

2. 冠状面。冠状面亦称额状面，是指沿身体左右径所作的切面。该切面将人体分成前、后两部分，与水平面及矢状面垂直。

3. 水平面。水平面亦称横切面，是指横切人体、与地面平行的切面。该切面将人体分为上、下两部，与矢状面及冠状面互相垂直。

二、人体基本轴

人体基本轴是叙述人体关节运动时常用的术语。按照人体解剖学方法，在理论上可将人体或其任何一个关节在解剖学姿势条件下作三个相互垂直的轴，即通常所指的基本轴。（图2–3–1）

1. 矢状轴。矢状轴为前后方向并与水平面平行的轴。

2. 冠状轴。冠状轴亦称额状轴，为左右方向并与水平面平行的轴。

3. 垂直轴。垂直轴为上下方向并垂直于水平面的轴。

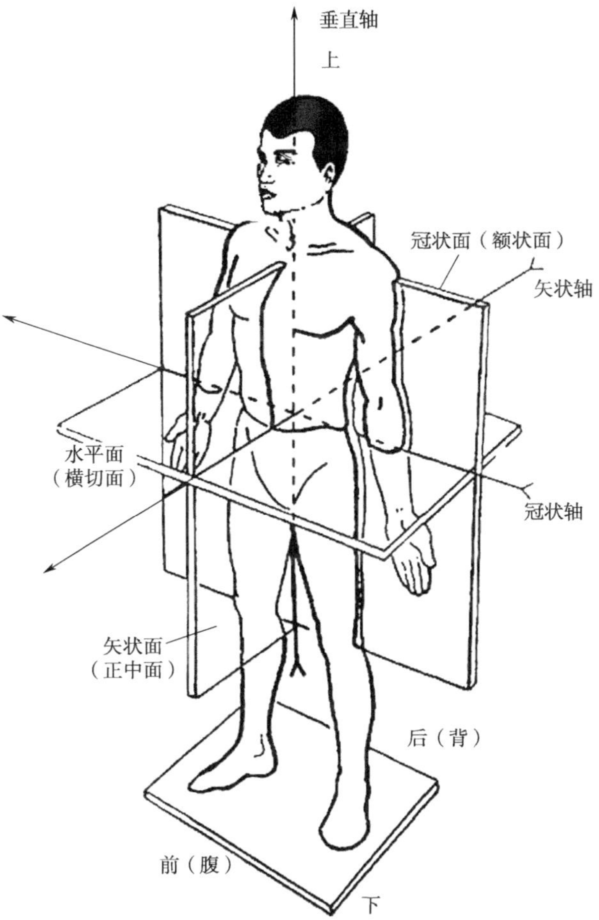

图 2-3-1

课题三　高尔夫球运动与肌肉力量

肌肉力量是指人体肌肉工作时克服阻力的能力，是一切身体活动的基础。当人体从事体育运动时，则需要特殊的肌肉力量。这些特殊的肌肉能力可通过运动训练获得，是掌握运动技能、技巧，提高运动成绩的重要素质。

一、肌肉力量的本质和分类

肌肉力量是指在人体运动中肌肉收缩克服内部阻力和外部阻力的能力。内部阻力包括关节的约束力、肌肉韧带的黏滞力等，外部阻力有负荷重力、支撑反作用力、摩擦力、介质阻力等。外部阻力是在力量训练中施加的负荷和手段，是人体的外部刺激。身体在克服这些阻力的过程中表现了自身力量的大小，同时也发展了自身的力量素质。

人体运动形式的多样性，决定了肌肉工作方式的多样性以及肌肉力量表现特征上的多样性。因此，肌肉力量的本质也可以说是肌肉工作克服内、外阻力所表现出来的多样性机能。

人体的运动依赖于肌肉收缩动力的提供。肌肉工作形式不同，其力量特征不同。肌肉外载负荷的差异，影响着肌肉的力学性质。因此，正确认识肌肉的发力特征及分类，可使教练有效地安排和选择力量训练手段，提高力量训练的效果。

（一）肌肉绝对力量（最大力量）

肌肉绝对力量是指肌肉通过最大随意收缩抵抗无法克服的阻力过程中所表现出的最高力值。绝对力量取决于传入肌肉的神经冲动的强度和频率。取决于肌肉收缩的内部协调能力和关节角度的变化。绝对力量可以通过测力计测定，在训练中往往通过一次试举所能完成的负荷来确定。绝对力量是影响高尔夫球挥杆速度的决定因素。

（二）肌肉相对力量

肌肉相对力量是指运动员单位体重所具备的力量。相对力量的计算方法为：

相对力量=绝对力量（最大力量）/体重

在克服自身体重的位移性运动和按重量分级别的运动项目中，相对力量是十分重要的专项力量素质。优秀跳跃运动员、摔跤运动员相对力量都很高。

（三）肌肉快速力量

肌肉快速力量是指肌肉尽快和尽可能高地发挥力量的能力。快速力量取决于肌肉的收缩速度和最大力值，快速力量一般包括起动力量、爆发力等。

1. 起动力量。指肌肉收缩50毫秒内达到最大力值的能力。

2. 爆发力。关于爆发力的解释目前尚不统一，主要的有以下几种：库茨涅佐夫认为，爆发力量是指肌肉在克服极限阻力过程中产生最大加速度的能力；维尔霍山斯基认为，爆发力量是指肌肉在克服不低于最大力量60%~80%负荷时，在极短时间内发挥大力量的能力；比勒和施密特布莱希尔认为，爆发力量只是快速力量的一个组成部分，是指肌肉以最快的速度发展肌肉力量的能力。爆发力量的大小，可用力–速度曲线中力的最大增长值表示。从力学的角度来讲，肌肉的爆发力应是指肌肉单位时间内最大做功的能力，即肌肉收缩时的最大功率表现。

二、影响肌肉力量的基本因素

（一）肌肉生理横断面

肌肉生理横断面是横切肌肉所有肌纤维所得横切面的总和。一块肌肉的力量取决于这块肌肉全部肌纤维力量的总和，因此，肌肉内含肌纤维数量越多，其肌力就越大。

（二）肌纤维

肌纤维即肌细胞，是肌肉组织的基本结构单位。肌纤维为长柱形的多核细胞，长1~40毫米，直径10~100微米。肌细胞核密集，肌浆内含有许多与细胞长轴平行排列的肌原纤维。

肌纤维根据其结构与运动性能不同可分为红肌纤维和白肌纤维两种类型。两类肌纤维的分布与构成比例，影响着肌肉的力量及肌肉力量的发展。

红肌纤维也称慢肌纤维或I型纤维。红肌纤维直径较细，肌浆和肌红蛋白含量较多，线粒体数目也较多。肌纤维周围毛细血管丰富，支配肌纤维的是脊髓前角的小运动神经元。红肌纤维主要依靠有氧代谢产生的ATP供能。肌纤维收缩速度慢，收缩力量小，但持续时间长，不易疲劳。

白肌纤维也称快肌纤维或Ⅱ型纤维。白肌纤维直径较粗，肌浆和肌红蛋白含量较少，线粒体数目也较少。肌纤维周围毛细血管较少，支配肌纤维的是脊髓前角的大运动神经元。白肌纤维主要依靠无氧酵解产生的ATP供能。肌纤维收缩速度快，收缩力量大，但持续时间短，易疲劳。

人体每一个骨骼肌器官都是由不同类型的肌纤维混合而成的，但在纤维的类型分布比例上有着较大的差异，这种差异不仅体现在个体之间，而且体现在个体内不同的功能肌群之间。肌纤维的这种分布特点很大程度上受遗传因素的影响，有学者认为，运动员的运动能力 60%源于遗传，后天训练仅占40%。资料表明，无训练的成年男、女骨骼肌中慢肌纤维平均占 44%~58%。在功能方面，以维持身体姿势为主的骨骼肌中，慢肌纤维所占百分比较高，如比目鱼肌中慢肌纤维约占 89%。以动力性工作为主的骨骼肌中，慢肌纤维所占百分比较低，如肱三头肌中慢肌纤维只占 45%。在性别方面，女性慢肌纤维比男性多，因此女性爆发力比男性差。从骨骼肌代谢特征来看，男性肌肉中快肌纤维代谢占优势。在年龄方面，快肌纤维相对面积随年龄的增长而减小，而慢肌纤维面积基本保持不变。

（三）肌肉长度

在生理横断面积与羽状角相同的条件下，肌肉最大等长收缩力量相同，但是肌纤维较短的肌肉产生的收缩速度相对较小。而爆发力-速度的曲线表明，受到肌纤维长度缩短的影响，爆发力峰值将会相对减小。

（四）运动单位募集

运动神经元及其支配的所有肌纤维的结构被定义为运动单位。

在肌肉收缩的过程中运动单位不是同时被募集的，而是以一定的顺序进行动员。首先动员的是小的、慢传递的但易兴奋的运动单位，随着张力的发挥依次激活大的、运动较快的大运动单位。在肌肉自主性收缩过程中，运动单位募集是按照一定的顺序进行的，即按照运动单位的尺寸大小（肌纤维数量多少）由小到大依次进行的。运动单位募集的有序性，表明了运动单位的动员依赖于负荷的增加。只有最大的负荷才能达到运动单位的最大限度动员，因此，大负荷的肌肉刺激是对肌肉神经控制训练的重要条件。较小负荷的肌肉刺激，只能募集小的运动单位。

（五）肌肉的伸展性与弹性

肌器官内的内膜、束膜和外膜等结缔组织彼此延续，形成一个完整的膜结构网架系统，其中伴生血管、淋巴管和神经。膜系统犹如肌器官的软骨骼，在肌肉的功能活动中不仅承担着能量吸收、保护肌纤维和实施力的传递等重要功能，同时也是影响肌肉的伸展与弹性的主要结构。肌肉力量训练中加强肌肉的伸展性与弹性能力的训练，在提高肌肉收缩能力、抗牵张能力的同时，对预防肌肉运动性拉伤有着重要意义。

训练检测

1. 生物运动链的分类和特点是什么？
2. 人体的标准解剖学姿势是什么？
3. 影响肌肉力量的基本因素有哪些？

任务四　高尔夫球运动的营养学基础

活动场地 / 环境

多媒体教室。

任务要求

1. 了解高尔夫球专项体能训练的膳食营养安排。
2. 了解高尔夫球比赛不同阶段的膳食营养原则和措施。

能力训练

掌握高尔夫球运动员的膳食营养需求，掌握高尔夫球运动员在训练和比赛中的膳食营养安排，以及高尔夫球运动员部分功能失调时的膳食营养对策；初步形成高尔夫球运动营养学基础的概念。

课题一　高尔夫球运动标准营养指南

高尔夫专项体能训练和营养是不可分割的两个部分，强调一方面而忽视另一方面都不会使锻炼者获得最佳的结果。营养的基本知识是相对简单的，了解高尔夫专项体能训练的具体需求并将这些基本知识运用到训练中去，才是最重要的。要设计一个科学的营养膳食计划，就必须多掌握营养的基础知识，了解蛋白质、碳水化合物、脂肪、维生素、矿物质、水、纤维素等营养元素，了解吃哪些食物，吃多少才能保证得到这些营养的必要供给。除此之外，也必须注意这些营养的平衡：一种营养需要多少，其他的营养又需要多少。如果饮食中不能包含身体恢复所需的所有营养成分，将会影响高尔夫球专项体能训练的整个进程。

标准的 18 洞高尔夫球运动要求运动员步行 8~10 公里，而且这项运动会持续 4~5 小时，这可能导致运动员出现低血糖和脱水，这两种情况均会对运动员的协调性和注意力产生负面影响。

关于如何缓解脱水所导致的负面影响，有学者进行了研究。20 名男性高尔夫球运动员饮用一种含咖啡因及碳水化合物和电解质的饮料，对照组则饮用不含咖啡因及碳水化合物和电解质但口味相同的安慰剂。结果发现，含有咖啡因及碳水化合物和电解质的运动饮料明显改善了运动员打球入洞的运动表现，还提高了运动员的警觉性。另一项研究发现，在一场模拟 18 洞高尔夫球运动的比赛中，运动员在摄入足量的液体后，其心理和生理功能均得到显著提高。

咖啡因对身体、认知和精神运动功能的有益效果得到了越来越多的认可。通过评估长时间运动期间的身体功能和认知表现，研究人员发现咖啡因可提升运动员在运动期间和运动之后的耐力表现和复杂的认知能力。对于诸如高尔夫球这样的运动，这是一个特别重要的发现。因为在这类运动中，注意力对于取得成功非常重要。

如果运动员发生脱水及血糖水平过低，那么他们受伤的风险可能会增加。一项研究表明，如果高尔夫球运动员的自我环境意识较差，那么他们的受伤风险可能会增加，其中低血糖和脱水可能是导致他们的自我环境意识下降的一个原因。减少高尔夫球运动过程中的运动损伤非常重要。一项研究估计，每年都会有约 60%的专业人士及 40%的业余爱好者因为高尔夫球运动而受伤。虽然其中许多人是因为挥杆动作而受伤的，但不合理的营养摄入加剧了损伤的发生。例如，脱水与灵活性下降相关，而灵活性下降容易导致运动员出现肌肉损伤。在关于高尔夫球运动的文献资料中，肋骨应力性骨折的病例虽然并不常见，但是确实有过报道，其主要发生在高尔夫球运动员的身体摆动一侧。而营养问题已被证实对应力性骨折存在一定的影响。体内钙和维生素D吸收都比较好的运动员骨密度较高，因此他们发生应力性骨折的风险较低。

加拿大皇家高尔夫协会估计，在一个标准的 18 洞比赛回合中，运动员会消耗2 000~2 500千卡①的热量。比较理想的情况是，运动员消耗的热量应该通过一个分配合理的进食计划来补充，并且在这个回合中至少应为运动员提供部分热量。

---

① 1千卡约合4 186焦。

课题二　高尔夫球运动与常量营养素

营养素（nutrient）是指食物中具有特定生理作用，能维持机体生长、发育、活动、生殖，以及正常代谢所需的物质。营养素主要包括蛋白质、脂类、糖类、维生素、无机盐、水和膳食纤维。

营养素在人体的功效包括提供能量、构成和修复组织、调节代谢，以维持机体的正常生理和生化功能。各类营养素之间既密切配合，又相互制约。营养摄入过少，机体功能难以得到满足；营养摄入过多，则营养过剩，健康会受到威胁。因此，我们每天必须科学搭配饮食，做到营养素种类齐全、数量充足、比例适当。

常量营养素是人类和其他生物体生长和其他身体机能大量需要的化学物质。生物体代谢系统所需的大部分能量由常量营养素提供。一些主要的常量营养素包括碳水化合物、脂肪和蛋白质。

由于高尔夫球运动强度大，高尔夫球运动员在训练、比赛时，身体内部的物质代谢急剧加强，其营养的代谢和需求也会产生较大的变化。因此，只有根据高尔夫球运动的需要安排运动员的饮食，使其对热能的摄取量与消耗量相适应，使蛋白质、脂肪和糖等营养素有适宜的比例，才有助于运动员稳定体内环境，保持良好的身体机能和运动能力，促进运动员消除疲劳，并通过营养措施不断改进运动员的体质，使运动员既能负担大运动量的训练，又能通过科学训练达到提高运动水平的目的。

一、高尔夫球运动与糖

（一）糖的概念

糖又称为碳水化合物，主要由碳（C）、氢（H）、氧（O）三种元素组成。

糖类物质是生物界中分布极广、含量较多的一类有机物质，几乎存在于所有的生命机体中，是机体的能源物质，部分糖分子参与细胞结构的组成。在有机化学中，糖被定义为含有多羟基的醛或酮的一类有机化合物。甜味不是糖的唯一标志。

碳水化合物是健身活动的主要能量来源，为合成糖原提供底物，在绝大多数植物食品，尤其是水果和谷物类中含量丰富。食物中的碳水化合物不论分子大小如何，一旦被机体摄入，就在胃和肠道被分解为最小的单元，通常是葡萄糖。葡萄糖被吸收入血液并运转到肌肉和其他组织，进一步分解产生能量。如果葡萄糖不需要马上用于提供能量，就会以糖原的形式储存于肌肉和肝脏。机体储存糖原是有限度的，一旦储存在肌肉和肝脏里的糖原满了，多余的葡萄糖就将转化为脂肪。碳水化合物摄入量取决于总能量的摄入、体型、健康状况和运动的持续时间、强度和方式。

（二）糖的作用

碳水化合物是人体内主要的能源物质，是机体生存的主要原料，对某些重要的生命器官（如脑组织）是主要的能源物质。同时，还参与组织细胞结构的组成，对于运动人体来说，碳水化合物具有的作用有：①组成身体成分；②提供机体所需的能量，维持大脑功能必需的能源；③调节脂肪代谢；④节约蛋白质；⑤增强肠道系统的功能。

（三）糖的分类

食物中的碳水化合物一般被分为由单糖、二糖和低聚糖组成的简单碳水化合物，以及由淀粉、纤维素组成的复合碳水化合物。大多数碳水化合物都存在于天然食物中，只有少量碳水化合物，如高果糖谷物糖浆，是经过工业加工制成的，通常在加工食品中被用作甜味剂。不同形式的碳水化合物在机体内吸收和氧化的速率是不同的。根据其形式及其数量可分为四种类型的碳水化合物：

1. 单糖。单糖是糖的最简单的形式，如葡萄糖、果糖和半乳糖。

（1）葡萄糖。葡萄糖是血液中主要的碳水化合物，是肝脏、肌肉和其他器官储存糖原的来源，是细胞中主要的碳水化合物的能量来源。

（2）果糖。果糖是主要存在于水果和蜂蜜中的单糖。果糖比常见的食用糖（蔗糖）要甜一些。

（3）半乳糖。半乳糖是牛奶中简单的单糖。

2. 二糖。二糖是由两个单糖组成的糖，如蔗糖、乳糖、麦芽糖。

（1）蔗糖。蔗糖是常见的食用糖，由一单位的葡萄糖和一单位的果糖组成，是从甘蔗和甜菜中提取出来的。蔗糖是我们饮食中最常见的二糖，它在小肠中被转化成葡萄糖和果糖。

（2）乳糖。乳糖是奶制品中发现的糖，由一单位的葡萄糖和一单位的半乳糖组成。许多成年人不能吸收这种糖，这种症状被命名为乳糖不耐症，这是因为他们缺乏乳糖酶。

（3）麦芽糖。麦芽糖是由两单位的葡萄糖组成的。这种糖是由淀粉分解产生的，能快速地被消化成葡萄糖，然后快速地被身体吸收。它的吸收率与食用葡萄糖类似。

3. 低聚糖。低聚糖是由3~10个糖苷键聚合而成的化合物。

（1）麦芽糊精。麦芽糊精是由长链淀粉水解而成的一种葡萄糖聚合物，这种糖在运动饮料和加工食品中很常见。和麦芽糖一样，麦芽糊精能快速水解成葡萄糖被吸收。

（2）玉米糖浆。玉米糖浆是一种由葡萄糖和短链的葡萄糖聚合物组成的甜的糖浆，由玉米淀粉水解产生。和麦芽糊精一样，玉米糖浆快速被消化，以葡萄糖为单位被吸收。

（3）高果糖谷物糖浆。高果糖谷物糖浆是一种特别甜的谷物糖浆。45%~55%的碳水化合物是被水解成单葡萄糖和果糖的。高果糖玉米糖浆的黏性低于传统的玉米糖浆，但是其单糖和二糖的浓度却接近普通玉米糖浆的两倍。目前它是工业甜味食品中使用的主要甜味剂。

4. 多糖。多糖是指食物中所含有的淀粉和纤维素。这些常常被称为复合碳水化合物。

（1）淀粉。淀粉存在于植物的种子和根茎中，是由直链葡萄糖聚合物（称为直链淀粉）和支链聚合物（称为支链淀粉）组成的。淀粉在小肠内的消化程度是可变化的，一些淀粉在小肠中没有消化就进入了结肠。含有较多直链的淀粉比含有较多支链的淀粉消化得更快。

（2）纤维素。饮食中的纤维素是植物中的一部分，不能被肠道中的酶分解。饮食中的纤维素通过小肠进入结肠，被作为粪便排出或者被发酵进而作为肠道中细菌食物的来源。这样，一些纤维素就在结肠内被分解。高纤维素的膳食通常可以增加粪便的数量和引起胃肠胀气。

（四）高尔夫球运动员对糖的需求

高尔夫球运动需要力量、速度、耐力、灵敏等素质，而帮助提高这些方面的素质要求在膳食中多供给充分的糖，以保证运动中的能量消耗。高尔夫球运动员在运动时需要大量的糖合成糖原，以供给身体能量，保持其运动的持续性。但长时间剧烈的运动可能使糖原耗竭。因此，高尔夫球运动员的赛前餐应由营养丰富的碳水化合物组成，但一次性大量食糖易引起一次性低血糖。

二、高尔夫球运动与脂肪

脂肪是人体内含量最多的燃料，是安静和运动时不可缺少的供能物质。脂肪作为燃料可产生大量热量，是蛋白质和碳水化合物的两倍。正常人体组织中脂类占总体重的14%~19%，主要分布在皮下及内脏器官周围，绝大多数以甘油三酯的形式储存于脂肪组织中。由于大部分脂肪储存在脂肪组织，所以不容易获取作为肌肉运动的燃料。脂肪要用作燃料，必须首先分解成脂肪酸，通过血液循环从脂肪组织转运到肌肉，然后穿过肌肉细胞膜，最后进入线粒体。脂肪酸只有在线粒体内才能被进一步分解，为肌肉提供合成ATP所需的能量。由于这个过程较慢，因此，脂肪代谢供能只能用于低、中等强度的运动。

（一）脂肪的作用

脂肪是人体三大产能营养素之一，是机体所必需的营养元素，在提供能量方面具有重要的价值：①脂肪为我们的身体储存和提供能量，并在肌肉工作时作为燃料；②脂肪构成身体成分，是生命的物质基础；③脂肪是细胞膜的成分，也是脑和脊髓组织的成分；④脂肪储存于脂肪组织中作为身体保护的缓冲垫并保护脏器，减少热量散失，维持体温恒定；⑤脂肪也为机体提供必需的脂肪酸和脂溶性维生素（维生素A、D、E和K）；⑥脂肪可以促进脂溶性维生素的吸收。

（二）脂肪的分类

食物以及人体中的脂类分为三类，其中的95%是甘油三酯，另外两种是磷脂和固醇。不同种类脂肪的结构单位都是脂肪酸，而食物中的脂肪酸影响人体内脂肪的组成。脂肪酸主要有三种类型：饱和脂肪、单不饱和脂肪和多不饱和脂肪。通常，大部分饮食中的脂肪与油脂，均混合着这三种脂肪酸，而其中的一种脂肪酸会占有较高的比例。饱和脂肪一般在常温下呈固态，并在肉和乳制品中含量最为丰富。单不饱和脂肪酸在室温下呈液态，在植物油如橄榄油、花生油、芥花籽油和菜籽油中浓度最高。多不饱和脂肪在某些植物油特别是玉米油和豆油中最为丰富。含有不饱和脂肪酸的食品，尤其是含单不饱和脂肪酸的食品，对于健身健美爱好来说是非常必要的。

（三）高尔夫运动员对脂肪的需求

脂肪能供给热能，调节体温，保护神经与体内器官，还有利于脂溶性维生素的吸收。脂肪的发热量高，体积小，可满足高尔夫运动员的热量消耗，维持饱腹感。但高尔夫球运动强度大，而运动员代谢旺盛，所以饮食中的脂肪量不宜过多，因为过多地食用脂肪含量高的食物会影响其他营养素的吸收，增加运动员的体脂，导致运动员的体重增加。

三、高尔夫球运动与蛋白质

蛋白质是所有生物细胞的基本构成物质，人体蛋白质含量仅次于水分。氨基酸是组成蛋白质的基本单位，大约有二十几种氨基酸以不同的方式组合在一起，构成不同种类的蛋白质，以建造我们的细胞和器官。当体内的蛋白质被分解时，生成的氨基酸被氧化供能生成CO_2和H_2O，氮随尿液以尿素的形式排出体外。蛋白质不能在肌肉中储存起来，必须不断地按时补充，这就是要把每天所摄入的蛋白质分 5~6 次补充并且每隔 3 小时左右摄入定量蛋白质的主要原因。当饮食中额外增加蛋白质的补充时，多余的氨基酸也能够氧化供能，额外的氮以尿素的形式排出体外。但是，肌肉吸收蛋白质的量是有一定限度的，就像给茶杯倒水一样，一旦茶杯满了，再往里面倒水也不会有什么益处。

（一）蛋白质的作用

蛋白质的空间结构和氨基酸的排列顺序决定着其在机体中的作用，主要包括以下几个方面：

1. 蛋白质作为生长肌肉组织修复的构建材料，是一切细胞的结构组成部分，如皮肤、筋腱、韧带、膜、肌肉、器官和骨骼的核心成分，支持机体生长和更新。

2. 蛋白质是酶类，体内 4 000 种以上的酶都属于蛋白质，它的催化作用差不多主宰了主要的物质代谢，同时可以修复和构建身体组织，尤其是肌肉。

3. 蛋白质形成与能量代谢有关的激素，如胰岛素、胰高血糖素、肾上腺素，没有各种激素则无法启动人体的各种机制，而大部分激素是由蛋白质及其系列物质所构成的。

4. 蛋白质与核酸是人类各种细胞自我复制无法代替的物质，也是人体中基因表达的最重要的物质。

5. 蛋白质是人体活动之源，尤其是在碳水化合物摄入不足、糖储备较低和能量供应不足的情况下。

6. 蛋白质是体内重要营养与活性物质的运载工具，例如，运载脂肪酸要用脂蛋白，运载维生素要用其专一的运载蛋白，等等。

7. 人体的免疫物质基本上是蛋白质及其衍生物，也包括细胞免疫中的免疫细胞，当然也有脂类的参加，这是非常重要的。

8. 蛋白质能够保持水分和电解质的平衡。

9. 蛋白质协助保持酸碱平衡。

（二）蛋白质的种类

人体通过摄入蛋白质以获取合成机体蛋白质所需的各种氨基酸。所有的蛋白质是由二十几种不同的氨基酸组成的。每一个氨基酸都在一端有一个氨基（NH），另一端有一个羧酸基，中间是碳链，氨基酸电荷和结构的不同影响着它们形成的蛋白质的形状和功能。氨基酸可分成三组：

1. 必需氨基酸。没有它们，机体就无法合成所需的蛋白质，必须从膳食或运动营养品补充，这些氨基酸称为必需氨基酸。

2. 非必需氨基酸。非必需氨基酸并非体内蛋白质合成不需要，而是人体内可以合成，当总氮量不足时，体内合成非必需氨基酸会受限制，从而制约人体蛋白质的合成。

3. 一些特殊氨基酸。这是指有特殊化学结构或生理功能的氨基酸。

（三）高尔夫球运动员对蛋白质的需求

为强化高尔夫球运动员肌肉力量而增加蛋白质的摄取量是十分重要的。力量性运动对肌肉的质量要求很高，为使肌纤维增粗，肌肉发达，需要增加蛋白质的合成，而高尔夫球运动员对蛋白质的需求量非常高。由于在运动员加大运动量训练时，其血红蛋白浓度可能下降，尿氮排出量明显增加，所以适量补充蛋白质营养，有助于保持血红蛋白的质量。采取将动物性食物和植物性食物、谷类和豆类、粗细粮同时进食的办法，可以发挥蛋白质的互补作用，取长补短，从而提高蛋白质的营养价值。

课题三　高尔夫球运动与维生素

维生素和矿物质对于能量底物代谢、组织构建、细胞内与细胞外环境的液体平衡、代谢作用所需的氧气和其他物质的运输，以及运动组织中代谢废物的清除都是必不可少的。此外，维生素和矿物质还有助于降低由训练诱导的氧化应激水平。由于运动员的能量代谢率较高，肌肉和骨骼的应激水平较高，所以与非运动员相比，运动员对多种维生素和矿物质的需求量更高。总体而言，科学界对与维生素和矿物质摄入不足相关的健康问题较维生素和矿物质缺乏所导致的功能性问题更为精通。因此，不论是科学家还是大多数的运动员，对于个体所需维生素和矿物质的量，以及保证机体正常水平的最佳供给系统都缺乏充分的理解，他们通常会错误地认为应当通过服用高剂量补剂来摄入大量的维生素和矿物质。

维生素是细胞所需的用来促进特定化学反应的物质。一些维生素（尤其是B族维生素）参与能量反应，细胞通过这些能量反应从碳水化合物、蛋白质和脂肪中获得能量。由于运动员比非运动员的能量代谢水平高，所以此类维生素是本书关注的重点。其他维生素与维持矿物质的平衡有关。

维生素分为脂溶性与水溶性两种。脂溶性维生素需要在含有脂肪的环境中发挥作用，而水溶性维生素则需要在含有水的环境中发挥作用。在某种程度上，我们的身体具有储存所有维生素的能力。例如，如果两天前我们用餐时摄入了富含维生素C的食物，即使在昨天所摄入的食物中没有维生素C，今天我们也不会出现维生素C缺乏的症状。但是，过量摄入脂溶性维生素（特别是维生素A和维生素D）会产生严重的毒性。同样，过量摄入水溶性维生素也会引发问题。

脂溶性维生素由于不溶于水，所以过量服用会造成在体内的蓄积。这种蓄积又会进一步影响机体的正常生理功能，进而影响到人的运动能力。因此，严格把控脂溶性维生素的摄入量是保障脂溶性维生素正常行使和发挥功能的重要前提。

水溶性维生素主要包括两大类，即维生素B族和维生素C。维生素B族对运动的益处主要体现在两个方面：一是协助能量代谢；二是维持红细胞的正常生长和功能。维生素C可以预防机体肌细胞受损，缓解肌肉酸痛，在运动后肌肉的恢复过程中也存在一定程度的有益作用。与此同时，维生素C还可以在一定程度上改善机体的免疫能力和肌肉的收缩能力，并且在一定程度上保护DNA不受氧化损伤。

维生素不仅是保证运动员身体健康的必需物质，而且在维持和提高运动能力、消除运动性疲劳、提高免疫力及预防运动损伤等方面均起着重要作用。维生素缺乏可导致身体功能下降、运动能力降低。运动员比普通人需要更多的维生素。

课题四　高尔夫球运动与体液平衡

与维持高水平运动表现相关的唯一关键性因素可能是如何维持运动中的体液平衡。尽管如此，在训练和比赛中，大多数运动员仍会出现脱水（导致血容量下降）的问题，从而导致运动能力下降。研究表明，即便能补充液体，运动员也可能存在一定程度的脱水，从而不可避免地对成绩产生负面影响。运动中产生的大量热量必须通过汗液的蒸发散发出去，因此运动员除了寻求维持适合状态的策略以外，没有其他能够维持运动能力更为合理的备选方案。如果不能维持水合状态，运动员将提早出现疲劳，还可能发生威胁生命的中暑。

人体中水的含量由水的摄入、排出之间的平衡来调节。与所有营养素一样，正常的水摄入是保持身体健康的必要条件，缺乏和过量都不可以。水是人体的重要组成成分，占体重的50%~60%，瘦体重75%是水，而脂肪组织的成分绝大部分是脂肪，几乎不含水。因此，身体的组成，特别是脂肪的含量决定了体内水的含量。

水在人体中的主要功能有：一是作为保持组织细胞外形及构成的必需物质；二是调节体温；三是参与物质代谢和化学反应；四是在体内起润滑作用。

机体水的需要量与机体外部环境、自身状况、运动因素和膳食情况的综合效应有关。这种关系的存在状况可以从水的来源和去路之间的数量变化直接反映出来。

课题五　高尔夫球运动员赛前、赛中和赛后营养

一、运动员赛前调整期的膳食营养

（一）延缓运动性疲劳的膳食营养

运动性疲劳是指人体运动过程中产生的运动能力暂时性下降的生理现象，是影响运动成绩的主要因素。从营养学角度出发，缓解运动性疲劳主要包括

以下一些原则和常用措施。

1. 防止乳酸堆积，主要增加碱性食物的摄取和保证体内维生素C、E、A、B等的膳食摄入。

2. 补糖，使肌糖原储备充足，以保持运动中的血糖水平。

3. 合理补充液体，以保持机体良好的水合状态。

4. 校正运动前微量元素营养不足或缺乏状态。

5. 适量补充抗氧化物质，以减轻疲劳，增强耐力，防止运动损伤和炎症。

6. 适量补充提升免疫功能的营养物质，以增强机体抗病的能力。

（二）过度训练与胃肠功能紊乱的膳食营养

过度训练是由于训练不当造成的一种运动性疾病，胃肠功能紊乱是过度训练的常见临床反应，主要表现为黏膜免疫力受损、胃肠动力下降。运动员过度训练与胃肠功能紊乱的膳食营养调理主要包括以下要点。

1. 饮食要有严格的规律性。在过度训练时，机体自主神经功能紊乱，调节能力减弱，所以饮食要有严格的规律性，避免因饮食无规律而加重其调节负担。

2. 酌情控制每餐进食量。过度训练时消化系统的功能相对较弱，过多的进食可加重其负担。同时，为了保证营养的充分补充，可适当增加每日进餐次数。在营养全面的情况下，要酌情控制每餐进食量。

3. 尽量减少刺激性食物的摄入。由于消化道黏膜屏障受损，功能降低，所以要尽量减少刺激性食物摄入，并且要忌烟忌酒。

4. 慎用营养补充剂。由于胃肠黏膜发生不同程度的受损，胃肠动力功能下降，而有些营养补充剂可能进一步刺激胃肠黏膜，导致胃肠不适。

（三）赛前调整期的膳食营养原则和措施

1. 饮食的热量应当相应减少，纤维素、产气食品也应当相应减少，以保持适宜的体重。运动员在赛前应不同程度地减小运动量，膳食中的能量摄取量应随之相应减少。若运动量减少而热能摄入量不相应减少，会使体脂和体重增加，多余的体脂和增加的体重是限制耐力、速度和力量的因素。赛前的膳食营养应使运动员获得具有最佳竞技能力的体脂和体重水平。避免选择纤维素多、易产生气体的食物及生蔬菜和韭菜。

2. 采用习惯的膳食种类，保证高糖类膳食。选择的食物应当是运动员喜爱的，在比赛前期个人对饮食的嗜好变得更加突出，在饮食的安排和选择上除符合生理要求外，还应考虑运动员的心理需要。赛前饮食中应充分利用糖，采用高糖低脂、维生素和矿物盐充足的饮食，使体内的糖原储备充足、维生素和无机盐达到饱和状态。比赛前适量补充糖可维持血糖水平并可提高竞赛能力，延缓疲劳的发生。

3. 增加碱性食物供给，减少对蛋白质和脂肪等酸性食物的选择。增加碱储备，可采取多吃蔬菜、水果或采取碳酸氢钠负荷法。应避免在赛前添加过多的蛋白质和脂肪，因为蛋白质和脂肪的代谢产物是酸性的。这些酸性物质在体内大量堆积，会使体液偏酸，促使疲劳提前发生。赛前切忌大量补充氨基酸，因为大量补充氨基酸会使血氨增加、消耗丙酮酸、影响有氧代谢、刺激胃肠道，并使水分吸收减少。因此，赛前应多吃碱性食物，并注意在运动中补充碱性饮料。这些措施都能提高体内的碱储备，延缓运动疲劳的产生。

4. 做好比赛前 10~14 天的膳食调整，避免体内维生素缺乏。比赛前的 10~14 天，如果条件许可，应当注意按比赛期的饮食制度进食。此外，拟采用维生素A或B提高运动能力时，应在赛前 10 天增加，因为维生素A或B在短时间内不能发挥作用。过量维生素对人体运动和比赛能力无作用，但体内如果缺乏维生素，将不利于运动员比赛能力的发挥。为提高比赛时的工作能力，常在比赛前食用葡萄糖和维生素C，维生素C会在食用后 40~60 分钟发生作用。因此，应注意时间的准确性，合理服用运动补充剂。

二、运动员比赛当日的膳食营养

（一）比赛当日的膳食营养原则和措施

比赛当日的膳食营养要求是速效并能在比赛时起作用，具体膳食营养原则和措施如下。

1. 食物应口感好，能满足热能和体液平衡的需要，体积和重量要小，易消化，低脂肪，含少量的蛋白质和充足的水分，富含无机盐和维生素。

2. 应避免选择高脂肪、含膳食纤维多的粗杂粮，避免选择易产气或延缓胃排空时间的食物，并少食或不食辛辣、过甜的浓缩糖，以减少对胃肠道的刺激。

3. 选择含磷、糖、维生素C及B丰富的食物，保证能源物质动员快，燃烧完全。

4. 赛前的饮食应根据运动员平时习惯，而不应当在比赛日突然增加某种食物。心理学上的因素也是很重要的，如运动员确信某种食物会使他们赢得胜利，则应将其列入赛前营养计划，但应特别注意该食物的摄取时间。

5. 一般情况下，不允许空腹参加比赛，空腹运动会使机体组织中蛋白质耗损，并有发生低血糖的危险。

（二）比赛当日赛前一餐的膳食营养原则和措施

1. 比赛当日赛前一餐在比赛开始前 2~3 小时完成。食物的体积要小，重量要轻，要能提供 500~1 000 千卡的能量。若赛前 30 分钟进餐，不论是固体还是液体均会产生胃肠胀满感，影响比赛成绩。

2. 比赛当日赛前一餐不宜变换新的食物或改变饮食习惯，变换新的食物有发生过敏、胃肠道不适或腹泻的可能，宜选择适口并且富于营养的食品，勿强迫自己选择不爱吃的食物。

（三）比赛当日赛前 2~3 小时的膳食营养原则和措施

比赛当日赛前 2~3 小时完成最后一餐饮食，以确保比赛时的胃排空时间，食物质量的调配应随比赛项目、任务及时间拟定。膳食内容包括水果、果汁、米饭、鱼肉、熟玉米、面包、含糖运动饮料等。

（四）比赛当日赛前 1 小时及其以后的膳食营养原则和措施

比赛当日赛前 1 小时进食少量糖加能量棒、果汁（稀释比为 1 杯果汁加 3 杯水）、新鲜水果（如香蕉、芒果或其他时令水果），赛前 15~30 分钟应至少饮 1 杯含渗透压低的低聚糖、维生素、无机盐的运动饮料，保持运动员有较高的糖原储备。

（五）比赛途中的膳食营养原则和措施

1. 比赛途中的补液。除比赛前少量补水外，比赛中每隔 15~30 分钟补液 100~300 毫升，补液速率以不大于 800 毫升/时为宜。比赛中的补液量一般为出汗量的 1/3~1/2。一种决定补液量的简单方法是通过称体重了解失汗量，然后按每失汗 500 毫升补液 2 杯左右试验，找出运动员能耐受的补液量。运动员在比赛中机体汗液处于相对高渗状态。途中或赛中饮料应是低张和低渗的（即含糖和含盐量低的）。有研究表明，15%的低聚糖饮料在比赛中收到了良好的效果。饮料的温度对胃排空影响不大，但温度较低的饮料（5~13℃）口感稍好，饮料中应含少量的钠盐，一般含量为 18~25 毫摩尔/升。

2. 比赛途中的补食。比赛途中，运动员可根据饥饿感觉选用和摄取一些体积小、不影响呼吸、胃部排空快、容易消化吸收的液体型或质地柔软的半流质食物。

三、运动员赛后的膳食营养

（一）影响运动能力的营养学因素

1. 酸性代谢产物蓄积。肌肉运动时，机体内环境不断发生变化，产生了许多酸性代谢产物，如磷酸、乳酸、丙酮酸等。酸性代谢产物蓄积会使体液酸化，pH值下降，造成肌肉对等长收缩刺激的紧张性增加和血液缓冲能力的降低。

2. 体内能源物质的耗竭。能源物质主要指的是糖原。人体在运动时体内糖原迅速分解，血糖含量明显降低。运动中最直接而迅速的能源物质为ATP，人体内ATP的储存量极少，仅能维持几秒钟时间，需要体内不断合成。人体内脂肪的储存量虽然很多，但脂肪不容易动用，因此需要有充足的糖原储备，当体内糖原耗竭时，ATP合成的速率降低，运动能力下降，并容易发生外伤。

3. 微量营养素不足或缺乏。比赛中大量出汗，使得许多矿物盐和微量元素从汗中排出。此外，比赛会消耗大量的维生素，造成体内微量元素不足或缺乏。维生素和微量元素有调节代谢功能的作用，其缺乏或不足可使人体的内环境稳定性遭到破坏。合理营养有助于维持体内环境稳定，从而提高运动能力。

4. 脱水与电解质丢失。比赛中会大量出汗，如不能及时补充水分和适量的无机盐，会使体液量（尤其是血浆容量）减少而增加心脏和肾的负担，同时会产生体温调节障碍，使体温升高。电解质丢失会影响体内离子平衡和细胞膜内外的电位，使运动能力下降。

5. 机体免疫功能下降。机体内存在着诸多免疫营养素，运动员赛后体内营养状况会发生重大变化，如蛋白质、氨基酸、糖、锌、铁以及维生素等营养素下降，影响免疫功能，从而影响运动竞技能力。

（二）加速体能恢复的膳食营养原则和措施

运动员赛后体力恢复的快慢，关系到赛后的训练计划和训练效果。采取营养措施促进恢复是运动训练恢复手段的重要方面。营养恢复的重点在于恢复体液和能量储备。剧烈运动后及时纠正脱水和补充能量可加速体能恢复。剧烈运动后体能完全恢复需要几个小时，甚至数日，但通过及时补液和补糖等措施，可获得最大限度和最快的恢复效果。

1. 运动员赛后的体液恢复——赛后补液。体液的平衡与补液量、液体中的电解质量（主要是指钠和钾）以及糖量有关。补充液体中钠离子的浓度升高时，尿量减少，机体储水能力增加，从而有助于体液的恢复，减少补液量；但补充液体中的钠盐不宜过多，钠浓度过高会影响口感，从而减少液体的摄入量。比赛一结束即可给运动员饮用 100~150 毫升的葡萄糖液，及时补充运动员所消耗的热能，这对促进肝糖原储备、预防肝的脂肪浸润有良好的作用。运动后的补液总量由体重恢复的情况来估计，应以少量多次为原则，不可暴饮。

2. 运动员赛后的能量恢复——赛后膳食。运动后能量储备的恢复主要是指补充已消耗的肌糖原。肌糖原完全恢复需要 20 小时。运动后头 2 小时的糖原恢复率为 7%，运动后头 6 小时内的糖原合成酶活性最高。因此，运动后的补糖时间越早越好。一次大量摄入糖并不比少量多次更为有效，如运动后即刻补充糖 50 克，以后每隔 2 小时摄入糖 50~100 克，在 20 小时内可摄入 500~1 000 克糖。不论是单糖、双糖、复合糖还是液体型糖均有效，也可采用含糖的果汁或饮料。果糖有利于肝糖原的快速恢复，较葡萄糖和淀粉类恢复速率快，且耗能少，但浓度不宜超过 3%。运动员赛后的第一餐应安排在赛后结束 30 分钟以后进行。赛后的饮食仍应是含高糖、低脂肪、适量蛋白质和容易消化的食物以及无机盐和维生素丰富的平衡膳食。赛后少则 2~3 天，多则 5~7 天仍应加速体内能量、水分、电解质、酶和激素的恢复。

训练检测

1. 如何理解高尔夫球运动与常量营养素的关系？

2. 高尔夫球运动员赛前、赛中、赛后的营养措施有哪些？

任务五　运动机能评定

活动场地 / 环境

多媒体教室。

任务要求

1. 了解运动机能评定的功能和作用。
2. 了解各系统机能评定的基本指标。

能力训练

掌握运动机能评定的概念，运用相关指标纠正高尔夫球运动员身体机能问题，改善训练效果、提高运动成绩；初步形成运动机能评定的概念。

课题一　运动机能评定的概念、功能和作用

一、运动机能评定的概念

运动机能评定是指利用生理、生化等指标以及训练学、运动学、心理学的方法在运动前、中、后对运动员进行测定和评价，从而对个体承受运动训练的能力、现实身体机能状况、训练的科学性及有效性等进行诊断。

二、运动机能评定的功能和作用

（一）客观评定运动员的身体机能状态

在运动训练中，运动员的身体机能状况对科学安排训练负荷来说至关重要。只有运动负荷量和强度足够大，机体处于能够承受的最大应激状态，才能有效地提高运动能力。科学地控制和调整运动负荷，不仅能避免运动损伤和过度疲劳的发生，还能有效地提高训练效果。可根据心率、血乳酸、尿蛋白等指标的变化评定运动强度，通过血糖、血脂肪酸、血氨、尿酮体等指标

的变化掌握能源物质利用及身体疲劳情况。

（二）科学监控运动负荷的重要环节

运动负荷是指运动员在训练中所承受或完成的身体负荷量，它是运动训练中最为重要的环节之一。不同的运动负荷可对运动员产生不同的影响，而相同的运动负荷对不同的运动员产生的影响也不同，这些不同的影响可以通过一系列生理生化指标反映出来。因此，运用生理生化指标来观察运动员对运动负荷的反应，科学地控制和调整运动负荷，不仅能避免运动损伤和过度疲劳的发生，还能有效地提高训练效果，这是科学训练的重要环节之一。

（三）预测运动成绩的理论依据

运动成绩是运动员竞技能力的体现，除了与技术、战术等有关外，更与运动机能水平有密切的关系，运动机能水平是预测运动成绩的理论依据。

（四）监控运动员合理营养的手段

合理营养是运动员取得优异成绩的基本因素之一。合理营养能提供运动员所需消耗的热能，补充和储备能源物质，加速组织的修复（如蛋白的合成），加速代谢废物的清除，维持代谢平衡，有助于提高运动员的运动能力，有助于运动后体力迅速恢复。运动员的膳食和营养补充是否合理，可通过一系列生理生化指标来检查和评定。综上所述，运动机能评定可以对运动员的竞技能力和运动负荷作出科学的评估，对科学地指导运动训练、有效地提高运动员的竞技能力和健康水平都具有重要的实践意义。

（五）运动员选材的科学依据

运动员选材是运动训练科学化的首要环节。遗传学的深入研究证实，身体机能水平、代谢能力的高低，既受生长发育过程中营养、疾病、运动训练等后天因素的影响，也受先天遗传因素的制约。例如，人体的有氧代谢能力和无氧代谢能力在很大程度上是由遗传决定的。

课题二　各系统机能评定

一、心血管机能的评定

（一）高尔夫球训练对心血管系统的影响

心脏是一个压力泵，为血液循环提供动力。血液循环为身体的各个器官输送氧气和各种营养物质，维持它们的生命活动。运动时心跳加快，每搏量增加，以满足运动时肌肉活动所需要的更多的氧气和能量物质。长期坚持高尔夫球训练，可使心肌纤维增粗、心脏收缩能力增强、每搏量增加，从而提高各内脏器官的新陈代谢水平。

（二）心血管机能评定方法——布兰奇心功指数

布兰奇心功指数在测量心率的同时考虑了血压的因素，因而能更全面地反映心血管机能。

1. 测量仪器。测量仪器包括秒表、血压计、听诊器。

2. 测量方法。在测量时，让受试者采取坐位，待完全安静后，测 1 分钟心率，然后测量血压，将数据代入如下公式：

$$\text{布兰奇心功指数}=\text{心率}\times(\text{收缩压}+\text{舒张压})/100$$

3. 评价。布兰奇心功指数在 110~160 时为心血管功能正常，平均数为 140。如果指数超过 200，则应对心血管机能作进一步检查。

二、呼吸系统运动机能的评定

呼吸机能主要通过肺摄取氧气和呼出二氧化碳来满足机体与外界环境之间的新陈代谢。运动时需要更多的氧气量供应机体，因此，呼吸机能显得非常重要。

（一）高尔夫球训练对呼吸系统的影响

1. 肺泡改变。长期的高尔夫球训练可使肺泡增多，肺泡表面积显著扩大，肺泡上毛细血管明显增多，以利于氧从肺泡弥散入血。

2. 胸廓增大。胸廓在呼吸时扮演重要的角色，胸廓的扩张与收缩直接影响气体的交换量。长期的高尔夫球训练会使胸廓产生适应性增大改变，肋骨增粗增长、弹性提高，参与呼吸的肋间肌和膈肌力量增强。以实现深而快的呼吸，加大气体的进出量。

3. 肺活量增大。长期的高尔夫球训练会使肺活量、时间肺活量、每分通气量都明显增加。这样的改变会使人体的气体交换能力增强，同时也会影响摄氧量。总之，呼吸系统对系统训练的适应性反应，表现在呼吸肌力量增强、时间肺活量增高和最大摄氧量提高等方面。训练水平高的运动员，其呼吸肌力量增强，安静时的呼吸频率缓慢，呼吸深度大。优秀运动员的肺活量增大，特别是时间肺活量中第 1 秒钟的呼出量较无训练者高。

4. 适量运动的效益。经常参加高尔夫球训练可增加呼吸肌的力量和耐力，增加肺通气量，提高肺泡扩张率，保持肺组织的弹性、胸廓的活动度，延缓肺泡因活动不足而加厚的老化进程。系统锻炼可使安静时的呼吸频率减少到8~12次/分，改善肺的通气和换气功能，增加吸氧能力，从而提高全身各内脏器官的新陈代谢，提高呼吸中枢的兴奋性，延长随意停止呼吸时间，稳定控制膈肌，提高呼吸运动的调节能力。

（二）呼吸系统机能评定指标

1. 肺活量。肺活量是指在最大吸气后，最大能力呼出的气体量。它反映人体呼吸器官发育状况、肺的容纳和扩张能力。

2. 时间肺活量。时间肺活量是指在最大深吸气之后，尽力以最快的速度呼气，前3秒末的呼出气量占肺活量的百分比。其中，第1秒的时间肺活量意义最大。其正常值为第1秒末为83%，第2秒末为96%，第3秒末为99%。该指标反映了肺活量容量的大小、呼吸所遇阻力的变化，是评价肺通气功能较好的指标。

三、肌肉力量的评定

肌肉力量（简称“肌力”）是指肌肉在紧张或收缩时所表现出来的克服或抵抗阻力的能力。通常所称的力量素质就是指肌肉力量素质，它是完成一切日常活动、体力劳动和体育活动的基础，是健康体适能的重要内容之一。

肌力的测试方法主要有两种：一种为测定肌肉一次用力收缩时所产生的最大力量，以测定肌肉的最大力量为主；另一种为测定肌肉在相当大的负荷下，能够重复收缩的次数或能够持续的时间，以测定肌肉的力量耐力为主。某一个测试方法只能用来评价某一块或某一组肌群的力量，与身体其他肌群的力量大小没有绝对的关系。要想全面地对全身各主要肌群的力量进行评价，最好进行上肢、下肢、躯干肌肉的多项测定，这样才能为确定锻炼目标提供更客观的依据。

除传统握力、背力等传统测试方法外，近年来，肌电测试指标更多地被应用于肌肉指标评定。

四、肌电在运动机能评定中的作用

（一）利用肌电测定神经的传导速度

在神经通路的两个或两个以上的点上给予电流刺激，从该神经所支配的肌肉上记录诱发电位，然后计算出神经的传导速度。

（二）利用肌电评定神经和肌肉的机能状态

在肌电研究过程中有一个重要概念——肌电幅值，是指肌电信号的振幅大小。反映肌电幅值的指标有积分肌电和均方根振幅。在肌肉等长收缩至疲劳的研究过程中发现，在一定的范围内，肌电幅值随着肌肉疲劳程度的加深而增加。当以最大强度以下的肌力进行等长收缩时，肌电幅值随着时间的延长而增加；而在用最大肌力进行等长收缩时，随着肌力的下降，肌电幅值也逐渐下降。伴随疲劳而出现的肌电幅值变化，是由运动时运动单位的募集数量和运动单位兴奋的频率发生变化而引起的。在疲劳时肌电幅度升高，可能是由于在肌肉持续工作过程中，先参与工作的运动单位发生疲劳，为了维持工作，必须动员其他新的运动单位参与工作，这就是所谓的运动单位的募集。

（三）利用肌电进行动作分析

在运动过程中，可用多导肌电记录仪将肌电记录下来，再根据运动中每块肌肉的放电顺序和放电幅度，结合高速摄像等技术，对运动员的动作进行分析诊断。目前，肌电分析技术在运动技术分析和评价中的应用越来越广泛。例如，利用肌电分析技术有效而及时地纠正运动员的错误动作，促进运动员形成运动技能及提高运动成绩。

课题三　身体机能的综合评定

一、有氧工作能力

（一）什么是有氧工作能力

有氧工作能力是人体依靠能源物质由有氧氧化供能维持运动的能力，是指单位时间内氧从外界被摄取到体内经血液循环运输到活动肌肉，被肌肉所摄取并利用的能力，是摄氧能力、运氧能力、用氧能力的综合能力。

人体的有氧能工作力可在一般的运动条件下和实验室的实验条件下反映出来，但对运动负荷有一定要求，其负荷强度为人体最大负荷强度的75%~85%，心率一般在140~170次/分，时间为5~15分钟。

（二）决定有氧工作能力的因素

1. 肺的通气功能。从呼吸系统来看，肺的通气量越大，吸入体内的氧气量就越多，在体育锻炼中采用深呼吸的方法，可有效地提高呼吸效率，增加肺的有效气体交换量。

2. 血液的载氧能力。吸入肺的氧气是通过血液中的血红蛋白运送到各组织细胞的，在生理范围内，血液中血红蛋白的含量越高，其携带氧气的能力就越强。如果人体中血红蛋白的含量下降10%，就会明显影响其有氧耐力。

3. 心脏的射血能力。心脏的射血能力是血液循环的动力，在单位时间内，心脏射出的血量越多，其运送氧气的能力就越强。影响心脏射血量的主要因素是心肌收缩力量和心室容积的大小，在体育锻炼时，心脏收缩力量越大，心脏的射血能力就越强。

4. 骨骼肌的代谢能力。骨骼肌的有氧代谢能力是影响有氧耐力的重要因素，有氧代谢酶活性高，利用氧气的能力就强，表现为机体的有氧代谢能力高。而骨骼肌的有氧代谢能力与肌纤维类型密切相关，肌肉中红肌纤维越多，有氧代谢能力就越好。现在普遍认为，心脏的射血能力和骨骼肌的有氧代谢能力是影响有氧耐力最重要的因素。

5. 肌糖原含量。肌糖原是肌肉进行有氧代谢的主要能源物质，其供能特点为效率高，氧气消耗量相对较少，代谢时产生的代谢产物可及时排出体外。所以，肌肉中糖原含量越高，有氧供能的潜力就越大。虽然脂肪也参与有氧运动的供能，但由于脂肪氧化供能时氧气消耗量大、代谢产物堆积等，容易使身体疲劳。

（三）有氧工作能力测量的意义

有氧工作能力测量的意义如下：

1. 测定运动员的身体机能极限水平，以利于训练计划的制订。

2. 对运动疲劳、训练效果进行诊断，及时调整训练计划。

3. 为开具运动处方提供重要的依据。

4. 协助进行身体的医学诊断，如冠心病、慢阻肺等。

（四）有氧工作能力测量的指标

通常，在进行有氧工作能力测试时会用到的指标有最大摄氧量、无氧阈、心率、血压、肺活量、心功指数、台阶指数、功能能力、运动能力、代谢当量等。其中，最大摄氧量是最核心的指标。

二、无氧工作能力

（一）什么是无氧工作能力

无氧工作能力是指运动中人体通过无氧代谢途径提供能量进行运动的能力。它由两部分组成，ATP-CP分解供能（非乳酸能）和糖无氧酵解供能（乳酸能）。与有氧工作相比，无氧工作的强度提高，但持续时间减少。ATP-CP是无氧功率的物质基础，一切短时间、高效率运动，如高尔夫球挥杆等活动能力均取决于ATP-CP供能能力；而乳酸能则是速度耐力的物质基础。

（二）无氧工作能力测试与评价

常用的无氧工作能力检测方法依测试指标性质不同分为两类：一类为无氧能力的动力学检测，通常采用在最大无氧状态下进行全力运动负荷或定量负荷试验以测定机体的无氧做功能力；另一类则为无氧能力的生理学检测，即通过剧烈运动时测得的最大血乳酸水平和氧亏积累等指标来间接反映无氧能力的大小。通过实验可对个体的非乳酸能力、乳酸能力或无氧能力作出定性评价，以此评价个体的无氧能力。

训练检测

1. 运动机能评定的功能和作用是什么？
2. 肌电在运动机能评定中的作用是什么？

项目三

高尔夫球专项体能课程系统化设计

项目描述

高尔夫球专项体能课程设计是高尔夫球体能教练必须具备的基本能力，我们从课程目标设计、课程教学设计、教学大纲制定、教学进度设置、课程教案设计等方面进行阐述，旨在科学、系统地培养系统化教学设计的能力，为高尔夫球教练的教学工作提供科学的依据。

学习目标

了解高尔夫球专项体能课程目标设计、课程教学设计、教学大纲制定、教学进度设置、课程教案的设计，运用高尔夫球专项体能课程系统化设计的相关知识分析问题和解决问题。

能力目标

能够运用所学知识，正确解决在体能教学工作中遇到的问题。熟练运用高尔夫球专项体能课程系统化设计知识提高自己的从业能力。

任务一　高尔夫球专项体能课程目标与教学设计

活动场地 / 环境

多媒体教室。

任务要求

1. 了解什么是高尔夫球专项体能课程目标。
2. 了解如何进行高尔夫球专项体能课程教学设计。

能力训练

掌握高尔夫球专项体能课程目标相关理论知识，能够准确有效地进行高尔夫球专项体能课程教学设计；初步形成对高尔夫球专项体能课程目标的分析能力。

课题一　高尔夫球专项体能课程目标

一、课程目标概述

广义上的课程目标即教育意图，它包含教育方针、教育目的、培养目标、课程教学目的和教学目标。狭义的课程目标的涵盖面是特定的，主要指教育目标。在狭义上，课程目标不包含教育方针，只包含教育目的、培养目标、课程教学目的和教学目标。

二、高尔夫球专项体能课程目标的设计思路

竞技体育领域所讨论的体能，特指运动体能，运动训练界习惯上将之简称为“体能”。运动体能是运动员为提高运动技术水平和创造优异运动成绩所必需的身体各种运动能力的总称，它是运动员机体对外界刺激或外界环境适应过程所表现出来的综合能力，与人的运动能力有关，与人体的适应能力有

关，也与人的心理因素（主要指意志力）有关。

高尔夫球专项体能课程目标可以分为知识目标、能力目标、素质目标（含课程思政育人目标）三个学习领域目标。

（一）知识目标

通过高尔夫球专项体能教学，使学生较全面了解高尔夫球专业体能知识，如力量练习原理、协调性练习原理、耐力练习原理、功能性运动检测（Fuctional Movement Screen，FMS）原理等，了解高尔夫球体能的定义、起源与发展，认知FMS理论，掌握最基本的高尔夫球专项体能练习的方法。

（二）能力目标

通过高尔夫球专项体能教学，提高学生进行专项体能训练的能力，培养学生刻苦练习、善于思考、勇于战胜困难的意志和品质以及对高尔夫球运动的兴趣、爱好，培养学生初步撰写训练计划的能力。

（三）素质目标（含课程思政育人目标）

提高学生的思想道德素质和爱国情怀，促进学生自由全面发展。

课程目标是撰写教案的过程中比较难写的部分，需要对此章、节的教材有全面的认识和较深的理解。课程目标的设计一定要针对性强、具体、可操作、可评价，不能写得过于笼统、不具体、针对性差。

课题二　高尔夫球专项体能课程教学设计

一、高尔夫专项体能课程教学设计的目的

高尔夫球专项体能课程教学设计的目的是提高高尔夫球专项体能教学效率和教学质量，使学生在单位时间内能够学到更多的知识，更大幅度地提高学生各方面的能力，从而使学生获得良好的发展。

二、高尔夫球专项体能课程教学设计的方法

教学设计要从为什么学入手，确定学生的学习需要和学习目标。

根据学习目标，进一步确定通过哪些具体的教学内容提升学生的知识与

技能，从而满足学生的学习需要，即确定学什么。

要实现具体的学习目标，使学生掌握学习的策略，即确定如何学。

要对教学效果进行全面评价，根据评价结果对以上各环节进行修改，以确保促进学生的学习，获得成功的教学。

三、高尔夫球专项体能课程教学设计的特征

首先，教学设计要遵循教学过程的基本规律，选择教学目标，以解决教什么的问题。

其次，教学设计以计划和布局安排的形式，对怎样才能达到教学目标进行创造性的决策，以解决怎样教的问题。

再次，教学设计把教学各要素看成一个系统，分析教学问题和需求，确立解决的程序和纲要，使教学效果最优化。

最后，教学设计是提高学生获得知识、技能的效率和兴趣的技术过程，是教育技术的组成部分，它的功能在于运用系统方法设计教学过程，使之成为一种具有操作性的程序。

训练检测

1. 如何设置高尔夫专项体能课程目标?
2. 如何进行高尔夫专项体能课程教学设计?

任务二　高尔夫球专项体能课程教学大纲与教学进度

活动场地 / 环境

多媒体教室。

任务要求

1. 了解什么是高尔夫球专项体能课程的教学大纲。
2. 了解如何设置高尔夫球专项体能课程的教学进度。

能力训练

掌握制定高尔夫球专项体能课程教学大纲的相关理论知识，能够准确有效地制定课程的教学重点、难点；初步形成撰写高尔夫球专项体能课程教学大纲和设置教学进度的能力。

课题一　高尔夫球专项体能课程教学大纲

一、高尔夫球专项体能课程教学大纲概述

高尔夫球专项体能课程教学大纲是高尔夫球专项体能课程的教学纲要，其内容包括课程的性质与任务、课程的目标与要求、课程的思政体现、课程的基本内容与教学要求、课程的学时分配、课程习题（讨论）课的要求、教学方法与手段、场地与设备、课程考核及成绩评定方式等。教学大纲是根据教学计划，以纲要形式规定高尔夫球专项体能课程教学内容的文件。

二、高尔夫球专项体能课程教学大纲编写的基本原则

（一）符合专业人才培养方案和教学计划的要求

教学大纲的制订首先应当考虑高尔夫球专项体能课程在整个教学计划中

的地位和任务，选择的教学内容必须保证专业培养目标的实现。教学大纲的制定还应当遵循教学计划整体优化的原则。教学计划中的每一部分教学内容都是互相联系的，对各部分内容，既要注意相互衔接，又要避免重复或遗漏。

（二）体现科学性与思想性相结合、理论联系实际的原则

高尔夫球专项体能课程教学大纲的编制应当处理好科学性与思想性、理论性与实践性的关系。教学大纲首先要体现科学性和思想性结合的要求，选择的教学内容必须是符合客观规律的知识；要反映出对高尔夫球专项体能所研究的各种现象、事实和规律的认识发展过程。同时，教学大纲也要及时反映高尔夫球专项体能发展的最新、典型性的研究成果。

教学大纲的编制还应当遵循理论联系实际的原则，坚持理论与实践一致、观点与材料统一。在重视理论传授时，不能忽视实践的训练，应使实践、实习、社会调查等教学形式在高尔夫球专项体能课程教学大纲中占有重要的地位。

（三）既要有相对的稳定性，又要不断更新

高尔夫球专项体能课程教学大纲要保持相对的稳定性，以保证稳定的教学质量。但教学大纲也要及时反映现代体能训练科学技术的最新成就和当代科技发展的最新水平，以保证教学大纲的先进性。因此，高尔夫球专项体能课程教学大纲的编制要不断更新内容。但是不论更新教学内容，还是补充新的内容，都应当从教学的目的和目标、任务以及学生的接受能力出发，切忌盲目、片面地求新求多，加重学生的负担，导致教学质量降低。所以，编制教学大纲、选择教材内容，包括更新和补充知识，都应当贯彻少而精、量力而行等原则，分量要适当合理，既要从学生现有的水平出发，又要起到促进学生发展的作用。

总之，高尔夫球专项体能课程教学大纲是课程内容合乎逻辑的构架，是教学顺序、教学工作的指南，是对该课程掌握程度的反映。教师可从各自的授课条件出发拟订本课程的大纲，了解、熟悉、钻研教学大纲，并在自己的教学实践中执行大纲。

示例一：*高尔夫球专项体能课程教学大纲*

课程名称：高尔夫球专项体能（Golf special physical fitness）

课程编码：×××××××××

学　　时：×××××××××　　学　　分：×××××××××

课程性质：×××××××××　　课程类别：×××××××××

先修课程：×××××××××　　开课学期：×××××××××

开设部门：×××××××××　　适用专业：×××××××××

一、课程的性质与任务

本课程秉承着我校实现人与社会相适应、人与自然相结合的生态文明办学理念，以习近平生态文明思想为指导，秉承团结、严谨、求实、创新的校训，发扬笃学、致用绿色、和谐的校风，恪守严谨求实、止于至善的教风和勤奋诚信、志存高远的学风，通过注重生态文明理念，教授学生在锻炼的同时培养对环境的关注和保护意识。课程设计可包括在自然环境中进行训练的内容，强调可持续性和生态友好的体能训练方式。同时，通过传授与大自然和谐相处的技能，促使学生在实践中体验人与自然相结合的理念。

课程的任务：本课程是休闲体育专业学生综合实践课程的必修课。学生通过本课程的学习不仅可以掌握高尔夫球运动专项体能发展的科学规律，而且可以熟练运用高尔夫球专项体能的基本知识，能够通过FMS测评，根据不同人群的需求，科学、有针对性地撰写完整的体能训练计划并进行指导实施，能够有针对性地分析与解决高尔夫球运动员在专项体能训练中的实际问题，为将来从事有关高尔夫球运动的工作和学习后续课程奠定必备的理论及技能知识基础。培养学生的生态文明意识和可持续发展的观念，为生态文明建设和绿色发展培养更多优秀人才。

二、教学的目标及其要求

（一）知识目标

通过高尔夫球专项体能教学，使学生较全面了解高尔夫球专项体能知识，如FMS原理、力量练习原理，了解高尔夫球专项体能的定义、起源与发展，掌握最基本的高尔夫球专业体能练习方法。通过模拟教学，使学生了解高尔夫球专项体能教学的准备活动、实施与放松活动，初步培养学生的教学能力。

（二）能力目标

通过高尔夫球专业体能教学，提高学生进行专项体能训练的能力，提高学生制订专项训练计划和单节训练计划的能力，培养学生刻苦练习、善于思考、勇于战胜困难的意志和品质，以及对高尔夫球运动的兴趣、爱好。

（三）素质目标（含课程思政育人目标）

提高学生思想道德素质和爱国情怀，促进学生的自由全面发展。

三、课程的思政体现

1. 在课程开始时，师生相互问好，在课程结束时，老师喊出“同学们辛苦了！”，同学喊出“为人民服务”，同时执握手礼。

2. 在教学场所悬挂“少年强则中国强，体育强则中国强”“文明其精神，野蛮其体魄”“发扬女排精神”等标语。

3. 在微课的版面增加“少年强则中国强，体育强则中国强”和“文明其精神，野蛮其体魄”等标语。

4. 教学中的所有示例均引用中国运动员的例子。

四、课程的基本内容与教学要求

第一章　力量训练

[教学目的与要求]

通过本章学习，能够掌握高尔夫球体能力量训练的基本理论与训练方法，能够将其熟练运用到高尔夫球体能力量训练动作中，能够将高尔夫球体能力量训练计划付诸实施。

[本章主要内容]

1.1　学习体能力量训练理论与训练方法。

1.2　掌握提升上肢力量的基本方法。

1.3　掌握提升下肢力量的基本方法。

1.4　掌握提升核心力量的基本方法。

[本章重点]

1. 力量素质增强的理论与方法。

2. 单节训练教案书写能力的提高。

[本章难点]

1. 各部位肌肉训练的准确性。

2. 体能训练方法的选择。

第二章　耐力训练

[教学目的与要求]

通过本章学习，让学生熟练掌握高尔夫球运动员耐力训练的基本原理以及动作要领。人对紧张体力活动的耐久能力，是人体长时间进行持续肌肉工作的能力，即对抗疲劳的能力。耐力包括两个方面，即肌肉耐力和心血管耐力。耐力的提高不仅取决于人的发育成熟，也和负荷要求有关。合乎规律的耐力性负荷训练可使肌肉、器官、心肺、血液、免疫系统以及物质代谢调节出现适应现象。培养学生单节训练计划教学能力，提高学生书写教案的能力。

[本章主要内容]

2.1　介绍耐力训练理论。

2.2　掌握提升一般耐力的基本方法。

2.3　掌握提升专项耐力的基本方法。

[本章重点]

1. 耐力素质增强的理论与方法。

2. 单节训练教案书写能力的提高。

[本章难点]

训练方法的选择。

第三章　柔韧训练

[教学目的与要求]

通过本章学习，掌握柔韧素质训练的基本理论与方法。柔韧性，是指人体关节活动幅度以及关节韧带、肌腱、肌肉、皮肤和其他组织的弹性和伸展能力，即关节和关节系统的活动范围。

[本章主要内容]

3.1　介绍柔韧训练理论。

3.2　掌握提升柔韧性的基本方法。

3.3　掌握提升高尔夫球专项柔韧性的基本方法。

[本章重点]

1. 柔韧素质增强的理论与方法。

2. 单节训练教案书写能力的提高。

[本章难点]

1. 一般柔韧训练方法的选择。

2. 专项柔韧训练方法的选择。

第四章　灵敏协调训练

[教学目的与要求]

通过本章学习，掌握灵敏协调素质训练的基本理论与方法。灵敏协调素质是指人的身体在各种突然变换的条件下，能迅速、正确、协调改变身体运动的能力，其在平时体育锻炼中也是不可缺少的身体素质。

[本章主要内容]

4. 1　介绍灵敏协调训练理论。

4. 2　掌握提升灵敏性的基本方法。

4. 3　掌握提升协调性的基本方法。

[本章重点]

1. 灵敏协调素质增强的理论与方法。

2. 单节训练教案书写能力的提高。

[本章难点]

1. 灵敏性训练的方法选择。

2. 协调训练的方法选择。

第五章　FMS训练

[教学目的与要求]

通过本章学习，掌握FMS训练的基本理论与方法。FMS在国外职业竞技体育中被广泛应用于理疗康复和体能训练领域，是对传统测试训练方法的一个有益补充，以此作为检测运动员潜在伤病并进行伤病预防训练的依据，通过训练提高运动员的竞技能力，延长运动员的运动寿命。FMS测试通过7个基本动作检测人体运动的对称性、弱链以及局限性，对运动代偿进行跟踪测试，并通过相应的动作训练来解决身体的弱链和局限性，以减少运动员的运动损伤，提高运动员的竞技能力。

[本章主要内容]

5. 1　介绍FMS训练理论。

5. 2　掌握FMS测试方法。

5. 3　掌握FMS测试报告的撰写方法。

5. 4　制定FMS训练方法。

[本章重点]

1. FMS训练理论与方法。

2. 单节训练教案书写能力的提高。

[本章难点]

如何写好相关测试报告。

第六章　高尔夫球专项体能实践教学

[教学目的与要求]

通过本实践，让学生实地操作，熟练掌握高尔夫球专项体能训练计划的制订与执行，能够熟练掌握高尔夫球专项体能训练的方法。

[本章主要内容]

6. 1　制订高尔夫球专项体能周期训练计划。

6. 2　制订高尔夫球专项体能单节训练计划。

6. 3　执行高尔夫球专项体能训练计划。

6. 4　总结与提高。

[本章重点]

1. 如何制订高尔夫球专项体能训练计划。

2. 执行高尔夫球专项体能训练计划。

[本章难点]

如何根据弱链设计练习动作。

五、课程的学时分配（见下表）

教学内容与课程学时分配

讲课内容		学　时				
		讲授与实操	实验	上机	实训	设计
1	力量训练	6				
2	速度、耐力训练	4				
3	柔韧、平衡放松训练	6				

续表

讲课内容		学　时				
		讲授与实操	实验	上机	实训	设计
4	灵敏、协调训练	6				
5	FMS训练	10				
合　计		32				

六、课程习题（讨论）课的要求

练习分为基本练习、深化练习及综合练习。基本练习帮助学生回忆、巩固所学的新知识。深化练习加深学生对所学知识的理解，提高应用水平。综合练习加强知识之间的联系，培养综合运用知识的能力。

七、教学方法及手段（含现代化教学手段）

（一）教学方法

运用多种先进教学方法进行教学，如讲解法、示范法、提问法、对比法、诱导法、变换法、循环练习法等。以能力本位为指导思想，以学生为主体，教学互动、师生互动，课堂进行研讨比赛，引导学生学会学习。本课程由理论教学部分和实践教学部分组成。

1. 理论部分的教学借助视频资源和光盘等给学生了解体育相关的表象认知，起到示范引领的作用。

2. 实践教学部分的教学方法与手段主要是师生互动，学生互学，改变了以往教师教、学生练的情况，在教学方法与要求上重视学生的个性差异。

（1）根据学生的身体素质差异性，教师设置替代体式和进阶体式来有效完成教学任务。采用程序教学法、发现教学法等组织教学。在练习方法上综合运用讲解示范法、循环练习法、重复练习法、表象练习法、游戏练习法等。在纠正错误环节上采用模拟、提示、提问、引导、集体纠正与个别纠正等方法。

（2）采用参与式教学模式进行教学，即学生分组轮流进行每堂课的准备活动、复习内容、整理放松三部分的教学与讲解，培养学生教学能力、组织能力，充分发挥学生的主观能动性。

（3）学生相互观摩、评价，提高对动作的理解评判能力。

（4）有计划、有目的地组织学生现场表演，激发学生的表现欲望，从而真正地调动学生的积极性。

（二）学习方法

学习方法包括诱导练习法、探究性学习、自主性学习、小组合作学习、练习法。

八、教学环境与场地设备

（一）教学环境

健身房、田径场。

（二）场地设备

根据课程的需求，需准备力量器械、绳梯、球杆、高尔夫球、秒表等相关器材。

九、课程考核方式及成绩评定

（一）课程考核方式

本课程的成绩将由过程考核成绩、实践考核成绩和课程考核成绩三部分组成，其中过程考核成绩占30%，实践考核成绩占30%（录制视频），课程考核成绩占40%，具体要求及评分方法如下表所示。

高尔夫球专项体能课程考核评分表

项目	考核内容	分值	所占比例（%）
过程考核	课堂表现和出勤	100	30
实践考核	五种基本素质训练	50	30
	FMS功能性测试	50	
课程考核	测试报告及训练计划的制订	100	40

（二）具体考核内容及方法

1. 过程考核。课堂表现和出勤：每次组织、带做准备活动30分，其中执行20分，完整度10分，每人共计3次。基础分10分，课上表现不积极，每次扣2分。旷课一次扣10，请假一次扣5分。

2. 实践考核。

（1）五种基本素质训练。这包括力量性练习、耐力性练习、灵敏性练习、柔韧性练习、速度即爆发力练习。抽测五项内容中的一项，可以清楚地讲述其概念定义、作用以及训练方法和训练内容。针对不同的问题，能够选择与之相适应的方法进行训练。

（2）FMS功能性测试。能够正确地运用7个测试动作，讲解精练明细，示范动作准确。能够正确地进行测试。能够找出弱链，针对弱链制订训练计划。

实践考核具体评分细则如下表所示（2个视频作业内容，每个50分，共占总比例30%）。

实践考核评分标准

项目	评分标准	得分
普通话（5分）	普通话标准，肢体语言适宜	3~5
	有口音，肢体语言不适宜	0~2
着装（5分）	着装适宜运动	3~5
	着装不适宜运动	0~3
技术讲解（20分）	讲解语言流畅，概念清晰，用词适宜	15~20
	讲解用词适宜，概念清晰，语言不流畅	8~14
	讲解用词适宜，概念讲解模糊，语言不流畅	0~7
动作示范（20分）	示范动作标准，讲解和示范搭配适宜，多角度示范	15~20
	示范动作标准，讲解和示范搭配适宜，示范角度1~2个	8~14
	示范动作错误少于2处，示范角度1~2个	0~7

3. 课程考核。

（1）测试报告及训练计划的制订。

（2）形成测试报告并训练计划：形成测试报告（30分）。

（3）制订高尔夫球专项体能的周期训练计划（40分）。

（4）制订高尔夫球不同周期的单节训练教学计划（30分）。

十、课程教材及主要参考书

[课程教材]

[课程主要参考书]

撰写人：

审核人：

系、部领导：（系部公章）

年　　月　日

课题二　高尔夫球专项体能课程教学进度与教学重点、难点

一、高尔夫球专项体能课程教学进度

教学进度计划是指以高尔夫球专项体能课程每个教学日程安排为主要内容的计划，在学期或学年开始前由任课教师制订。其内容包括课程基本信息、学期授课学时分配、教学目标、学情说明、本学期授课进度、计划制订总体情况、授课课序、授课章节与内容及所需要的时间、作业布置计划、教学形式、教学起讫日期等，可详可略，但要明确、具体。它有助于教师掌握各章节的教学日期，避免教学赶进度或延误时间，也是进行教学管理的一种手段。

二、高尔夫球专项体能课程教学重点与难点的概念

（一）教学重点

教学重点是指本节课主要讲授的内容是什么。

1. 每一节课的教学重点要准确设置、书写清晰。

2. 教学重点有时常常与节的名称类同。撰写的本节课教学重点，往往是本节名称所含内容的解释性的语言。每个人对同一节课节的名称的解释语言不尽相同。

（二）教学难点

本节课的教学难点，应该是学生在本节课中的难以理解和接受的地方。

1. 每一节课的教学难点要根据教学的环境，以及学生的认知能力、理解能力、接受能力精心设计。

2. 对于不同的地区、学校教学环境和学生，教师在讲授同一节课的内容时，教案中设置的教学难点也会有所不同。例如：FMS测试与功能性训练章节的重点即FMS能性训练理论与测试方法，难点则是如何写好相关测试报告。

三、高尔夫球专项体能课程教学重点、难点的区别与联系

高尔夫球专项体能课程教学重点和难点具有不同的性质。难点具有暂时性和相对性。难点一旦经过教学被学生理解了，就不复存在了，这就是难点的暂时性。某些知识与技能对身体素质较差的学生可能是难点，而对身体素质较好的学生就可能不是难点，这就是难点的相对性。而重点一般都具有一定的稳定性和长期性（只有少数的课时重点具有暂时性，如暂时重点）。重点并不因为学生的理解和掌握就退避三舍，而是在一定的教学阶段贯穿教学的始终。这是重点内容大多是在知识系统中和育人功能上具有重要的地位和作用所致。

高尔夫球专项体能课程教学重点与难点又有一定的联系。有些内容是重点而不是难点，有些是难点而不是重点，而有些则既是重点又是难点。

四、高尔夫球专项体能课程教学重点、难点的选择

高尔夫球专项体能课程教学难点是在备课时，由教师根据对不同班级学生的了解，教学内容的技术特点，以及教学环境、器材等条件而设置的。在授课时就有可能发现，课前设置的教学难点在不同的班级中会有一些偏差，课后在教案的反思部分需要调整改变，并要及时地总结经验和教训，提高自己在备课时设置教学难点（重点 、教学目标）的精度和准确度。

那么，如何设置教学的重点、难点呢？有以下几种方法：

（一）地位作用分析法

根据重点的含义，知识体系中具有重要地位作用的知识、技能与方法是教学的重点。所以，可以从分析学习内容在教材知识体系中的地位和作用来确定是否为教学重点。

（二）课题分析法

很多情况下学习内容的标题（课题）就明确了将要学习的主要内容，由

此可以根据学习内容的标题（课题）来确定教学的重点。

（三）技术动作分析法

这是指根据高尔夫球专项体能学习内容的分析确定教学重点、难点。根据运动技能形成的规律，需要以某个单一动作为重点练习来帮助该技术动作的快速掌握。有些技术动作看似简单，但如果不理解其解剖学和生物力学原理，很难精准掌握，容易出现错误甚至引发运动损伤，因此，该部分的难点在于理解掌握其理论知识并应用于实践。

（四）学情分析法

学情分析法又叫经验分析法，是指教师根据往届学生学习理解本节内容的困难程度或者根据知识和技能本身的难易程度再结合学生的理解水平来确定教学的重点、难点。这种方法主要用于确定教学难点。具体可根据难点形成的几个方面来分析确定。

高尔夫球专项体能课程教学重点、难点示例如表3-2-1所示。

表 3-2-1　高尔夫球专项体能课程教学重点、难点

课程次数	课题名称	主要内容	重点、难点	地点
1	力量素质1	一般力量训练	重点：全身肌肉力量 难点：各部位肌肉训练的准确性，方法的选择	训练馆
2	FMS训练	FMS测试动作： 1. 过顶深蹲动作模式 2. 跨栏上步动作模式	重点：学会FMS测试的测试方法 难点：如何写好相关测试报告	训练馆
3	FMS弱链训练	臀桥提髋；曲、直腿外展	重点：学会FMS弱链训练方法 难点：如何根据弱链设计练习动作	训练馆
4	FMS测评与5种基本素质抽查	根据FMS测试指标，筛选弱链，制订弱链训练计划；5种基本素质抽查	重点：根据结果完成训练计划的制订 难点：如何制订针对性训练计划	训练馆
……	……	……	……	……

示例二：《高尔夫球专项体能课程授课进度计划》

高尔夫球专项体能课程授课进度计划

（20××—20××学年第××学期）

课程名称＿高尔夫球专项体能＿

课程代码＿××××××××××＿

专　　业＿＿＿＿＿＿＿＿

班　　级＿＿＿＿＿＿＿＿

主讲教师＿＿＿＿＿＿＿＿

助课教师＿＿＿＿＿＿＿＿

实验（实习）教师＿＿＿＿＿＿

教研室　主任（签名）＿＿＿＿＿年　　月　　日

系（部）主任（签名）＿＿＿＿＿年　　月　　日

教师学期授课进度计划的填写说明

一、基本信息填写要求

1. 课程名称（课程代码）：填写课程的完整名称，不可简写，课程代码与课表中课程代码保持一致。

2. 专业：填写专业的完整名称。

3. 班级：与课表中授课班级名称一致。

4. 本课程总学时数是指完成该门课程需要的总学时，与专业人才培养计划和教学大纲保持一致。

5. 学期授课时数中教学周数为教学任务书中的教学周数。

计算公式如下：

教学总时数＝教学周数 × 周学时数

教学总时数＝讲授＋实验＋习题课＋复习课＋课程设计＋测验＋机动＋节假日占用

二、授课进度计划内容填写要求

1. 周序应以校历上的周序为准，按实际情况填写发生教学活动所在的周。

2. 课序应依次填写授课次序，一般应以两个学时为一个课次，填在教学周对应的栏内，按如1~2，3~4，…的顺序填写。

3. 授课章节与内容需要时间一般明细填写到节，如果节内的内容较多或很重要，可进一步明细到具体的授课内容；需要时间指以章或教学单元为单位，在每章或每单元后面填写需要的教学时间。

4. 作业布置计划填写作业布置的主要考察点或内容。

5. 教学形式是指围绕教学内容，形成的师生之间相互作用的方式、结构和程序，一般包括讲授、实验、案例（项目）教学、讨论、情境（模拟）教学、翻转课堂等。

三、其他

1. 授课进度计划是教师授课进程的基本安排，也是学校进行教学检查，评价教师课堂教学质量的重要依据之一。授课进度计划一般由承担同一门课程的教师共同研究制订，执行同一教学大纲课程的授课进度计划必须相同。任课教师应在认真查阅课程教学大纲、教学任务书，分析教材和学生现状的基础上科学制订、认真填写授课进度计划，并经教研室主任和系部主任审查批准。

2. 授课进度计划应按教务处统一制作的表格填写，在授课学期开始前制定完成，于课程第一节课向全体授课学生公布。

3. 学期初，各课程承担教研室应将审核批准的授课进度计划在系部教学办公室存档，教务处将定期进行检查；学期末，各课程承担教研室应要求任课教师将授课进度计划归入课程学期教学档案。

学期授课进度计划编制说明及示例分别如下表所示。

学期授课进度计划编制说明

<table>
<tr><td>教学大纲名称版本</td><td colspan="10">《高尔夫球专项体能》教学大纲</td></tr>
<tr><td>基本教材名称版本</td><td colspan="10">×××××××××</td></tr>
<tr><td>主要参考书名称、版本</td><td colspan="10">×××××××××</td></tr>
<tr><td rowspan="3">本课程总学时数</td><td colspan="10">本 学 期 授 课 时 数</td></tr>
<tr><td rowspan="2">教学周数</td><td rowspan="2">周学时数</td><td rowspan="2">教学总时数</td><td colspan="7">其　中</td></tr>
<tr><td>讲授</td><td>实验</td><td>习题课</td><td>复习课</td><td>课程设计（综合训练）</td><td>测验</td><td>机动</td></tr>
<tr><td>32</td><td>16</td><td>2</td><td>32</td><td>×</td><td>×</td><td>×</td><td>×</td><td>×</td><td>×</td><td>×</td></tr>
<tr><td colspan="11">说　明</td></tr>
<tr><td colspan="11">（应结合教学目标与学情说明本学期授课进度计划制订总体情况，可说明在教学内容上的取舍安排，可说明教学形式上的改革设想等。）
本课程的教学主要内容有：
1. 学习并掌握五种基本素质训练。
2. 介绍FMS训练理论。
3. 介绍FMS测试方法。
4. 介绍FMS测试报告的撰写方法。
5. 制定FMS训练方法。
学生情况：
本门课程授课对象为大二学生，本部分教学内容为高尔夫球专项体能课程的FMS训练部分，学生对于实践操作部分的学习与练习兴趣较大。
授课进度计划制订：
根据高尔夫球专项体能教学目标。五种基本素质训练 22 学时；本部分内容设定FMS训练理论、FMS测试方法、FMS测试报告的撰写方法、制定FMS训练方法 10 学时。
教学改革：
FMS训练部分内容实践运用范围较广，在国外职业竞技体育中被广泛应用于理疗康复和体能训练领域，作为对传统测试训练方法的一个有益补充。在教授过程中，在讲授理论部分的同时，边做边练习。在操作中理解理论知识，提高学生技能运用的能力</td></tr>
</table>

学期授课进度计划示例

周序	课序	授课章节与内容	作业布置计划	教学形式
第1周	1~2	一般耐力训练	课下认真复习一般耐力练习方法	讲授+ 情景教学
第2周	1~2	专项耐力训练	课下认真复习专项耐力练习方法	讲授+ 情景教学
第3周	1~2	一般柔韧训练	课下认真复习一般柔韧练习方法	讲授+ 情景教学
第4周	1~2	高尔夫球专项柔韧训练	课下认真复习专项柔韧练习方法	讲授+ 情景教学
第5周	1~2	高尔夫球专项放松训练	课下认真复习专项放松练习方法	讲授+ 情景教学
第6周	1~2	灵敏性训练	课下认真复习灵敏性练习方法	讲授+ 情景教学
第7周	1~2	一般协调性训练	课下认真复习一般协调性练习方法	讲授+ 情景教学
第8周	1~2	专项协调性训练	课下认真复习专项协调性练习方法	讲授+ 情景教学
第9周	1~2	一般力量训练（上肢）	课下认真复习上肢力量练习方法	讲授+ 情景教学
第10周	1~2	一般力量训练（下肢）	课下认真复习下肢力量练习方法	讲授+ 情景教学
第11周	1~2	核心力量训练	课下认真复习核心力量练习方法	讲授+ 情景教学
第12周	1~2	FMS测试1~2动作 FMS测试3~4动作	复习FMS测试方法 熟记相关测试报告撰写方法	讲授+ 情景教学
第13周	1~2	FMS测试5~6动作 FMS测试7动作	复习FMS测试方法 熟记相关测试报告撰写方法	讲授+ 情景教学
第14周	1~2	根据FMS测试指标，筛选弱链，制订弱链训练计划	根据FMS测试指标，筛选弱链，制订弱链训练计划；5种基本素质抽查	讲授+ 情景教学

续表

周序	课序	授课章节与内容	作业布置计划	教学形式
第15周	1~2	深蹲练习，下蹲顶髋，臀桥提髋，曲、直腿外展	深蹲练习同，下蹲顶髋，臀桥提髋，曲、直腿外展箭步蹲，PNF拉伸、直腿硬拉、坐位体前屈	讲授+情景教学
第16周	1~2	箭步蹲，PNF拉伸，直腿硬拉，坐位体前屈	经过练习后，再次进行FMS测试，检验评分是否有提高，训练计划是否科学有效	讲授+情景教学

训练检测

1. 如何制定高尔夫球专项体能课程教学大纲？
2. 如何制定高尔夫球专项体能课程教学进度？
3. 如何设定高尔夫球专项体能课程教学的重点、难点？

任务三　高尔夫球专项体能课程教学模式与教学方法

活动场地 / 环境

多媒体教室。

任务要求

1. 了解什么是高尔夫球专项体能课程教学模式。
2. 了解如何选择适合的高尔夫球专项体能课程教学方法。

能力训练

掌握制定高尔夫球专项体能课程教学模式和教学方法的相关理论知识，能够合理地选择有效的教学模式；初步形成灵活应用行之有效的教学方法的能力。

课题一　高尔夫球专项体能课程教学模式

一、高尔夫球专项体能课程教学模式的类型

高尔夫球专项体能课程教学模式是教学理论的具体化，是教学实践的概括化的形式和系统，具有多样性和可操作性，因此教师对教学模式的选择和运用是有一定要求的，教学模式必须与教学目标相契合，要考虑实际的教学条件并针对不同的教学内容来选择教学模式。当然，首先还是要了解有哪些教学模式，它们的特点是什么。

（一）传递 – 接受式教学模式

传递–接受式教学模式源于赫尔巴特的四段教学法，后来由苏联的凯洛夫等人进行改造并传入我国，在我国广为流行。该模式以传授系统知识、培养基本技能为目标。其着眼点在于充分挖掘人的记忆力、推理能力与间接经验

在掌握知识方面的作用，使学生比较快速有效地掌握更多的信息量。该模式强调教师的指导作用，认为知识是从教师到学生单向传递的，非常注重教师的权威性。

1. 理论基础。该模式根据行为心理学的原理设计，强调控制学习者的行为达到预定的目标。认为只要通过联系—反馈—强化这样反复的循环过程就可以塑造有效的行为目标。

2. 教学基本程序。该模式的教学基本程序是：复习旧课—激发学习动机—讲授新课—巩固练习—检查评价—间隔性复习。

复习旧课是为了强化记忆、加深理解、加强知识之间的相互联系和对知识进行系统整理。激发学习动机是指根据新课的内容，设置一定情境和引入活动，激发学生的学习兴趣。讲授新课是教学的核心，这个过程以教师的讲授和指导为主，学生一般要遵守纪律，跟着教师的教学节奏，按部就班地完成教师布置给他们的任务。巩固练习是学生在课堂上对新学的知识进行运用和练习解决问题的过程。检查评价是指通过学生的课堂和课下作业来检查学生对新知识的掌握情况。间隔性复习是为了强化记忆和加深理解。

3. 教学原则。运用该模式的教师要根据学生的知识结构的认知水平对教学内容进行加工整理，力求使得所传授的知识与学生原有的认知结构相联系。要充分发挥教师的主导作用。教师在传授知识的时候需要很高的语言表达能力，同时要对学生在掌握知识时常遇到的问题有所觉察。

4. 辅助系统。辅助系统包括课本、黑板、挂图、模型、投影仪、健身器材等。

5. 教学效果。

优点：学生能在短时间内接受大量的信息，能够培养学生的纪律性，能够培养学生的抽象思维能力。

缺点：学生对接收的信息很难真正地理解，培养模式单一化，不利于创新性、分析性学生的发展，不利于培养学生创新思维和解决实际问题的能力。

6. 实施建议。在介绍讲解性的内容上运用比较有效，当期望学生在短时间掌握一定的知识去应试时比较可行，但若教师在任何教学内容上都运用这种模式，必然造成“满堂灌”的后果，非常不利于学生的全面发展。

（二）自学 – 辅导式教学模式

自学–辅导式教学模式是在教师的指导下自己独立学习的模式。这种教学模式有利于培养学生的独立思考能力。

1. 理论基础。该模式从人本主义出发，注意发挥学生的主体性，以培养学生的学习能力为目标。这种教学模式建立在学生独立学习的基础之上，教师可以根据学生的具体情况进行指导。它承认学生在学习过程中试错的价值，旨在培养学生独立思考和学会学习的能力。

2. 教学基本程序。该模式的教学基本程序是：自学—讨论—启发—总结—练习巩固。教师在教学中根据学生的最近发展区，布置一些有关新教学内容的学习任务组织学生自学，在学生自学之后让他们交流讨论，发现他们所遇到的困难，然后根据这些情况对学生进行点拨和启发，总结出规律，再组织学生进行练习巩固。

3. 教学原则。自学内容应难度适宜，教师在教学过程中要适时点拨。

4. 辅助系统。要提供必要的学习材料和学习的辅助设施，给学生自学提供有力的支持。

5. 教学效果。

优点：能够培养学生分析问题、解决问题的能力，有利于教师因材施教，能发挥学生的自主性和创造性，有利于培养学生相互合作的精神。

缺点：学生如果对自学内容不感兴趣，可能在课堂上一无所获；需要较长的时间；需要教师非常敏锐地观察学生的学习情况，必要时进行启发和调动学生的学习热情，针对不同学生进行讲解和教学，所以很难在大班教学中开展。

6. 实施建议。最好选择难度适当且学生比较感兴趣的内容让学生进行自学。教师要有很高的组织能力和业务水平，避免讲解而应多启发。

（三）探究式教学模式

探究式教学模式以问题解决为中心，注重学生的独立活动，着眼于学生思维能力的培养。

1. 理论基础。该模式依据的是皮亚杰和布鲁纳的建构主义的理论，注重学生的前认知，注重体验式教学，注重培养学生的探究和思维能力。

2. 教学基本程序。该模式的教学基本程序是：问题—假设—推理—验证—总结提高。首先创设一定的问题情境提出问题，然后组织学生对问题进行猜想和作假设性的解释，再设计实验进行验证，最后总结规律。

3. 教学原则。建立一个民主宽容的教学环境，充分发挥学生的思维能力，教师要掌握学生的前认知特点，实施一定的教学策略。

4. 辅助系统。需要一定的供学生探究学习的设备和相关资料。

5. 教学效果。

优点：能够培养学生的创新能力和思维能力，能够培养学生的民主与合作的精神，能够培养学生自主学习的能力。

缺点：一般只能在小班进行，需要较好的教学支持系统，教学需要的时间比较长。

6. 实施建议。在探究式教学中教师一定要尊重学生的主体性，创设一个宽容、民主、平等的教学环境，教师要鼓励那些打破常规的学生，不要轻易对学生说对或错，要以引导为主，切不可轻易告知学生探究的结果。

（四）概念获得教学模式

概念获得教学模式的目标是使学生通过体验所学概念的形成过程来培养他们的思维能力。该模式主要反映了认知心理学的观点，强调学习是认知结构的组织与重组的观点。

1. 理论基础。该模式依据的是布鲁纳、古德诺和奥斯汀的思维研究理论。他们认为分类是把不同的事物当作相等看待，是将周围的世界进行简化和系统化的手段，从而建立一定的概念来理解纷繁复杂的世界。布鲁纳认为，所谓的概念是根据观察进行分类而形成的思想或抽象化；在概念形成的过程中应注重事物之中的一些相似成分，而忽略那些不同的地方；在界定概念的时候需要五个要素，即名称、定义、属性、例子以及与其他概念的相互关系。

2. 教学基本程序。该模式的教学基本程序是：教师选择和界定一个概念—教师确定概念的属性——教师准备选择肯定和否定的例子—将学生导入概念化过程—呈现例子—学生概括并定义—提供更多的例子—进一步研讨并形成正确的概念—概念的运用与拓展。

3. 教学原则。帮助学生有效地习得概念是学校教育的基本任务之一。概念获得模式采取的是归纳—演绎的思维形式。可以通过一些例子让学生发现概念的一些共同属性，掌握某一概念区别于其他概念的本质特征。学生在获得概念后还需要进行概念的理解，即引导学生从概念的内涵、外延、属、种、差别等方面去理解概念。为了强化学生对概念的理解，还应该对与概念相关的或相似的概念、逻辑相关概念、相对应的概念等进行辨析。学习的目的在于运用，在运用的过程中可以发现学生对概念的掌握程度，可以及时地采取补救措施。

4. 辅助系统。需要大量正反例子，课前教师需要精心地准备。

5. 教学效果。能够培养学生的归纳和演绎能力，能够形成比较清晰的概念，能够培养学生严谨的逻辑推理能力。

6. 实施建议。针对概念性很强的内容实施教学，课前教师要对概念的内涵与外延很好地进行梳理。

（五）巴特勒教学模式

20 世纪 70 年代美国教育心理学家巴特勒提出教学的七要素，并提出七段教学论，在国际上影响很大。

1. 理论基础。该模式的主要理论依据是信息加工理论。

2. 教学基本程序。该模式的教学基本程序是：设置情境—激发动机—组织教学—应用新知—检测评价—巩固练习—拓展与迁移。

教学七步骤中的情境是指学习内部和外部的各种情况，内部情况是学生的认知特点，外部情况是指学习环境，它的组成因素有个别差异、元认知、环境因子。动机是学习新知识的各种诱因，它的主要构成要素有情绪感受、注意、区分、意向。组织是指将新知识与旧知识相互关联起来，它的主要构成要素有相互联系、联想、构思、建立模型。应用是对新知识的初步尝试，它的构成要素有参与、尝试、体验、结果。评价是对新知识初步尝试使用之后的评定，它的组成要素有告知、比较、赋予价值、选择。巩固练习的主要组成要素有强化、练习、形成习惯、常规、记忆、遗忘。拓展与迁移是指把新知识迁移到其他情境中去，它的构成要素有延伸、迁移、转换、系统、综合。

3. 教学原则。巴特勒从信息加工理论出发，非常注重元认知的调节，利用学习策略对学习任务进行加工，最后生成学习结果。教师在利用这种模式的时候，要时常提醒学生反思自己的学习行为；要考虑各种步骤的组成要素，根据不同情况有所侧重。

4. 辅助系统。一般的课堂环境，掌握学习策略的教师。

5. 教学效果。这是一个比较普适性的教学模式，根据不同教学内容它可以转化为不同的教学法，只要教师灵活驾驭就能取得理想的教学效果。

6. 实施建议。只要教师是一位研究型的教师，具有一定的教育学和心理学的知识，掌握元认知策略，就可以灵活运用这种教学模式。

二、高尔夫球专项体能课程教学模式的选择

选择或设计高尔夫球专项体能课程的教学模式需要考虑到学生的需求、课程目标、教学资源以及教学环境等因素。在充分考虑现实因素的基础上合理选择教学模式，乃至设计出更为适宜的教学模式。

（一）课程目标确定

在制定课程教学模式之前，首先需要明确课程的整体目标，包括高尔夫球专项身体素质的提高、专项体能训练技能的掌握、FMS测试与功能性训练方法的掌握等。

（二）学生需求调查

了解学生的专项体能训练需求和目标，包括身体素质状况、高尔夫球技能基础等，有针对性地设计课程内容和教学方法。

（三）教学内容设计

根据课程目标和学生需求，设计合适的教学内容，包括高尔夫球专项力量、耐力、灵敏、协调、柔韧训练方法，FMS测试方法，等等。

（四）教学方法选择

采用多种教学方法，如讲解、示范、实践操作、小组讨论、个性化指导等，以满足不同学生的学习需求。

（五）课程结构安排

设计合理的课程结构，包括热身、基本动作训练、器械练习、测试实操、拉伸放松等环节，确保课程内容的完整性和系统性。

（六）教学资源准备

准备好必要的教学资源，包括体能训练器材、FMS测试设备等，保障课程的顺利进行。

（七）个性化指导

根据学生的个体差异提供个性化的指导和辅导，关注学生的身体状况和健康安全，确保每位学生都能够得到有效的指导和关怀。

（八）实践操作和反馈

鼓励学生在课堂上积极参与实践操作，及时给予反馈和指导，帮助他们掌握正确的训练与测试方法。

（九）课程评估与调整

定期对课程进行评估，了解学生的学习情况和课程效果，根据评估结果

及时调整课程内容和教学方法。

（十）课后延伸与辅导

在课后为学生提供延伸学习和辅导服务，包括个人训练计划制订、健康生活指导等方面的支持。

课题二　高尔夫球专项体能课程教学方法

一、教学方法概述

教学方法，是教学过程中教师与学生为实现教学目的和教学任务要求，在教学活动中所采取的行为方式的总称。

教学方法论由教学方法指导思想、基本方法、具体方法、教学方式四个层面组成。教学方法包括教师教的方法（讲授法）和学生学的方法（学习方法）两大方面，是教授方法与学习方法的统一。讲授法必须依据学习方法，否则便会因缺乏针对性和可行性而不能达到预期的目的。

在高尔夫球专项体能课堂教学过程中，通常是以讲解法、示范法、练习法为主，同时还有讨论法、发现法、实验法、谈话法、任务驱动法、交流法、互动法、开放方式教学法等。在教案中可以写出本节课中使用的几种主要教学方法。

二、高尔夫球专项体能课程常用的教学方法

（一）讲授法

讲授法是教师通过简明、生动的口头语言向学生传授知识、发展学生智力的教学方法。它通过叙述、描绘、解释、推论来传递信息、传授知识、阐明概念、论证定律和公式，进而引导学生分析和认识问题。运用讲授法的基本要求是：①讲授既要重视内容的科学性和思想性，同时又要尽可能地与学生的认知基础发生联系；②讲授应注意培养学生的学科思维；③讲授应具有启发性；④讲授要讲究语言艺术。语言要生动形象、富有感染力，清晰、准确、简练，条理清楚、通俗易懂，音量、语速要尽可能适度，语调要抑扬顿挫，适应学生的心理节奏。

讲授法的优点是教师容易控制教学进程，能够使学生在较短时间内获得

大量系统的科学知识。但如果运用不好，学生学习的主动性、积极性不易发挥，就会出现教师满堂灌、学生被动听的局面。

（二）讨论法

讨论法是在教师的指导下，学生以全班或小组为单位，围绕教材的中心问题，各抒己见，通过讨论或辩论活动，获得知识或巩固知识的教学方法。其优点在于，由于全体学生都参加活动，可以培养合作精神，激发学生的学习兴趣，提高学生学习的独立性。讨论法一般在高年级学生或成人教学中采用。运用讨论法的基本要求是：①讨论的问题要具有吸引力。讨论前教师应提出讨论题和讨论的具体要求，指导学生收集阅读有关资料或进行调查研究，认真写好发言提纲。②讨论时，要善于启发并引导学生自由发表意见。讨论要围绕中心，联系实际，让每一名学生都有发言机会。③讨论结束时教师应进行小结，概括讨论的情况，使学生获得正确的观点和系统的知识。

（三）示范法

示范法是教师在课堂上通过展示各种实物、直观教具或进行动作演示，让学生通过观察获得感性认识的教学方法。示范法是一种辅助性教学方法，要和讲授法等教学方法结合使用。运用示范法的基本要求是：①目的要明确；②现象要明显且容易观察；③尽量排除次要因素或减小次要因素的影响。

（四）练习法

练习法是学生在教师的指导下巩固知识、运用知识、形成技能技巧的教学方法。在教学中，练习法被各科教学广泛采用。练习一般可分为以下几种：

其一，语言的练习，包括口头语言和书面语言的练习，旨在培养学生的表达能力。

其二，解答问题的练习，包括口头和书面解答问题的练习，旨在培养学生运用知识解决问题的能力。

其三，实际操作的练习，旨在形成操作技能，在技术性学科中占重要地位。

（五）任务驱动法

任务驱动法是教师给学生布置探究性的学习任务，让学生查阅资料，对知识体系进行整理，再选出代表进行讲解，然后再由教师进行总结的教学方法。它要求教师布置任务要具体，其他学生积极提问，以达到共同学习的目的。任务驱动教学法可以在让学生完成任务的过程中，培养学生分析问题、解决问题的能力，培养学生独立探索及合作精神。

（六）自主学习法

为了充分拓宽学生的视野，培养学生的学习习惯和自主学习能力，锻炼学生的综合素质，通常结合线上线下教学形式、翻转课堂等形式给学生留思考题，让学生利用网络资源以自主学习的方式寻找答案，提出解决问题的措施。自主学习法可以锻炼学生提出问题、解决问题和科技写作等方面的能力。

训练检测

1. 如何选择高尔夫球专项体能课程的教学模式?

2. 如何选择高尔夫球专项体能课程的教学方法?

任务四　高尔夫球专项体能课程教案和教学评价

活动场地 / 环境

多媒体教室。

任务要求

1. 了解什么是高尔夫球专项体能课程教案。
2. 了解如何编写和执行高尔夫球专项体能课程教案。
3. 了解如何进行高尔夫球专项体能课程教学评价。

能力训练

掌握制定高尔夫球专项体能课程教案的相关理论知识，能够准确有效地制定课程的教学重点、难点；初步形成撰写高尔夫球专项体能课程教案的能力。

课题一　高尔夫球专项体能课程教案概述

一、高尔夫球专项体能课程教案的概念

高尔夫球专项体能课程教案，也称为高尔夫球专项体能课程课时教学计划，是教师根据特定的教学目标，综合考虑学生状况、教学条件环境和自身因素，精心设计的课堂教学的具体实施计划。它实际上是一种教学论上的预见和根据。通常由教师通过了解学生，在通晓教学内容全局的基础上，设计恰当的问题情境，如选择什么样的突破口，新旧知识如何发生联系，采用什么样的教学策略和步骤，需要实行哪些课堂练习，需要达到什么样的教学目标，等等。这些问题都是要在备课中精心设计和细微考虑的，所以也有人称之为课堂教学设计方案。课堂教学的成功与否与教案的设计有联系，教案的设计又与教师的教学理念、教学经验、专业水平和敬业精神密切相关。

高尔夫球专项体能课程教学大纲指导全年教学工作计划，全年教学工作计划指导学期教学工作计划（教学进度），学期教学工作计划（教学进度）指导课时计划（教学方案）。所以，教案是实施课堂教学、落实教学目标和教学工作计划最直接的反映。

二、高尔夫球专项体能课程的类型及其结构

高尔夫球专项体能课程分为理论课和实践课。

（一）理论课

理论课是指按照高尔夫球专项体能课程教学纲要规定的教材和教学计划，在室内讲授高尔夫球专项体能训练原理、力学分析等知识的课。

（二）实践课

实践是指在训练场馆进行技术和身体练习的课，分为新授课、复习课、综合课、考核课四种类型。

1. 新授课。新授课是指学习新内容的课。

组织时应注意的主要问题：

（1）要使学生对新教材内容形成正确、完整的概念。

（2）根据教材的性质和学生特点以及场地、器材等实际情况科学地安排教学步骤。

（3）应掌握动作的基本环节，并着重解决普遍存在的问题。

（4）要有适当的重复次数和运动负荷。

2. 复习课。复习课是以复习旧教材为主的课。

组织时应注意的主要问题：

（1）应对复习内容提出明确具体的要求。

（2）应在集体指导的基础上，做好区别对待和个别指导工作：①对较好学生应逐渐提高要求；②帮助较差学生树立信心；③对大多数学生提出一般要求。

（3）要精讲多练。

3. 综合课。综合课是指两个以上不同性质的教材组成的课。

组织时应注意的主要问题：

（1）注意新旧教材和不同性质教材的合理搭配。

（2）科学合理地安排新旧教材的顺序和教学分组。

（3）根据教材的不同性质、特点和难易程度，合理分配时间、密度和负荷。

4. 考核课。考核课是以检查学生成绩为主的课。

组织时应注意的主要问题：

（1）除安排测验项目外，可安排一些复习教材的课程。

（2）充分做好准备活动，加强安全措施。

三、高尔夫球专项体能课程教学组织

（一）高尔夫球专项体能课程教学组织的概念

高尔夫球专项体能教学组织是指教师根据体育教学特点、任务和实际情况，对学生及场地、器材进行合理安排时所采取的措施。

（二）高尔夫球专项体能教学组织的内容

教学组织的内容包括课堂常规、队列队形的运用、分组教学、场地及器材的布置、组长的培养和使用，共计五个方面。

1. 高尔夫球专项体能体育课堂常规。

内容：课前的、课中的、课后的。

2. 队列队形的运用。

（1）准备部分：视教材内容和基本部分需要选择队列队形。队列包括二列（路）、四列（路）及其变换。队形包括圆形、蛇形、八字形、分队、合队等。

（2）基本部分：视教材内容和实际需要选择队列队形。

队列队形包括面对面的横队、多路纵队、圆形队、马蹄形队、八字形队、放射形队。

（3）结束部分：同准备部分。视需要选择队列队形。

3. 分组教学。

（1）分组教学的概念：是指全班同学按条件分成若干小组，由教师统一指挥，分别进行练习的一种组织形式。

（2）分组教学的形式：分组不轮换，分组轮换。

a. 分组不轮换的形式：把学生分成若干组，在教师的统一指导下，按内容安排的顺序，依次进行学习。

优点：便于教师指导，有利于合理安排内容顺序和运动负荷。

缺点：没有一定数量的场地和器材，会影响密度和负荷。

b. 分组轮换的形式：把学生分成若干组，在教师的指导和体育小组长的带领下，各组学生分别学习不同性质的内容，按预定的时间，互相轮换学习的内容。

优点：使学生获得较多的练习机会，培养学生独立工作能力。

缺点：教师不易全面指导学生，在合理安排内容的顺序和灵活掌握教学的时间上存在一定的困难，不易使各组都符合人体生活机能与活动能力变化规律。

c. 分组轮换的种类：两组一次轮换，三组两次等时轮换，四组三次不等时轮换，先合（分）后分（合）组。

4. 场地和器材布置时应注意事项。

（1）现有场地、器材的布局要合理、教具要齐全。移动的器材要向固定器材靠拢。

（2）活动范围小的项目尽量利用边角。要考虑击球场地安排是否对其他项目有所影响。

（3）做好安全检查工作。

（4）使用器材应有组织措施要求。

5. 组长的培养和使用课前做好培训。

（1）方式：定期，不定期。

（2）内容：知识，技能，调动队伍的方法。

（3）要求：树立责任心和荣誉感；充分信任，大胆使用；发扬民主，征求意见。

课题二　高尔夫球专项体能课程教案的编写

一、编写高尔夫球专项体能（实践课）课时计划的步骤

（一）确定课时教学目标

课时教学目标包括知识目标、能力目标、素质目标（含课程思政育人目标）。

要求：全面、明确具体、切实可行。

全面是指课时教学目标应包括上面所述的三个方面。这三个目标反映了体育教学的总目标，必须贯彻落实到每一节课中去，可有主次之分。

明确具体是指课时教学目标要定得不抽象、不笼统、不烦琐，要重点突出、一目了然。既对学生的学习有具体的数量和质量标准，又对学生的行为有明确的要求，文字表达上也力求简洁。

切实可行是指课时教学目标要定得符合教学进度的要求和学生实际水平，使大多数学生经过努力能完成课时教学目标。应避免目标定得偏高或偏低，脱离实际而收不到良好的效果。

（二）安排课的教学内容，运用教法与学练法

一般先构思基本部分，然后再考虑准备部分和结束部分。在落笔书写时，则应按课的部分顺序依次写出。

1. 教学内容的构思。

（1）先应考虑基本部分的教材，如果一堂课安排两个以上教材，则应先确定其先后次序。

（2）分析研究各项教材的重点、难点、动作要领、完成的方法，以及必要的辅助练习、诱导练习。

（3）针对基本部分的内容构思准备部分的准备练习（包括队列练习、慢跑或游戏的内容与方法等）。

（4）针对基本部分的内容构思结束部分的放松练习或放松游戏的内容与方法，以及准备部分与结束部分的常规等。

2. 组织、教法与学练法的构思。

（1）分组教学的形式。

（2）各项内容教师如何活动，学生如何活动及其步骤。

（3）如何运用教法和学练法，如何组织学生练习，使学生既掌握了知识、技术、技能，又培养了运动能力。

（4）怎样通过学生队伍的组织和调动，使得课的各个部分紧密衔接。

（5）学生练习时教师如何指导。

（6）场地、器材的分配和使用。

（7）安全措施。

（8）教学比赛或游戏的规则。

（9）要求和注意事项等。

（三）合理安排课的各部分时间、各项内容教学时间和练习次数

各部分时间是根据各部分在全课所处的地位和作用来确定的（参看课的结构）。

各项内容教学时间是指课的内容一栏内，各项教学内容的时间安排（包括准备与结束部分的常规）。应根据这些内容在该部分所起的作用，对实现课时目标的影响，以及各部分的时间来安排。

练习次数是指每项练习中一个学生的练习次数。应根据各项内容的教学时间、课的组织等来安排。

（四）预计课的生理负荷和练习密度

为了更好地实现教学目标，教师应根据教学内容、学生情况以及场地、器材与气候条件，预计出本课的练习密度与全课的平均心率、最高心率以及全课脉搏曲线。预计时应以该班中等水平的学生为依据。

（五）计划本课所需的场地、器材和用具

根据教学内容和学校具体情况合理安排本课所需的场地、器材和用具，这一点在构思运用教法与学练法时已经考虑了。

注意事项：

第一，场地的使用相对集中，以利于教师指导和节省掉队时间，并尽可能充分利用学校的器材，以便让学生有更多的练习机会。

第二，如果在同时间内有几个班级上课时，事先应与其他教师协商，妥善解决。

第三，构思成熟后可画上场地布置图并在场地、器材栏内填上本课所需的场地、器材和用具的名称、数量、规格，以便课前准备。

（六）课后小结

课后小结虽然是每节课后完成的，但这是一份完整的教案所不可缺少的一部分。教师应在每次课后将本次课教学目标的完成情况、主要优缺点，以及改进的方法等简明扼要地填写在课后小结栏中。

为把教案写得更完善，还增加了生理负荷（时间、次数、强度）一栏，并在预计部分预计出心理负荷曲线，以利于进一步加强上课的计划性。

二、高尔夫球专项体能课（实践课）课时计划的格式及其优点和缺点

（一）表格式

优点：一般按表格规定的内容填写，比较清楚，既便于自己看，又便于别人检查。

缺点：书写比较复杂。

（二）文字叙述式

优点：一般按上课的顺序依次书写完，书写较容易。

缺点：不如表格式一目了然。

为了较规范、全面地了解制订课时计划的内容与方法，这里提出两种较为详细的、规范的教案示例作参考。在实际工作中，可以从教师经验为依据，以便于指导上课为准则，详、略可自行掌握。

示例一：表格式教案（见下表）

高尔夫球专项体能课程教案

班级： 人数： 课次： 日期： 月 日 教师：

课的内容	依据教学进度和单元计划写出项目名称和具体教学内容
教学目标	要求： 1. 全面：目标应包括上面所述的三个方面，即知识目标、能力目标、素质目标（含课程思政育人目标）。 2. 明确：目标定得不抽象。 知识目标，即该节课需要掌握哪些知识，达到什么程度。 能力目标，即所学的知识该如何运用，达到什么水平。 素质目标（含课程思政育人目标），即运用本节课知识需要哪些素质，通过学习本节课的内容可以发展哪些素质。 3. 具体：目标定得不笼统，不烦琐。要对所学教材提出具体的动作环节（细节）。 4. 实际：目标符合教学进度的要求和学生的实际水平，使大多数学生经努力能完成所定教学目标。

续表

部分	时间	课的内容	运动负荷		组织教法和学练法
			次数	时间	
准备部分	5%至0%	一、整队集合报告人数等。 二、教师宣布本课内容、目标和要求。 三、集中注意力（队列、队形）练习。 （一）具体名称。 （二）具体名称。 （三）…… 四、热身运动。可采用走、跑练习、游戏、舞蹈等形式。 五、准备活动：（可分别安排一般性准备活动，专门性准备活动） （一）…… （二）…… （三）…… 要求写出各名称，画出单线或写出动作做法。	×× ×× ××	×× ×× ××	一、说明在什么地点，成什么队形，面向何方集合，并绘出示意图。 二、说明成什么队形，都提出哪些要求。 三、说明成什么队形，由谁指挥进行。 （一）具体要求。 （二）具体要求。 （三）…… 四、说明采用什么队形，分几组；在什么地点，利用何种（地形）器械，由谁指挥进行。 五、说明采用什么队形，是分组还是全班进行，利用何种器械，在什么地点，由谁指挥进行 （一）提出具体要求。 （二）提出具体要求。 （三）提出具体要求（亦可对成套提出总要求）。
基本部分	60%至70%	一、写出第一教学内容： 动作要领：新授课说明动作的要领，复习课说明复习的重点。技术动作要：	××	××	说明采用何种分组教学形式（分组轮换，分组不轮换） 一、说明采用何种队形教学： （一）教学方法、手段与步骤：1.……2.……3.…… 要求：准确、合理、有效地运用各种诱导性练习，必要时亦可绘图加以说明。 （二）组织措施： 1. 分组还是不分组练习。分组时说明分几组，采用何种队形。合班练习时说明采用何种具体组织措施。 2. 全班（分组）练习时，由谁（大排头，小排头）开始练习，练习后站在何处（由谁保护和帮助，由谁去归置器械，如何轮换等）。 3. 教师指导方式。 （三）提出相关要求。

续表

部分	时间	课的内容	运动负荷		组织教法和学练法
			次数	时间	
基本部分	60%至70%	二、写出第二教学内容： （一）动作要领：新授课说明动作的要领，复习课说明复习的重点。 （二）复习技术动作要点：	××	××	二、说明采用何种队形教学： （一）教学方法、手段与步骤：1.……2.…… 要求：准确、合理、有效地运用各种诱导性练习，必要时亦可绘图加以说明。 （可将保护和帮助方法写在此处） （二）组织措施： 1. 分组还是不分组练习。分组时说明分几组，采用何种队形。合班练习时说明采用何种具体组织措施。 2. 全班（分组）练习时，由谁（大排头，小排头）开始练习，练习后站在何处（由谁保护和帮助，由谁去归置器械，如何轮换等）。 3. 教师指导方式。 （三）提出相关要求。
结束部分	10%	一、整理（放松）活动： （一）各种轻松自然地走，使运动负荷逐渐变小，且使人体生理机能逐渐恢复的练习。 （二）放松练习或使人体生理机能逐渐下降的各种练习：1.……2.……3.……（要求：写出各节操名称或练习动作的名称。） 二、见习生入列，总结本课情况。 三、布置作业，预告下节课内容。 四、布置收回器材。 五、宣布下课。	××	××	一、组织形式 （一）说明何种队形，由谁指导。1.……2.……（提出具体要求）3.…… （二）组织措施：1.分组还是不分组练习。分组时说明分几组；采用何种队形。合班练习时采用何种具体组织措施。2.全班（分组）练习时，由谁（大排头，小排头）开始练习，练习后站在何处（由谁保护和帮助。由谁去归置器械，如何轮换等）。3.教师指导方式。 （三）提出相关要求。 二、成何种队形。 三、何时完成知识、技术技能作业。 四、由哪组，由谁收回哪些器材。 五、解散。
场地、器材		场地： 器材：	总结与反思		1. …… 2.…… 3.……

示例二：文字叙述（笔记）式教案

高尔夫球专项体能课程教案——课时计划

班级：　　　　人数：　　　　课次：　　　　日期：　　月　日　教师：

教材内容：

教学目标：

教学重点与难点：

场地、器材与教具：

一、准备部分（时间）

（一）整队集合、报告人数等（时间）

说明在什么地点，成什么队形，面向何方集合，并绘出示意图。

（二）教师宣布本课内容、目标和要求（时间）

说明成什么队形，都提出哪些要求。

（三）集中注意力（队列、队形）练习（时间）

说明成什么队形，由谁指挥进行。

1. 具体名称、具体要求。

2. 具体名称、具体要求。

3.……

（四）热身运动（时间）

说明采用什么队形、分几组，在何地点，利用何种（地形）器械，由谁指挥进行。可采用走、跑练习、游戏、舞蹈等形式。

（五）准备活动操（时间）

说明采用什么队形，是分组还是全班进行，在什么地点，利用何种器械，由谁指挥进行。可分组（集中）安排一般性活动，专门性活动。

1. ××运动。提出具体要求、次数。

2. ××运动。提出具体要求、次数。

3. ××运动。提出具体要求、次数。

4. ……

要求：写出各节操名称，画出单线，或写出动作做法

二、基本部分（时间）

采用何种分组教学形式（分组轮换，分组不轮换）。

（一）写出第一教学内容、时间

1. 动作要领。新授课说明动作要领，复习课说明复习重点。

2. 动作要点。

3. 教与学过程。说明采用何种队形教学（亦可绘图）。

4. 教学方法、手段与步骤、时间。

（1）次数\时间。

（2）要求准确合理有效地运用各种诱导性练习（次数/时间）。

（3）必要时亦绘图说明（次数/时间）。

5. 组织措施（时间）:

（1）分组还是合班练习。

（2）分组时说明分几组，采用何种队形。合班练习时说明采用何种具体的组织措施。

（3）全班（分组）练习时，由谁（大排头，小排头）开始练习，练习后站在何处（如由谁保护和帮助。由谁负责归置器械，如何轮换等）。

（4）教师指导方式。

提出相关要求。

（二）写出第二教学内容、时间

1. 动作要领。新授课说明动作要领，复习课说明复习重点。

2. 动作要点。

3. 教与学过程。说明采用何种队形教学（亦可绘图）。

4. 教学方法、手段与步骤、时间。

（1）次数/时间。

（2）要求准确合理有效地运用各种诱导性练习（次数/时间）。

（3）必要时亦绘图加以说明（次数/时间）。

5. 组织措施（时间）:

（1）分组还是合班练习。

（2）分组时说明分几组，采用何种队形。合班练习时说明采用何种具体的组织措施。

（3）全班（分组）练习时，由谁（大排头，小排头）开始练习，练习后站在何处，如何轮换等。

（4）教师指导方式。

提出相关要求。

三、结束部分（时间）

（一）整理（放松）活动（时间）

说明全班、分班，采用何种队形（亦可绘图）。

1. 使运动负荷逐渐变小，使人体生理机能活动能力逐渐恢复的练习（时间）。

说明采用何种队形，由谁指导。

2. 放松练习或使人体生理机能活动能力逐渐下降的各种练习（时间）。

说明成何种队形，由谁指导。

（1）次数。

（2）要求：写出轻松自然地走和各种放松练习的动作、次数。

（3）动作的名称（次数）。

（二）总结

总结本课，说明成何种队形（时间）。

（三）布置作业

预告下节课内容，说明在何时完成课下作业（时间）。

（四）布置收回器材

说明由哪组，由谁收回哪些器材（时间）。

（五）宣布下课

解散（时间）。

示例三：表格式单节课程教案（见下表）

高尔夫球专项体能单节课程教案

第××次课　　　　　年　月　日

课的内容和目标	1. FMS测试1～4动作。 2. 素质练习。 3. 通过本次课程的学习，使学生能掌握FMS测试中1~4动作的基本理论与测试方法。能够使用FMS测试中的1~4动作进行测试，并根据实际情况撰写FMS测试报告，制定相应功能性训练方法。
重点、难点	重点：学会FMS测试1~4动作的测试方法 难点：如何写好相关测试报告

续表

课的部分	时间	授 课 内 容	教学组织与方法
准备部分		1. 查出勤情况（体委整队，师生问好，安排见习生）。 2. 宣布本课内容、目标及要求。 3. 学生带做准备活动。 4. 点评。	二列横队：×××××× ○○○○○○ △ 要求： 1. 每一名学生都要以饱满的热情和精神风貌来对待每次课。 2. 服装要求整洁，利于运动，并具有健康的美感。 3. 课上要发挥自己的主观能动性，自觉地进行学习。 4. 及时与教师交流与沟通，做到不懂就学，不会就问。
基本部分		一、复习内容 概念： 核心力量训练是一种以加强身体核心肌肉群为目标的训练方法。核心肌群位于身体中心，负责支持躯干和维持平衡。这种训练不仅包括加强核心肌肉训练的内容，还包括提高核心稳定性、改善身体的姿势和姿态，以及增强力量传递的训练。 分类： 静态核心力量训练：旨在通过维持一定的姿势来加强核心肌肉。典型的例子包括平板支撑和桥式伸展。 动态核心力量训练：这种训练涉及通过动作来加强核心肌肉，例如俄罗斯转体。 医疗球和其他设备的核心力量训练：使用医疗球和其他设备，如壶铃、哑铃，可以增加核心力量训练的多样性和挑战性。 有氧运动中的核心训练：许多有氧运动，如慢跑、游泳和自行车骑行，也可以加强核心肌肉，因为它们需要持续的核心稳定性来支持身体。 作用： 提高平衡性和稳定性：加强核心肌肉有助于提高身体的平衡性和稳定性，减少摇摆。 力量传递：核心力量是力量传递的关键，对于各种运动，如击球、跑步、举重和橄榄球，都非常重要。 减轻受伤风险：强化核心肌肉可以提高身体对外力的抵抗能力，减少受伤的可能性，特别是在运动和活动中。 改善体姿和姿态：核心力量训练有助于改善正确的体姿和姿态，减少不正确姿势引起的问题。	教法与学法 1. 教师分组。 2. 教师边讲解边示范，学生边模仿（镜面、背面、侧面示范）。 3. 分组讨论。 4. 学生的练习方法：3～4人一组，按教师要求完成每个动作。 5. 纠正错误动作。 6. 相互观摩，学生评价。 7. 巡回辅导，导优辅差。 8. 教师边讲解边示范，学生边模仿（镜面、背面、侧面示范）。 9. 学生的练习方法：3～4人一组，按教师要求完成每个动作。 10. 纠正错误动作。 11. 相互观摩，学生评价。 12. 巡回辅导，导优辅差。 13. 分组做素质练习，要求学生态度认真，达到预期的生理目标。 14.学生练习方法。

续表

课的部分	时间	授　课　内　容	教学组织与方法
基本部分		提高运动表现：强大的核心肌肉可以改善各种运动技能，如挥杆、击球、跳跃和旋转。这对于运动员来说非常关键。 素质训练内容： 平板支撑：要求以俯卧撑的姿势用手臂和脚尖支撑身体，以强化腹部、背部和髋部肌肉。 桥式伸展：这个练习涉及仰卧姿势，通过将臀部抬起来，加强腰部和臀部肌肉。 俄罗斯转体：有助于改善腹部斜肌的力量和旋转能力，通常要求坐在地板上，然后用手臂旋转到不同的方向。 波速球训练：使用医疗球进行各种练习，如向前抛球、旋转传球和侧向抛球，以提高核心稳定性和力量。 二、新授内容 重点：学会FMS测试 难点：如何写好相关测试报告 功能性运动检测是一套被用以检测运动员整体的动作控制稳定性、身体平衡能力、柔软度以及本体感觉等能力的检测方式，通过FMS检测，可简易地识别个体的功能限制和不对称发展。 FMS在国外职业竞技体育中被广泛应用于理疗康复和体能训练领域，作为对传统测试训练方法的一个有益补充，并作为检测运动员潜在伤病和进行伤病预防训练的依据，通过训练提高运动员的竞技能力，延长运动员的运动寿命。 FMS测试通过7个基本动作检测人体运动的对称性、弱链以及局限性，对运动代偿进行跟踪测试，并通过相应的动作训练来解决身体的弱链和局限性问题，以减少运动员的运动损伤，提高运动员的竞技能力。FMS测试在运动医学和体能训练之间架起了一座桥梁，使教练在身体训练中更加自觉地使用康复知识为运动员健康服务。 FMS评分分为四个等级，从0分到3分，3分为最高分。	

续表

课的部分	时间	授　课　内　容	教学组织与方法
基本部分	1	0分：测试中任何部位出现疼痛。 1分：受试者无法完成整个动作或无法保持起始姿态。 2分：受试者能够完成整个动作，但完成的质量不高。 3分：受试者能够高质量地完成动作。 测试前需要准备：一根长棍，一根长直尺，一条弹力带，一块木板。 1. 过顶深蹲动作模式  1）测试目的：评价肩、胸椎、髋、膝和踝关节双侧对称性、灵活性和躯干稳定性。 测试方法： （1）运动员两脚分开与肩同宽，双手以相同间距握测试杆（测试杆与地面平行）。 （2）双臂伸直举杆过顶，慢慢下蹲，尽力保持脚后跟着地。 （3）测试允许试三次，如果还是不能完成这个动作，将测试板垫在运动员的脚跟下再进行以上动作测试。 2）评分标准： 3分：测试杆在头的正上方，躯干与小腿平行或与地面垂直，下蹲时大腿低于水平线，保持双膝与双脚方向一致。 2分：脚跟下垫上木板之后按照以上要求完成动作。 	

续表

课的部分	时间	授　课　内　容	教学组织与方法
基本部分		1分：脚跟下垫上木板之后还不能按要求完成动作。 0分：测试过程中任何时候，运动员感觉身体某部位出现疼痛。 以下从左至右依次是3分、2分、1分。 2. 跨栏上步动作模式 1）测试目的：评价髋、膝、踝关节的灵活性和稳定性、身体核心部位的控制能力以及身体两侧在运动中的对称性。  2）测试方法： （1）运动员双脚并拢，脚尖接触测试板。 （2）调整测试绳的高度（与运动员的胫骨粗隆同高），双手握测试杆置于肩上并与地面平行。 （3）运动员缓慢抬起一腿跨过栏杆用足跟触地，重心放在支撑腿上，并保持身体稳定。 （4）缓慢恢复到起始姿势，运动员有三次机会完成测试。 （5）一侧腿测试完毕，换另一侧腿进行测试，分别记录两侧得分。 3）评分标准： 3分：髋、膝、踝关节在矢状面内成一直线，腰部几乎没有明显移动，双手握测试杆保持与地面平行。 2分：髋、膝、踝关节在矢状面上不成一条直线，腰部有移动，双手握测试杆与地面不平行。 1分：脚碰到测试绳，身体失去平衡。 0分：测试过程中任何时候，运动员感觉身体某部位出现疼痛。 以下以左至右分别为3分、2分、1分。	

续表

课的部分	时间	授　课　内　容	教学组织与方法
基本部分		 3. 直线箭步蹲动作模式 1）测试目的：评价髋、膝、踝关节的灵活性和稳定性以及股四头肌的柔韧性。  2）测试方法： （1）测量地面至运动员胫骨粗隆的高度。 （2）运动员一只脚踩在测试板的起始线上，将测试杆放在身体后部，左手在上右手在下握住测试杆，测试杆紧贴头部、脊柱和骶骨，并垂直于地面。 （3）在测试板上量取与运动员胫骨粗隆高度相同的距离并标记，运动员一只脚向前迈出一步，足跟落在标记线上，随后下蹲至后膝接触测试板，双脚始终保持在一条直线上。运动员有三次机会完成测试。 （4）两侧上下肢交换，再次完成测试，分别记录两侧得分。 3）评分标准： 3分：躯干基本没有晃动，保持双脚踩在测试板上；后膝接触测试板。 2分：躯干出现晃动，不能保持双脚踩在测试板上，后膝不能接触测试板。 1分：失去平衡。 0分：测试过程中任何时候，运动员感觉身体某部位出现疼痛。	

续表

课的部分	时间	授　课　内　容	教学组织与方法
基本部分		左至右分别为3分、2分、1分。  4. 肩部灵活性动作模式  1）测试目的：评价双侧肩关节活动范围，以及一侧肩关节的伸展、内旋和内收与另一侧的屈曲、外旋和外展的能力。 测试方法： （1）测量腕横纹至中指尖之间的距离，此即为运动员手的长度。 （2）运动员站立位，一只手握拳由下向上以手背贴后背部，尽力向上够；另一只手握拳由上向下以手掌贴后背部，尽力向下摸。记录两手最近点之间的距离。 （3）上下交换双手位置，重复以上测试，分别记录两次得分。 2）评分标准： 3分：上下两手间距离小于一只手长度。 2分：上下两手间距离大于一只手长度，而小于1.5只手长度。 1分：上下两手间距离大于1.5只手长度。 0分：测试过程中任何时候，运动员感觉身体某部位出现疼痛。 3）排除性检查： 	

续表

课的部分	时间	授　课　内　容	教学组织与方法
基本部分		测试目的：检测肩部的疼痛隐患。 测试方法： （1）运动员身体自然站立，将一侧手放到对侧肩上。 （2）保持手掌与肩的接触，尽可能地高抬肘关节。 4）评分标准： 如果出现疼痛，肩部灵活性测试得0分。 以下从左至右分别为3分、2分、1分。 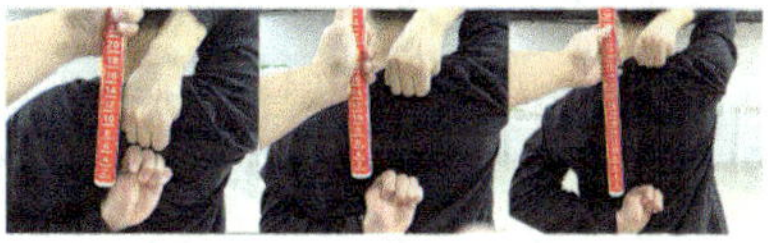 5. 身体素质练习 1）注意身体的用力及安全。 2）素质练习。 （1）转体跑：30×4。 （2）灵活性练习5米左右摸地跑：20×4。	
结束部分		1. 学生代做整理活动。 2. 集合整队，总结课的学习及完成情况，对学生的参与程度进行评价，提出下次课的要求及课下作业。 3. 整理器材。 4. 下课。	1. 二列横队：×××××× ○○○○○○ △ 2. 教师讲评。
场地器械	一根长棍，一根长直尺，一条弹力带，一块木板		
小结			

课题三　高尔夫球专项体能课程教案的执行

一、高尔夫球专项体能课程教案的评价与反思

- 根据学生课后学习的效果进行填写。
- 课前教学设计中，预期的教学目标是否达到？

- 采用的教学方法和手段是否适合（这些）学生？是否达到了最佳效果？是否需要进行适当的改进？
- 教学难点设置是否准确？应当如何修正和改变？
- 教学重点是否突出？教学难点是否突破？
- 对教学过程中可能出现的问题，准备得是否周全？对于遇到的不定因素处理是否合情合理？
- 对于课堂上意外的突发事件处理是否及时、恰当？

二、高尔夫球专项体能课程教学过程是如何进行的

高尔夫球专项体能课课堂教学的三个环节（准备部分、基本部分、结束部分）是有客观规律的。不管任课教师是否认可这三个环节，在教案中写与不写这三个环节，教案中这三个环节的名称如何变化，在90分钟的教学过程中，都会自觉不自觉地遵循这三个环节的客观规律，这是不以人的意志为转移的。

（一）准备部分：占总时间的10%~20%

主要目的是为基本部分做准备，宣布课的目的、任务，安排见习生，检查出勤情况，做好准备活动。

1. 准备部分的任务。

（1）迅速将学生组织起来，明确内容和任务。调动学生的学习积极性，集中注意力，使学生精神饱满地开始学习。

（2）做好准备活动，使身体各器官系统机能迅速进入工作状态，为基本部分做好准备。

（3）培养学生形成正确的身体姿势。

（4）兼顾提高学生身体素质和各个机能的发展。

2. 准备部分的内容。组织教学必需的课堂常规活动，包括一般性准备活动和专门性准备活动。

（1）组织教学必需的课堂常规活动。

任务：把学生迅速地组织起来，明确任务要求，集中注意力，调动积极性。

内容：集合整队，体委向教师报告人数……

（2）一般性准备活动。

任务：使全身各主要肌肉群、关节、韧带都得到充分活动。

内容：走跑，徒手或持轻器械操，基本动作，运动负荷较小的游戏，

等等。

（3）专门性准备活动。

任务：使与完成基本部分教材内容有关的肌肉群、关节、韧带、器官以及各主要系统做好充分的准备。

内容：采用模仿练习、辅助练习和大纲中规定的掌握该教材所必需的发展相应素质的练习。

专门性活动的性质和内容要与基本部分的教材相似。

（4）选用准备活动内容的要求。

全面性：有效地促进学生全面发展。

针对性：根据主要教材选配专门性活动。

多样性：根据课的任务和学生特点合理变换练习内容。

（二）基本部分：占总时间的 70%~80%

1. 基本部分的任务（高尔夫球专项体能课程教学的任务）。

2. 基本部分的内容（教学大纲和教学进度所规定的教材的内容；辅助性练习，诱导性练习）。

诱导性练习是指促使练习者迅速掌握动作和建立正确的动力定型而采用的与技术动作相适应的过渡性练习。

辅助性练习是指在学习某一类型动作或某一项目时所需要的专门身体素质练习。

3. 组织基本部分内容应注意的问题。

（1）合理地安排好主要教材的学习顺序。

不同身体部位的练习应交替进行。

认识活动的特点：先新后旧；先复杂后简单。

生理机能活动的特点：先速度，后力量，再柔韧和耐力。

产生矛盾时，应以有利于提高课程教学质量为准则。

在考虑新旧、难易、教材的顺序，再考虑其他。

尽可能先安排发展速度的教学内容，后安排发展力量、柔韧和耐力的教学内容。

（2）正确选配与安排好必要的诱导性练习、辅助性练习

（3）合理地安排好密度与运动负荷，使练习和休息合理交替。

例如：复习上一次的学习内容，为后续学习做好准备。

4. 课堂提问与新课引入。主要目的：

（1）为化解本节课的难点而做必要的准备工作。

（2）为顺利地引入新课内容而做铺垫工作。复习提问的最后一个问题，通常设计为与本节新课内容紧密相关的问题。也可以顺利地进入课堂教学的下一个环节（引入新课）。

（三）结束部分，占总时间的 10%

1. 结束部分的任务。

（1）有组织结束教学活动。

（2）使学生逐渐恢复到相对安静状态。

（3）小结。

2. 结束部分的内容。

（1）根据（最后一个）基本教材的性质，选择一些降低运动负荷的练习——整理活动，如：轻松自然地走，徒手放松练习，简单的舞蹈练习，动作较缓的游戏，等等。

（2）小结课上情况。

（3）布置课后作业，预告下节课的内容。

（4）收回器材。

（5）宣布下课。

例如：根据教学分组，每组派出一名学生出列，指导学生完成本节课所学内容的练习。其余同学观摩，共同指出问题，总结出本节课的重点、难点。

布置课后作业：

例如：课后动作指导实践，即要求每名学生课下将课上所学内容对身边的其他人进行指导练习，并写出练习部位指导方案。

课后作业的主要有三个方面的内容：

一是根据本节课所学知识和技能，进行具有拓展性、迁移性的探究性学习和实践，既达到复习巩固所学的知识和技能的目的，又培养学生主动学习的兴趣。

二是检测学生在本节课中的学习效果。

三是为下一节课的教学内容作铺垫。

课后作业通常是动脑、动手、动笔的实践探索性的作业。实践探索内容在课下时间内保证确实能够完成。切忌将课后作业安排在课上来完成。

如果使用课上的时间来完成课后作业：一是说明你对课堂教学的环节认识不到位；二是说明你的教案、教学设计课前没有设计、规划好，没有考虑充分利用课堂90分钟进行教学，让学生学习更多的知识和能力；三是说明你的教案、教学设计的知识密度小，教学方法和手段选择不恰当，没能十分有效地利用课堂90分钟。

我们的教学原则就是：在最短的时间内，传授给学生更多的知识，教会学生更多的能力，使学生更快速地成长起来！

三、高尔夫球专项体能课程教学设计意图

教学设计意图是指课堂教学过程中每一个教学段的设计意图，或者是要想实现的教学理念，是为了实现教学目标和提高学生能力，选取适当的教学资源和教学手段，通过制定一系列教学计划和活动，设计出个性化、多样化的教学计划和活动，以帮助学生提高课程目标所涉及知识、技能和态度。

例如：为新知识的学习做准备；提出活动主题；理解……知识（概念、原理、现象等）；为……做准备；分层教学；加深理解，提高兴趣。

课堂设计填写原则如表3–4–1所示。

表3–4–1　课堂设计填写原则

原则	具体内容	原则	具体内容
相关性	与教学内容应当紧密相关	客观性	不得带有主观倾向和暗示
适宜性	避免出现费解的专业术语	简要性	突出重点，识别简洁，易填写
全面性	设计内容要全面、准确、充分	开放性	留有拓展创意发挥的空间

对设计课堂提问的要求如表3–4–2所示。

表3–4–2　对设计课堂提问的要求

要求	具体内容
精细设计	问题的难易度，应以多数学生需要经过一番思考后，才能正确作答为宜
了解学生	要估计：哪些学生能正确回答？哪些学生经过提示、帮助之后才能正确回答？哪些学生回答确有困难？学生在回答问题时，可能会出现什么样的错误答案？（不确定因素很多，尽量考虑周全。）

续表

要求	具体内容
正确引导	教师要集中精力，敏锐地捕捉学生不确定的表述，并及时加以纠正。对于答案的思维方法的欠缺和错误，要注意引导和启发，帮助学生归纳总结，形成正确的答案
选对学生	提出问题后，教师要注意观察学生的表情，选择不同层次的学生回答，要注意照顾到学习有困难的学生
面向全体	提问的内容要尽量照顾到全体学生，让多数学生有回答问题的机会
端正态度	严禁利用提问变相地惩罚学生

课题四　高尔夫球专项体能课程教学评价

高尔夫球专项体能课程教学评价是依据教学目标对教学过程及结果进行价值判断并为教学决策服务的活动，是对教学活动现实的或潜在的价值作出判断的过程。教学评价是研究教师的教和学生的学的价值的过程，一般包括对教学过程中教师、学生、教学内容、教学方法手段、教学环境、教学管理诸因素的评价，但主要是对学生学习效果的评价和教师教学工作过程的评价。教学评价的两个核心环节是：对教师教学工作（教学设计、组织、实施等）的评价，即教师教学评估（课堂、课外）；对学生学习效果的评价，即考试与测验。评价的方法主要有量化评价和质性评价。

一、高尔夫球专项体能课程教学评价的作用

（一）诊断作用

对教学效果进行评价，可以了解教学各方面的情况，从而判断它的质量和水平、成效和缺陷。全面客观地评价工作不仅能估计学生的成绩在多大程度上实现了教学目标，而且能解释成绩不良的原因，并找出主要原因。可见教学评价如同身体检查，是对教学进行的一次严谨、科学的诊断。

（二）激励作用

评价对教师和学生具有监督和强化作用。通过评价反映出教师的教学效果和学生的学习成绩。经验和研究都表明，在一定的限度内，经常进行记录成绩的测验对学生的学习动机具有很大的激发作用，可以有效地推动课堂学习。

（三）调节作用

教师和学生可以根据反馈信息修订计划、调整行为，从而达到所规定的目标，这就是评价所发挥的调节作用。

（四）教学作用

评价本身也是一种教学活动。在这个活动中，学生的知识、技能将获得长进，智力和品德也有进展。

教学评价的方法有测验、征答、观察提问、作业检查、听课和评课等。

二、高尔夫球专项体能课程教学评价的要求

- 明确多次评价的目的和评价对象，以解决评价的方向性问题。
- 明确每次评价的内容和具体目标。
- 明确为评价而准备的条件。
- 对评价资料进行客观、科学的判断。

三、高尔夫球专项体能课程教学评价的分类

（一）根据评价在教学活动中发挥的作用不同划分

根据评价在教学活动中发挥作用的不同，可把教学评价分为诊断性评价、形成性评价和总结性评价三种类型。

1. 诊断性评价。诊断性评价是指在教学活动开始前，对评价对象的学习准备程度作出鉴定，以便采取相应措施使教学计划顺利、有效实施而进行的测定性评价。诊断性评价的实施一般在课程、学期、学年开始或教学过程中需要的时候。其作用主要有二：一则，确定学生的学习准备程度；二则，适当安置学生。

2. 形成性评价。形成性评价是在教学过程中，为调节和完善教学活动，保证教学目标得以实现而进行的确定学生学习成果的评价。形成性评价的主要目的是改进、完善教学过程。进行形成性评价的步骤是：

（1）确定形成性学习单元的目标和内容，分析其包含要点和各要点的层次关系。

（2）实施形成性测试。测试包括所测单元的所有重点，测试进行后教师要及时分析结果，和学生一起改进、巩固教学。

（3）实施平行性测试。其目的是对学生所学知识加以复习巩固，为后期

学习奠定基础。

3. 总结性评价。总结性评价是以预先设定的教学目标为基准，对评价对象达成目标的程度即教学效果作出的评价。总结性评价注重考查学生掌握某门学科的整体程度，概括水平较高，测验内容范围较广，常在学期中或学期末进行，次数较少。

（二）根据评价所参照的标准划分

根据评价所参照的标准，可分为目标参照评价和常模参照评价。

（三）根据评价所运用的方法和标准不同划分

根据评价所运用的方法和标准不同，可分为相对性评价和绝对性评价。

1. 相对性评价。相对评价法是从评价对象集合中选取一个或若干个对象作为基准，将余者与基准作比较，排出名次、比较优劣的评价方法。相对性评价便于学生在相互比较中判断自己的位置，激发竞争意识。

2. 绝对性评价。绝对性评价是在被评价对象的集合以外确定一个客观标准，将评价对象与这一客观标准相比较，以判断其达到程度的评价方法。

绝对性评价设定评价对象以外的客观标准，考察教学目标是否达成，可以促使学生有的放矢，主动学习，并根据评价结果及时发现差距，调整自我，具有明显的教育意义。

四、高尔夫球专项体能课程教学评价的发展趋势

首先，在评价主体上，更加强调学生的自评。

其次，在评价功能上，更加注重发挥评价的教育功能。

再次，在评价类型上，更加重视实施形成性评价。

最后，在评价方法上，更多采用相对评价法。

训练检测

1. 如何编写高尔夫球专项体能课程的教案？

2. 如何组织高尔夫球专项体能课程的教学？

3. 如何进行高尔夫球专项体能课程教学评价？

项目四
高尔夫球体能训练体系

项目描述

高尔夫球体能训练体系是高尔夫球教练工作的核心理论。在本项目中，我们将全面阐述高尔夫球体能训练体系的各个方面，包括概念、原则、状态的诊断以及周期训练计划的制订，旨在为广大教练构建科学、系统的体能训练理论体系，从而提升运动员的整体竞技水平。

学习目标

了解高尔夫球体能训练体系的整体概念；掌握高尔夫球体能训练体系的理论基础，构建适应高尔夫球运动特点的科学训练模型；运用高尔夫球体能训练体系的知识分析、解决实际训练中的问题。

能力目标

具备正确认识高尔夫球体能训练工作性质的能力。能够灵活运用高尔夫球体能训练体系理论，制订符合运动员特点的个性化训练计划。提高教练的整体从业能力，使教练更好地服务于运动员的体能训练需求。

任务一　高尔夫球体能训练体系的相关概念

活动场地 / 环境

多媒体教室。

任务要求

1. 了解高尔夫球体能训练的特点。
2. 了解高尔夫球体能训练的任务。

能力训练

掌握高尔夫球体能训练的特点，能够有意识地提高对高尔夫球体能训练的认知水平；初步形成高尔夫球体能训练体系的概念。

课题一　高尔夫球体能训练体系的建立

一、建立科学、规范的训练成绩诊断指标

引入智能数字化测评手段，确保对高尔夫球运动员的运动成绩进行科学规范的诊断。这为制订个性化的体能训练方案提供了重要依据，可以保证训练的有效性和针对性。

二、建立全面、综合的竞技能力测评指标

为不同年龄段的运动员建立全面、综合的竞技能力测评指标，覆盖技能、体能、技术、战术、心理和智能等六个方面。采用客观的测评工具，精准评估运动员的竞技水平，为制订有针对性的训练计划提供科学支持。

三、明确科学、合理的训练负荷指标

根据不同水平的高尔夫球运动员的特点，明确科学、合理的训练负荷指

标，确保训练量和强度的合理搭配。平衡技术和体能训练，使每个运动员在训练中都能够取得更好的竞技表现。

课题二　高尔夫球体能训练的表现性、特点与任务

一、高尔夫球体能训练的表现性

高尔夫球体能训练不仅关乎运动员的身体素质提高，更关乎运动员在比赛中的卓越表现，以验证训练的有效性。以下是高尔夫球体能训练表现性的特征。

（一）器官系统机能提高与节省化现象

通过体能训练，高尔夫球运动员的器官系统机能达到最高水平，呈现出节省化现象。这意味着机体在运动中能够以更为经济的方式运作，适应大负荷和极限负荷的训练，同时具备快速的恢复能力。

（二）运动素质与专项技战术的协调

高尔夫球体能训练要求运动员的运动素质和专项技战术之间实现协调。运动素质的提高需要与专项技战术的发展相结合，使得运动员能够通过专项技战术最大程度地提高运动素质，形成准确、熟练、协调的动作，达到最佳效果。

（三）情绪高涨，自我感觉良好

在训练中，高尔夫球运动员需要保持情绪高涨、精力充沛、自我感觉良好。这种积极的心理状态有助于应对比赛的紧张状况，使运动员更渴望参加比赛，具备特殊的专项感受力，意志坚强，心理稳定。

（四）竞技状态的具体表现

运动员能在重大比赛中达到或超过个人最佳成绩，是竞技状态的具体表现。这要求训练过程中体能训练的效果必须在正式比赛中得以体现，从而使运动员在关键时刻能够发挥最佳水平。

二、高尔夫球体能训练的特点

（一）适用对象的特殊性

高尔夫球运动员群体规模相对较小，但他们具备较强的运动能力、身体

素质和专业的技术技能，其体能训练需要更为个体化、专业化。

（二）高强度的运动负荷

高尔夫球体能训练需要通过高强度、长时间、大运动量的训练负荷，打破机体原有的生理平衡，使其逐步适应更高层次的训练状态。

（三）专业化的操作手段

随着运动水平的提高，高尔夫球体能训练的操作手段变得更加专业化。科学化、专业化的训练方法是提高训练效果的关键。

（四）实践性的效果评价

高尔夫球体能训练的效果评价指标不仅包括身体形态、机能等多方面，更根本的是竞赛成绩，这使得高尔夫球体能训练更加注重实际运动表现。

三、体能训练的任务

（一）提高器官系统机能和发展运动素质

高尔夫球体能训练的首要任务是通过科学训练提高运动员各器官系统的机能水平，包括心血管、肌肉、神经等系统的机能水平。同时，注重发展运动素质，使运动员在比赛中能够更为出色地运用身体的各种能力。

（二）掌握和提高专项运动技术和战术

体能训练不仅涉及身体素质的提高，还需要运动员掌握和提高高尔夫球专项技战术。这包括击球技术、挥杆动作、球道策略等方面的训练，确保运动员在比赛中具备更为优越的专业技能。

（三）培养独立进行训练的能力

高尔夫球运动员需要具备独立进行训练的能力，训练内容包括制订个人训练计划、进行基本的体能练习以及专项技战术的训练，以培养运动员的自主性，使其在非集训期间也能保持训练状态。

（四）进行道德和意志、品质教育

体能训练不仅仅是身体的锻炼，还涉及道德、意志和品质的培养。高尔夫球运动员需要具备高尚的体育道德，保持顽强的意志品质，在面对困难和挑战时能够保持冷静、坚韧。

以上任务是紧密联系、互相促进的，都以创造卓越成绩为最终目标。为了在竞技比赛中夺取胜利，高尔夫球体能训练强调科学性和专业性。教练应具备高水平的科学文化，有组织教学和训练的能力，同时深入了解高尔夫球运动的科学技术和基础理论，这样才能更好地引导运动员在体能训练中取得优异的成绩。

课题三　高尔夫球专项体能训练的方法与手段

高尔夫球运动既是技巧性的运动，也是需要高度体能水平支持的竞技项目。为了在比赛中取得更好的表现，运动员不仅需要精湛的技术，还需要出色的体能。本课题将探讨高尔夫球体能训练的方法与手段，以期为高尔夫球运动员提供科学的训练指导。

一、训练方法

（一）重复训练法

重复训练法是按照一定要求反复练习某个技术动作的方法。在高尔夫球运动中，这意味着反复练习挥杆动作，以提高技术的熟练度。训练中应根据任务和运动员的水平确定重复的数量和负荷强度，逐步提高难度，确保运动员能在比赛中熟练、正确地运用技术。

（二）变换训练法

变换训练法涉及改变练习的环境、条件、速度、时间等因素。这样的训练方法可以增加运动员的适应性，使其能够在不同的比赛场景中表现出色。通过变换训练，运动员可以适应各种球场条件，提高应对复杂环境的能力。

（三）间歇训练法

间歇训练法规定了重复动作之间的休息时间，以脉搏频率计算，确保运动员在未完全恢复的情况下进行下一轮训练。这种方法有助于提高运动员的耐力和持久力，使其能够在比赛中保持高水平的表现。

（四）竞赛法

竞赛法模拟正式比赛的情景，根据竞赛规则进行训练。这有助于运动员更好地适应比赛环境，提高比赛中的应变能力。同时，可以根据需要调整比赛的时间、场地等条件，使训练更有针对性。

（五）综合训练法

综合训练法将前述多种训练方法进行灵活组合，形成全面的训练计划。

这有助于运动员在不同方面取得平衡的发展，同时考虑到个体差异，制订个性化的综合训练方案。

二、训练手段

（一）稳定性的训练手段

稳定性训练主要针对深层腹肌、髋外展肌和旋转肌、肩胛稳定肌等肌群。通过特定的训练动作，如在斜坡上进行击球练习，提升运动员在挥杆动作中的稳定性，形成流畅的挥杆动作。

（二）平衡性的训练手段

通过平衡性训练，提高运动员身体的平衡能力。采用平衡舟等工具模拟不同环境下的击球情景，培养运动员的平衡感，使其在复杂的球场条件下仍能保持击球的准确性。

（三）躯干支柱力量的训练手段

通过训练髋部、脊柱和肩部的力量，提高躯干支柱的稳定性。采用不同形态的训练，如卧姿、跪姿、立姿和坐姿等，辅以简单的训练器材，如瑞士球、弹力带等，全面提升躯干力量。

（四）力量与爆发的训练手段

结合高尔夫球挥杆特点，采用站位抛实心球等动作，提高挥杆中所需的旋转运动发力能力。通过提高挥杆速度，增加击球瞬间的爆发力，实现更远距离的击球效果。

（五）拉伸的训练手段

静态拉伸和泡沫轴滚动等训练手段有助于提高运动员的柔韧性。这对于在挥杆过程中摆动到理想位置、减少运动损伤、保持肌肉放松等方面具有重要作用。

训练检测

1. 高尔夫球体能训练的特点是什么？
2. 高尔夫球体能训练的任务是什么？

任务二　高尔夫球体能状态诊断与训练目标

活动场地 / 环境

多媒体教室。

任务要求

1. 了解高尔夫球体能状态诊断的类型。
2. 了解高尔夫球体能训练目标。

能力训练

掌握高尔夫球体能状态诊断的类型，能够对高尔夫球体能进行状态诊断，并提出训练目标；初步形成高尔夫球体能状态诊断能力。

课题一　高尔夫球体能状态诊断

高尔夫球体能状态诊断是提高运动成绩和竞技能力的重要组成部分。它可以为高尔夫球运动员的训练过程确立一个客观、准确的参照点，也是实施高效训练和客观检验训练效果的重要前提。

一、运动成绩诊断

高尔夫球运动员的运动成绩诊断不单指某一次的成绩，而是包括但不限于在比赛中所取得的名次和竞技水平，既包括上一次比赛中获得的最好成绩，也包括多次比赛中所表现出来的平均水平。其中，平均比赛水平更能客观、全面地反映运动员的真实运动成绩。

二、竞技能力诊断

对高尔夫球运动员竞技能力进行诊断时，要充分考虑高尔夫球运动项目的竞技能力的结构特点，比如，考虑高尔夫球运动员的技能、体能、技术、战术、心理和运动智能等能力的诊断指标和诊断手段。为此，我们可以先建立优秀高尔夫球运动员的竞技能力结构模型。这些模型可以应用于为其他高尔夫球运动员制定训练指标的情况，也可以作为高尔夫球运动员选材的依据。

三、训练负荷诊断

要提升高尔夫球运动员的竞技能力，需要进行一定量的体能负荷训练。高尔夫球运动员所取得的运动成绩和竞技能力都与训练负荷中的训练量和训练强度的合理结合有着密切的关系，因此，在高尔夫球运动员的训练中，要精准而客观地量化体能训练负荷。

课题二　高尔夫球体能训练目标

高尔夫球体能训练目标明确定义了体能训练的核心方向，分为以下三个主要维度。

一、运动成绩指标

运动成绩指标涵盖了比赛表现、名次排名以及最佳成绩等多方面的数据。这一方面的目标不仅有助于评估运动员的竞技水平，也为制订训练计划提供了实际运动成绩的基准。

二、竞技能力指标

竞技能力指标通过六大方面的评估，包括技能、体能、技术、战术、心理和智能等，为全面提升运动员的竞技水平提供了详尽的参考。通过建立竞技能力特征模型，制订有针对性的训练计划，推动运动员在各个方面的能力均衡发展。

三、训练负荷指标

训练负荷指标是高尔夫球体能训练的关键，包括身体技能训练负荷、身体素质训练负荷、技术训练负荷和心理训练负荷。通过合理安排训练负荷，确保技术和体能训练的平衡，为运动员提供充分支持，推动其在训练中持续提升。

训练检测

1. 如何进行高尔夫球体能状态诊断？
2. 高尔夫球体能训练目标是什么？

任务三　高尔夫球体能训练的原则

活动场地 / 环境

多媒体教室。

任务要求

1. 了解建立高尔夫球体能训练体系的原则。
2. 了解高尔夫球体能训练的运动原则。
3. 了解高尔夫球体能训练的动机激励原则。
4. 了解高尔夫球练习场训练原则。

能力训练

掌握建立高尔夫球体能训练体系的原则，能够运用动机激励机制调动运动员的训练积极性、主动性和创造性；初步形成高尔夫球体能训练的原则体系。

课题一　建立高尔夫球体能训练体系的原则

体能训练在提升高尔夫球运动员整体素质方面起着至关重要的作用。为了确保训练的科学性和实效性，可以遵循以下建立高尔夫球体能训练体系的原则。

一、客观性与科学性原则

高尔夫球体能训练体系的建立应基于客观规律和科学理论，为此，应深入研究运动员的生理、心理特点，以及运动的生物力学等规律，确保训练方案科学合理。

二、一般体能训练与专项体能训练相结合原则

综合性训练是提高运动员整体素质的关键，为此，应将一般体能训练与专项体能训练相结合，使运动员更全面、灵活地应对各种情境。

三、竞技需要原则

高尔夫球体能训练体系的建立必须紧密围绕竞技需要。应根据运动员水平和比赛要求，灵活调整训练计划，使之更符合实际比赛场景和要求。

四、动机激励原则

激发运动员的积极性和主动性是体能训练成功的关键。应建立科学的激励机制，使运动员对训练充满热情，保持良好的训练状态。

五、制订个性化训练计划原则

应考虑每位高尔夫球运动员在体能方面的独特差异，制订个性化训练计划。应根据运动员的特点、身体状况和发展需求，量身打造独特计划。

六、全面综合训练原则

高尔夫球体能训练体系要全面综合考虑体能、技术、战术、心理等方面的因素，通过多方位训练，使运动员在各方面都得到均衡提升。

七、科学安排训练阶段原则

应按照运动员的发展阶段科学、合理地安排训练。适当的训练强度和内容有助于运动员循序渐进地提高成绩。

课题二　高尔夫球体能训练的运动原则

一、不间断性

不间断性原则强调运动员参与训练的持续性，从开始训练到出现优异运动成绩，再到保持成绩并不断提高，直至运动寿命结束，都应系统、不间断地进行训练。这一原则以条件反射学说为基础，即通过连续不断地训练，运

动员不仅能够熟练、精确地掌握动作，还能够更快地学会新的动作。训练的连续性有助于巩固暂时性神经联系，提高技术和体能水平。

二、合理性

合理性原则强调在体能训练中，运动负荷的安排必须合理。应根据任务和运动员水平逐步、有节奏地增加运动负荷，直至运动员能够承担的最大运动负荷。运动负荷太小将无法提高机能，而运动负荷过大则容易导致过度疲劳。合理性原则指导训练有计划地逐步加大运动负荷，避免过快、过猛地增加运动负荷，以防伤害和适应不良的发生。

三、区别对待

区别对待原则要求在体能训练中，根据运动员的年龄、性别、身体条件、运动素质、技术水平、文化程度、个性特征等不同情况，有针对性地确定训练任务、内容、方法、手段和运动负荷。每名运动员的条件和情况都是独特的，因此训练计划需要根据个体差异进行调整。这一原则强调个性化的训练计划，确保训练更贴近每名运动员的实际情况。

课题三　高尔夫球体能训练的动机激励原则

高尔夫球运动是一项精湛技艺与精神力量兼具的运动，其体能训练中的动机激励至关重要。在现代体育训练中，如何科学地激发运动员参与高强度、高弹性的体能训练，进而提升整体竞技水平，成为研究与实践的重要课题。本课题将深入探讨高尔夫球体能训练中动机激励原则的定义、理论基础，以及在实际训练中的科学应用要点，以期为提升运动员的训练动力与效果提供有益的指导。

一、如何进行动机激励

（一）多途径激发动机

高尔夫球体能训练的动机激励应该采用多样化的方法。除了采取奖励机制，还可通过制订个性化的训练计划、组织团队互动活动等方式，全方位、多角度地激发运动员的训练热情。

（二）个性化激励

每名高尔夫球运动员都有独特的需求和动机来源，因此，制订个性化的激励计划，紧密关注每名运动员的个体差异，能够更好地激发其对训练的投入和热情。

二、动机激励原则的科学基础

（一）成功动机

追求成功是高尔夫球运动员参与训练的主要动力，因此，应设定具有挑战性的目标，鼓励运动员通过努力获得成就感，从而激发其对训练的热情和动力。

（二）激发潜力

动机激励可以不断激发高尔夫球运动员的潜力。应通过持续提供新的训练内容、进行团队合作机会，以及技术创新，引导运动员不断挑战自我极限，发挥个体最大潜能。

（三）激励形式多样性

应使高尔夫球体能训练的动机激励形式具有多样性，为此，可以通过实时数据分析、科技创新、团队互动等方式，使运动员既保持新鲜感，又对训练充满热情。

三、贯彻动机激励原则的训练学要点

动机激励原则是高尔夫球体能训练中的重要组成部分。通过合理运用激励手段，满足运动员的需求，不仅可以提高训练的积极性和效果，更有助于培养运动员的自主性和创造性，使其在竞技中取得更为卓越的成绩。在高尔夫球体能训练实践中，应更加注重运用科学的激励策略，推动运动员实现个人潜能的充分发挥。

（一）满足运动员合理的需求

运用马斯洛的需求层次理论，建立激励体系，满足运动员的生理、心理和社交需求，使其更好地融入训练，提高参与的积极性。

（二）激发运动员的兴趣

兴趣是学习和进步的最好动力。通过设计富有趣味性的训练活动，激发运动员对高尔夫球体能训练的浓厚兴趣。

（三）发挥运动员的主体性

运动员应成为训练的主体，积极参与训练过程。可以培养运动员的自觉性和能动性，使其成为训练过程的积极参与者。

（四）教练发挥示范作用

榜样效应对激发运动员的积极性至关重要。教练应通过言传身教，展现对训练的热爱和专业精神。

（五）正确运用激励手段

精神动力、物质动力、信息动力这三大动力元素的运用应恰到好处。应避免滥用可能带来的消极影响，确保动机激励的有效性。

课题四　高尔夫球练习场训练原则

到练习场不外乎两种目的：改善挥杆和保持状态。无论基于哪种目的，在练习时都应该遵循以下四大原则。

一、不可急于求成

通常，为了打出一记好球，不惜尝试多次的连续挥杆——在几小时内几乎无间歇地、争分夺秒地反复击球。其实，这种做法并不可取。把握挥杆的节奏，并不是单靠有限时间内密集挥杆达到的。相反，这种试图通过多次击球获得良好击球效果，从而满足自我成就感的心态，反而会破坏自身的挥杆节奏，导致与准确挥杆姿势渐行渐远。在没有明确清楚自己的问题和训练目的的前提下，练得越猛，越容易让身体记住错误的动作，积重难返。

正所谓欲速则不达，运动员需要把更多的关注度放在寻找自身问题上，而不能一味追求速度。应在知道问题的症结后，有针对性地训练。认真对待每一次挥杆，从握杆、站姿到挥杆中调节手臂与身体之间的同步与协调都要一丝不苟，而不是急于求成。忽略每次击球质量，单纯地希望用击球数量去换取水平提升是很天真的想法。

二、学会思考和调整

在练习时要排除干扰，专注于自己的挥杆。如果练习场吵闹的氛围让你心猿意马，最好的办法是尽量等身边的人结束击球后，自己再调整节奏去挥杆。每一次挥杆结束，不管打得好坏，在球落地之前都应保持收杆的姿势。如果这次击球效果差，回忆刚才的挥杆动作，然后作出适当调整，争取在下一次挥杆时，避免使用同样的动作、节奏。如果收杆过快，急于进行下一杆击球，那么将很难分析出挥杆动作过程中因细微差别而带来的不同击球效果。失之毫厘，谬以千里，如此描述高尔夫球运动一点不为过。静下心来，体会微妙的动作变化所带来的不同击球距离、高度、方向，培养正确的挥杆节拍，后期通过目标击球，增强立体空间感。

三、不可恋战

在长时间的击球练习后，如果身体出现劳累、四肢无力、酸痛，甚至手心起水泡，那么尽量不要继续练习。此时，参观一下练习场或许是个不错的选择。事实上，身体处于疲惫时，挥杆动作会出现不自觉的惰性，这将影响姿势与节奏的准确性。时间久了，这种姿势与节奏成为惯性，是不易被纠正的。除非体力过人，或者练习的是短杆，否则在每次连贯的挥杆练习中，100 个球可为上限。每击打 100 个球后，适当休整后继续练习，能保证更佳的练习效果。

四、多多反思并做笔记

多多反思是大多运动员忽略的一点。在练习时记录下出现的问题：自己应该提高的环节以及提高的方法，每次练习时的状态、遇到的困惑，练习后所达到的效果如何……这样，下次练习时遇到同样的错误，便有据可依。做笔记是循序渐进、稳步提升球技的保障，恰如职场工作计划，必不可少。

训练检测

1. 建立高尔夫球体能训练体系的原则是什么？
2. 高尔夫球体能训练的运动原则是什么？
3. 如何运用高尔夫球体能训练的动机激励机制？
4. 如何使用好练习场？

任务四　高尔夫球体能周期性训练及其理论依据

活动场地 / 环境

多媒体教室。

任务要求

1. 了解高尔夫球体能周期性训练。
2. 了解运用高尔夫球体能周期性训练的理论依据。

能力训练

掌握高尔夫球体能周期性训练规律，能够根据竞赛任务，运用周期理论安排高尔夫球训练计划；初步形成制订高尔夫球体能周期性训练计划的能力。

课题一　高尔夫球体能周期性训练概述

在高尔夫球体能周期性训练中，准备期、比赛期和恢复期紧密衔接，构成一个结构完整、目标统一的阶段性训练过程。

一、准备期

准备期是训练周期的第一个阶段，一般也是持续时间最长的一个阶段，处于基础地位。在这个阶段的训练中，高尔夫球运动员要完成大量的基本能力训练，有重点地全面提高竞技能力水平；在此基础上，结合参加重要高尔夫球比赛的特定需求，逐步培养竞技状态，准备参加比赛。

（一）任务与时间

任务：提高运动员体能、高尔夫专项技术和比赛战术等，形成竞技状态。

时间：持续时间较长。

（二）方法、手段与负荷特点

方法：持续、间歇、分解，间歇、重复、完整。

手段：多样、专项。

负荷：小负荷量大，强度小；大负荷量小，强度大。

二、比赛期

比赛期的主要任务是参加比赛并取得好成绩。由于有些高尔夫球比赛时间持续较长，要保持运动员的竞技状态，还需要安排一定的训练，主要目的在于进一步做好身心准备，在比赛中更好地发挥出竞技水平。

（一）任务与时间

任务：系统整合各项竞技能力，做好参加比赛的各项准备，形成稳定的竞技状态，创造优异成绩。

时间：根据赛事情况而定。

（二）方法、手段与负荷特点

方法：重复、间歇、完整（比赛）。

手段：专项（有训练因素）、比赛（以恢复为主）。

负荷：较大或较小。

三、恢复期

高尔夫球运动员在训练和比赛中，无论心理还是生理上都长期处于高度紧张状态，能量消耗很大。由于后期还要参加比赛，需要尽快恢复身体机能。因此，为了更好地完成多赛制下的持续训练和系列比赛，在周期性训练计划中要特别注意合理安排处于间歇阶段的恢复期训练，结合高尔夫球项目的特点以及前期比赛的情况，通过自然恢复和积极恢复等多种方式，实现运动员身体机能的尽快恢复。

（一）任务与时间

任务：心理、生理恢复，总结。

时间：一般持续1~2周。

（二）方法、负荷特点

方法：游戏、持续、变换。

负荷：通过较低符合强度的积极训练，在保持身体活性的基础上实现身体能量的快速恢复，更多地采用持续训练和游戏等形式。

四、不同训练周期的任务和特点

为了全面发展高尔夫球运动员的竞技能力，需要在一定时间内完成各项能力的训练，进而不断地加以重复。在不同时期，训练的重点有所不同，可以把训练周期分为基本训练周、赛前训练周、比赛周等类型。不同类型的训练周中，训练的目标和具体任务有所不同，由此需要设计有针对性的训练内容，选取有效的训练方法，采用各种特点的训练负荷控制手段。

（一）基本训练周

基本训练周是运动训练过程中最基本的训练周期。运动员竞技能力的提高主要得益于这个阶段的训练。

1. 主要任务和内容。主要任务是：通过大量反复的练习，有效提高运动员专项能力与技战术水平；通过训练负荷的刺激，全面提高运动员的竞技能力。内容安排有多项训练内容，通过比重有所不同、方式各有变化的训练内容，有效刺激运动员机体能力的全面发展。

2. 负荷安排特点。基本训练周中，高尔夫球运动项目不同阶段的训练课次负荷安排不同。基础训练阶段的儿童每周训练 3~4 次。随着年龄的增长和水平的提高，运动员逐渐能够承受更大的负荷，课次也随之增多，高水平运动员每周训练 12~14 次，每次 2~3 小时。高水平运动员每天安排 2 次训练，其中 1 次为基本课，主要安排专项体能以及核心技术的训练，训练负荷较大，持续时间较长。另一次为补充课，根据高尔夫球专项的特点安排补充性的训练内容，目的在于弥补运动员竞技能力的不足，负荷相对较小。通过这种有节奏的安排，可以保证一周的训练负荷呈现周期性的变化，大小负荷训练安排适宜。

（二）赛前训练周

1. 主要任务和内容。赛前训练更有针对性、内容更集中，专项体能训练更突出，主要任务在于完善专项竞技能力的核心要素。紧密结合比赛专项要求，通过集中训练完成竞技能力的定向整合，形成稳定的个人能力框架与集体战术（团队赛）配合体系。技术训练以完整练习为主，战术训练则可结合比赛特点、对手特点有针对性地进行。可以在比赛期的比赛周前安排几个这样的训练周。

2. 负荷安排特点。总体负荷水平应保持在较高的层次，核心任务是有效刺激运动员的机体，使其形成良好的竞技状态，强化机体能力转化。

（三）比赛周

1. 主要任务和内容。比赛周的训练直接为完成比赛、争取好成绩服务，核心要点在于培养运动员最佳竞技状态并使其成功参赛。具体组织过程中，在前期竞技能力发展与状态调整的基础上，通过训练进一步整合能力结构，在比赛日达到竞技状态的高峰，通过竞技能力的充分发挥实现竞技制胜取优的参赛目标。

2. 负荷安排特点。比赛周的训练负荷总体处于较低的水平，尤其是训练量要严格控制。由于运动员不同技术能力在大负荷训练后达到超量恢复所需的时间不同，所以需要通过交替的训练内容安排，保证各个方面的能力在比赛时间同时出现高峰状态。根据运动员竞技能力恢复的时间不同，可以把高强度的无氧代谢训练、速度训练、力量训练、高强度专项训练等安排在赛前 3~5 天训练中，而把有氧代谢训练中低强度的一般性训练安排在赛前 1~3 天进行，从而使运动员多种竞技能力的变化曲线的最高点交汇于比赛日。

课题二　高尔夫球体能周期性训练的理论依据

一、超量恢复原理

超量恢复阶段是指机体在一次大负荷运动之后，需经 48~72 小时才能恢复体能的阶段。在一次大负荷之后的超量恢复阶段，给予机体再次负荷，可以使机体获得理想的训练成果。

二、供能系统恢复原理

在不同性质的训练中，各个供能系统都不同程度地参与了工作，并出现不同程度的疲劳。运动员与各个供能系统相对应的各种运动能力的负荷恢复是不同步的。与负荷的主要性质相对应的运动能力恢复得最慢（2~3 天才能充分恢复），其他运动能力可在短得多的时间内充分恢复。

三、不同项群对应的训练内容的安排原理

体能主导类项群：各项素质和技术训练交替安排。

技能主导类表现性项群：技术训练占突出地位。

技能主导类对抗性项群：技术、战术内容交替安排。

训练检测

1. 如何制订高尔夫球体能训练周期性训练计划?
2. 如何安排好恢复训练?

任务五　高尔夫球专项体能训练计划的制订

活动场地 / 环境

多媒体教室。

任务要求

1. 了解高尔夫球专项体能训练中课的类型与结构。
2. 了解高尔夫球专项体能训练课的负荷量度。
3. 了解高尔夫球专项体能训练计划的基本内容与格式。

能力训练

掌握高尔夫球专项体能训练中课的类型与结构，能够根据竞赛任务合理安排高尔夫球体能训练计划；初步形成制订高尔夫球专项体能训练计划的能力。

课题一　高尔夫球专项体能训练课的类型与结构

高尔夫球运动的竞技水平直接关系到运动员在比赛中的表现，而高水平的体能训练是提升竞技水平的关键环节。为了取得更好的训练效果，安排合理的专项体能训练课成为至关重要的一环。

一、身体训练课

内容：旨在全面发展高尔夫球运动员的各项身体能力，涵盖力量、速度、耐力、协调性、柔韧性等多方面素质的提高。

顺序：合理安排训练顺序是关键。快速力量练习、速度练习通常安排在训练课的前半部分，而以发展耐力素质为主的练习则安排在后半部分，以确保训练效果最大化。

二、技术和战术训练课

内容：技术和战术是竞技能力的核心，该课程旨在使运动员掌握专项技术和战术，并持续提高能力水平。

方法和手段：采用多样化的方法，结合高尔夫球项目的特点和实战需求，通过不同的训练手段确保运动员全面发展。

三、综合训练课

任务：根据专项发展需求，全面或综合地发展运动员所需的各项竞技能力，通过交替安排不同内容的训练，提高训练效率。

方法和手段：在一次综合训练课中，可以安排两种以上的训练内容，先进行技战术训练，后进行运动素质的训练。合理组合不同训练内容，合理分配负荷，确保达到预期训练的目的。

四、高尔夫球体能训练计划的结构

（一）准备部分

准备部分的任务是使运动员调整心理状态，调动各种生理机能，承受基本部分训练负荷及完成所安排的训练内容，以获得理想的训练效果。

在此阶段，肌肉开始活动，机体各种调节系统和执行系统的活动逐渐积极地被动员起来，身体逐步进入运动状态。不同系统动员的速度是不同的，一些指标（心率、呼吸量）达到稳定的水平较快，而另一些（每分血循环量及需氧量）比较慢。优秀运动员在做准备活动期间可以较快地完成身体各系统动员过程。

准备活动可分为一般性准备活动和专门性准备活动两个部分。

一般性准备活动的主要任务是全面调动机体的各种器官系统，提高这些器官系统的活动性。此时，机体各器官系统从日常生活状态开始逐步活跃起来。通常，一般性准备活动以有氧活动开始，逐步提高工作强度，可使心率达到 130~140 次/分。一般性准备活动所采用的练习较广泛，所用时间也因人、因基本部分内容而异，通常采用慢跑和徒手操，或其他强度较为和缓的练习。

专门性准备活动可结合基本部分所安排的内容设计，也可安排专项基本练习。专门性准备活动的任务是直接为基本部分的内容服务，使机体适应特定的训练要求，并从技术上做好必要的准备，以保证基本部分主要内容高质量地完成。虽然专门性准备活动仅仅是预备性的，但为了适应将要进行的工作并获得较好的训练效果，工作强度有时可接近基本部分主要内容的要求。

（二）基本部分

基本部分安排训练课的主要训练内容。基本部分的结构和持续时间依项目不同而异。即使是同一项目的训练，在不同的训练时期内，这种差别有时也是很大的。造成这种现象的主要原因在于，每次训练课都是整个训练过程计划的组成部分，必须使每次课的训练效果能够承上启下，使前次课的效果得到延续，本次课的效果得到累积，课的内容练习手段和负荷等各项指标必须符合训练过程的发展趋势，这就必须根据运动员竞技水平需要来做好训练安排。

1. 单一内容训练课的基本部分。单一内容训练课基本部分的特点是内容简单、任务明确、时间集中、内容集中，适于完成需时较长的训练任务，如基本技术训练、各种运动素质的训练等，也可施加较大的训练负荷，以促进机体进行深刻的生物学改造。

在技能类项目中，如一次课中采用单一训练内容，常会出现身体局部疲劳，影响运动员神经系统的兴奋程度。因此，在安排时应采用多种形式、不同的练习密度和间歇，以适时调整运动员的体力状态，保证训练获得良好的效果。在我国优秀高尔夫球运动员的技术训练课中，就经常根据各种不同打法而改变练习的方式。

2. 综合内容训练课的基本部分。由于综合内容训练课由多种内容的练习组成，基本部分的变化较为丰富，因此，这类训练课基本部分的安排较为复杂。组织这类课的基本部分时，应考虑以下问题。

（1）各种内容练习之间的顺序。各种训练内容对运动员所产生的刺激都会对运动员的机体留下相应的痕迹，这种痕迹产生的后效作用对后续训练内容的影响可能是良好的，也可能不是良好的。例如，通常在基本部分开始安排速度练习，后续训练内容安排耐力训练，往往会产生较为良好的作用；反之，则可能产生不良的后果。

一般来说，要求神经系统处于较为兴奋状况、能量供应充沛的练习应安排在前面，容易产生疲劳或需要产生疲劳的练习应安排在后面；技术性强的练习安排在前面，素质性练习安排在后面；对其他练习产生良好影响的练习放在前面，不产生影响或有不良影响的练习放在后面。

（2）改变训练内容时必须做好适应性的专项准备活动。如在综合内容的训练课基本部分中安排相互联系不紧密的内容，那么，在更换内容时应做一些专项性的准备活动。例如，铁杆技术练习结束后换跳跃力量练习，那就应在跳跃练习前活动一下下肢关节，做一些跑跳的练习，并活动一下髋关节和脊柱，然后再进入正式的跳跃练习。

（3）注意不同训练内容负荷的累积效应。综合内容的训练课基本部分虽然安排的训练内容不同，但机体接受的负荷性质却可能是一样的，这时就应考虑：如练习产生的负荷作用于机体的同一系统，机体的这一系统可能因负荷的累积而受到较为深刻的刺激。例如，我们进行练习场的技术练习时，先安排中铁杆击球练习，再进行身体素质练习，虽然看起来练习的形式不一，但其实都是无氧系统与有氧系统相结合参与工作，这两组练习的负荷效果重叠在一起，就使该系统承受了更大的负荷；另外对于运动系统，尤其是髋部和脊椎来讲，负荷量也是较大的。

在对负荷性质进行判别的基础上，应考虑产生负荷的练习作用于机体的何种机能系统。应尽量安排不同的机能系统交替进行工作。

（4）安排作用于同一机能系统的练习时，负荷应有波浪形的变化。例如，在基本部分安排作用于同一机能系统的练习时，为使该系统有适时的休整，那就应采用间歇、换项练习形式，以使其负荷产生波浪形的变化。综合课的负荷曲线根据内容的多少可能出现几次高峰，在换项的间隙中处于波谷这种类型的综合课在高尔夫球运动员、田径全能选手的训练中被广泛应用。

（三）结束部分

训练课结束部分的任务主要是解除训练课基本部分的心理、生理上的紧张状态。现代运动训练把恢复作为训练的组成成分。当然，训练课的结束部分并不可能完全消除因紧张训练工作所带来的疲劳，训练课的结束也就意味着运动员机体全面恢复过程的开始。因此，有组织地进行课的结束部分对恢复过程的积极进行有着重要的作用。

课题二　高尔夫球专项体能训练课的负荷量度

高尔夫球作为一项精密而综合的运动，对运动员的体能要求极高。为了科学有效地进行体能训练，需要在训练过程中对负荷进行细致的评估。本课题将围绕竞技状态、专项能力、负荷量与负荷强度以及体能训练测定评价等方面，探讨高尔夫球体能训练课的负荷量度。

一、竞技状态

竞技状态是运动员在最佳状态下达到优异运动成绩的状态。这一状态的形成需要科学地训练安排，其演化阶段可分为获得、相对稳定和暂时消失三个阶段。训练计划应确保在重大比赛前形成竞技状态，并在比赛期间保持相对稳定。这需要综合考虑训练强度、周期和恢复等因素，以确保运动员在关键时刻处于最佳状态。

二、专项能力

专项能力是指运动员对所从事运动项目的训练和比赛适应的程度。高尔夫球运动是一项技术性极高的运动，运动员的专项能力直接影响到其在比赛中的表现。系统的专项训练，可以提高运动员对高尔夫球运动的适应性，使其能够更好地应对复杂多变的比赛环境。

三、负荷量与负荷强度

（一）影响负荷量大小的因素

影响负荷量大小的因素包括练习的次数、时间、距离、负重的重量等。对于高尔夫球运动员，一次训练课的负荷量可以通过统计移动的总距离和击球的次数得出。

（二）影响负荷强度大小的因素

影响负荷强度大小的因素主要包括练习的密度、完成每个练习所用的速度、负重量以及以较大速度或负重量进行的练习在全部练习中所占的百分比。负荷强度可以通过测量运动员练习后的脉搏次数来得出，脉搏次数反映了练习的紧张程度和对运动员身体影响的大小。

（三）负荷量与负荷强度的关系

负荷量和负荷强度是相互联系、不可分割的。它们在训练中相互影响，要在负荷量和负荷强度之间取得平衡，确保训练的科学合理性。在训练中负荷量和负荷强度的提高和降低应相互配合，以达到最佳的训练效果。

四、体能训练测定评价

为了更全面地了解运动员的训练水平，体能训练中必不可少的是测定和评价。测定包括对各个方面的观察、测量、测验，以收集有关训练的真实情况和效果的材料。评价则是对测定所得材料的整理、统计、分析，以对运动员的训练水平作出实事求是的、准确的评定。这有助于及时发现训练中存在的问题，为提高训练工作的质量提供科学依据。

五、体能训练课负荷

确定体能训练课负荷的量度是安排组织好体能训练课训练过程的重要工作。这里，首先要明确负荷的属性，进而对负荷的量度作出等级划分。

（一）明确体能训练课负荷属性是度量负荷大小的重要前提

训练过程中安排一定量度的负荷并不是目的，负荷量是为了完成某一种训练任务而安排的，因此，安排训练的负荷量并不是为了单纯地追求负荷的数量，而是要为达到某一目的而服务。

（二）高尔夫球体能训练课负荷量等级的划分

1. 根据主要训练手段的训练量确定训练课负荷量的大小等级。在一次预定时间界限的高尔夫球体能训练课中，完成主要训练手段的最大训练量可作为大负荷训练判定标准，大负荷训练量的50%~80%为中等负荷，50%以下为小负荷。例如，在两小时的高尔夫球体能训练课中，运动员用极限强度击球，即保证处于磷酸肌酸供能的范围内的，其最大可能的击球次数为100次，那么这100次就是这名运动员一堂课中发展速度能力的大负荷。与其相应的50~80次为中负荷，50次以下为小负荷。

2. 根据高尔夫球体能训练课后恢复的状态确定训练课负荷量的大小等级。运动员机体在训练负荷刺激下产生疲劳，负荷越大，疲劳越深，需要恢复的时间也就越长。据此，可从恢复时间的长短推断出负荷的大小：恢复时间短，则表明负荷较小；恢复时间越长，则表明负荷越大。

比较同一时间长度的体能训练课结束后机体疲劳后恢复时间的长短，即可判断体能训练课负荷的大小等级。普拉托诺夫对周期性项目运动健将的跟踪检测表明，各种性质的大负荷课后需要经过2~3天的恢复过程。较大负荷课恢复时间为1~1.5天，中等负荷课恢复时间通常在10~12小时，小负荷课则几十分钟或几个小时就可完成恢复过程。

课题三　高尔夫球专项体能训练计划的基本内容与格式

一、高尔夫球专项体能训练计划的基本内容

1. 一般情况，包括课次、日期、时间等。

2. 训练课的任务。

3. 总负荷安排。

4. 课的结构与时间安排。

5. 各部分的内容、手段、运动负荷，即各部分练习的名称、次数、组数、时间等。

6. 练习的组织形式、措施与要求。

7. 场地、器材数量及其布局。

8. 课中各指标监测记录。

9. 课后小结。

二、高尔夫球专项体能训练计划的格式

格式包括文字式、表格式、文字表格结合式。

三、制订高尔夫球专项体能训练计划的要求

1. 训练计划的制订必须有依据，既要以运动训练的科学原理为依据，又要从运动员的实际出发。

2. 训练计划必须依据和反映训练总体要求，并注意与前后训练课之间的联系。

3. 训练的任务、内容、手段、负荷安排要具体、可操作性强。

4. 训练计划要根据项目特点、运动员的训练水平制订，做到一般要求与区别对待相结合。

5. 要结合身体训练、技战术训练对心理、智能训练作出具体要求。

6. 认真进行小结，肯定成绩，发现问题，以便下次进行调整。

训练检测

1. 如何安排好高尔夫球专项体能训练课的负荷量与负荷强度？

2. 如何撰写高尔夫球专项体能训练计划？

项目五

高尔夫球体能心理训练理论

项目描述

高尔夫球是心智技能运动，心理因素在比赛中起到至关重要的作用，因此，高尔夫球运动员的体能心理训练是必不可少的。我们将通过对高尔夫球体能心理训练概念、方法和技能形成规律等方面进行阐述，构建高尔夫球体能心理训练的基础模式。

学习目标

了解高尔夫球体能心理训练的基本概念，掌握高尔夫球体能心理训练的基本原则和方法策略。从宏观上把握高尔夫球体能心理训练的脉络，掌握运用高尔夫球体能心理训练的方法。

能力目标

能够运用所学知识，正确认识高尔夫球体能心理训练的重要性，熟练运用体能心理训练的方法和手段开展工作，提高高尔夫球体能心理训练的作用。

任务一 高尔夫球体能心理训练概述

活动场地 / 环境

多媒体教室。

任务要求

1. 了解高尔夫球体能心理训练的基本概念。
2. 了解高尔夫球体能心理训练的分类。

能力训练

掌握高尔夫球体能心理训练的概念和分类；初步形成高尔夫球体能心理训练的概念。

课题一 高尔夫球体能心理训练的基本概念

高尔夫球体能心理训练是针对高尔夫球技术训练和高尔夫球体能训练的心理活动特点和规律进行研究的训练活动。它通过练习形成能影响个体心理过程和心理状态的心理操作系统。心理训练有素的运动员，在面临复杂多变的比赛环境时的思考和行动会更有效率，这将有助于运动员完成流畅的高尔夫球挥杆技术动作。稳定的心理状态还会让运动员的注意力更加集中在与完成技术动作和击球目标相关的事情上。

广义上讲，高尔夫球运动员体能心理训练也是高尔夫球运动必不可少的，它是根据高尔夫球运动的特点和竞赛需求，有目的、有计划地对运动员的体能心理训练施加影响的过程。狭义上讲，高尔夫球体能心理训练是指采用特殊的手段使运动员学会调节和控制自己的体能心理状态并进而调节和控制自身行为的过程。

课题二　高尔夫球体能心理训练的分类

高尔夫球体能心理训练是当今运动训练和比赛中不可缺少的重要组成部分，它直接影响着运动员技战术水平的发挥。高尔夫球运动员体能心理训练要与高尔夫球专项运动特征紧密结合，要有计划地长期进行，也要尽可能采用量化指标来测评心理技能训练的数据结果。

一、根据训练内容划分

根据训练内容，可将高尔夫球体能心理训练划分为一般体能心理训练和专项体能心理训练。一般体能心理训练是指提升高尔夫球运动员一般体能心理的训练，也是指拥有稳定的体能且适应于参加高尔夫球运动训练和竞技比赛的一般体能心理训练。

高尔夫球专项体能心理训练指集中发展高尔夫球竞赛所需要的个性心理特征、特性的体能训练以及特定的体能心理应对策略，如时间估计、速度估计、反应认知方式、注意力稳定性、注意转移、注意广度和注意分配等心理品质。

二、根据训练和比赛的关系划分

根据训练和比赛的关系，可将体能心理训练划分为日常体能心理训练及比赛期体能心理训练两大类。

日常体能心理训练主要是针对高尔夫球运动所需求的体能特征进行的改善性训练。因此，应根据运动员的训练年限、训练阶段等特点安排不同比例的专项体能心理训练和一般体能心理训练。比如，在运动员的基础训练阶段，应以改善一般个性心理特征为主，并随着专项训练任务的加重，提高改善高尔夫球专项训练体能心理和竞技需求的个性心理的训练比重。

比赛期体能心理训练主要集中于调整运动员在比赛阶段的心理意志。比赛期的体能心理训练包括赛前体能心理储备、赛中体能心理发挥和赛后体能心理恢复。通常情况下，赛前运动员的体能、技能、战术能力和心理状态应相对稳定，但是过度的体能训练会对比赛产生巨大的影响。因此在赛前，应根据运动员的实际赛前状态，适当调整体能、技能、战术和心理状态的情况，激发运动员强烈的比赛动机并控制其激活水平是非常关键的。

比赛环境中的多因素变化也会极大影响运动员的情绪。良好稳定的体能状态是保证运动员充分发挥其技术能力及战术能力的重要因素，它直接影响运动员的比赛成绩，因此，应模拟高尔夫球比赛环境中的体能训练心理需求，进行高强度体能心理训练。

比赛结束后的体能心理状态管理也是重要环节。对于获得优异比赛成绩的运动员，既应充分肯定他们在比赛中的积极情绪体验，也要及时发现他们在比赛中出现的不良情绪，并给予及时的安抚。对于成绩发挥不理想的运动员，要及时疏导因失败而带来的消极情绪体验，并发现在比赛中积极的心理表现部分，以激发其获取胜利的强烈动机。在赛后恢复中积极的体能心理情绪也有利于其生理状态的恢复，同时会使运动员获得成功的愉悦感，减少心理上的疲惫感。

三、根据时间长短划分

从时间维度上看，高尔夫球体能心理训练可分为长期体能心理训练和短期体能心理训练。长期体能心理训练是针对高尔夫球运动员所应具备的普遍体能心理素质而采取的训练内容和方法，它会贯穿身体、体能、技术、心理等训练全过程。而短期体能心理训练的主要任务是使高尔夫球运动员具备在比赛期体能心理训练所必需的特殊心理品质，如放松训练，目的是使运动员在短期内养成针对具体的训练和比赛的最佳心理调节能力。

训练检测

1. 什么是高尔夫球体能心理训练？
2. 高尔夫球体能心理训练是如何进行分类的？

任务二　高尔夫球体能心理训练的作用、原则与方法

活动场地 / 环境

多媒体教室。

任务要求

1. 了解高尔夫球体能心理训练的作用和原则。
2. 了解高尔夫球体能心理训练的方法。

能力训练

掌握高尔夫球体能心理训练的作用，能够有意识地选择适合的高尔夫球体能心理训练方法并应用于训练实践中；初步形成高尔夫球体能心理训练方法的概念。

课题一　高尔夫球体能心理训练的作用和原则

一、高尔夫球体能心理训练的作用

当今高尔夫球赛事竞争日趋激烈，特别是国际大型高尔夫球赛事，胜负经常在于一杆或一推之间。高尔夫球运动员需要进行专业的体能心理训练，否则很难具备良好的适应能力、自我调节能力和应对压力的能力，也不可能在重大国际赛事中拥有稳定心理表现和技战术发挥。高尔夫球体能心理训练的具体作用如下。

第一，高尔夫球体能心理训练可以促进高尔夫球运动员形成满足高尔夫球专项体能需要的意志能力和人格品质。

第二，高尔夫球体能心理训练可以帮助高尔夫球运动员获得自我心理调节的方法和自我管理的技巧。

第三，高尔夫球体能心理训练可以提高高尔夫球运动员快速适应训练和比赛带来的身体和心理双重高压负荷状态。

二、高尔夫球体能心理训练的原则

为保证体能心理训练的质量和效果，在高尔夫球体能心理训练的实施过程中应遵循以下几项原则。

（一）专项性原则

对不同的运动项目，在运动训练和竞技比赛中所需要的体能不同，其心理素质也不相同，进行体能心理训练时应充分分析高尔夫球运动对运动员体能状态的特殊需求，进而设计出合理且高效的训练方案，使运动员的竞技能力在训练和竞赛中获得稳定的发挥，并帮助运动员取得优异的运动成绩。

（二）实用性原则

高尔夫球体能心理训练的手段应尽可能贴近实用性，可以模拟赛场中可能出现的身体和心理两大方面的问题，解决因过度体能训练而产生的身体疲劳和心理重负问题。同时，通过模拟比赛场景中的对手，设置与比赛条件相似的环境，使运动员获得实用能力，场景越逼真，越能让体能心理训练起到有效的训练效果。

（三）循序渐进原则

高尔夫球体能心理训练遵循运动技能训练的一般规律，需要进行长期、系统、有计划的刻意练习，才能起到较好的心理训练效果。也就是说，在进行高尔夫球体能心理训练时，应遵循循序渐进原则。

（四）区别对待原则

每名运动员都是独立的个体，进行高尔夫球体能心理训练时，应充分考虑运动员的身心特点和原生成长环境，这样方可制订具有针对性的高尔夫球体能心理训练方案。

（五）指标评价原则

用指标评定体能心理训练的效果可使运动员得到及时和明确的反馈，是维持和提高体能心理训练动机的关键。虽然体能心理训练在运动训练中是一个新兴事物，但随着科技的发展，在进行心理测评与训练时，应尽量使用设备测评和量化指标，这样将有利于对运动员体能心理训练质量和效果进行科学客观的评价。

课题二　高尔夫球体能心理训练的方法

一、目标训练法

目标训练法是指根据训练或比赛需求，提前为训练或竞赛设置将要达到的最终结果。合理的目标设置能够有效激发运动员的积极性并调动其在训练或比赛中的潜能，因此教练在建立体能心理训练目标过程中，应将长期目标和短期目标相结合，以客观的具体目标和现实目标为依据进行长期且循序渐进的体能心理训练。

（一）目标设置的原则

首先，制定体能心理训练目标时，要具体、明确、可量化，比如，力量训练的单次训练时长、训练内容、周训练、月训练频次、年训练频次等。其次，训练目标要具有实现性，要让运动员通过一定的努力能够取得明显进步和改善，而非无论通过多大努力都无法实现。再次，在实施过程中要及时反馈，使运动员获知训练效果并进行适当调整。

（二）学习新的体能动作时的三个阶段

第一个阶段：认知阶段，类似于技术动作形成的泛化阶段。此阶段的心理特点是以整体动作为主，对动作细节关注较少。

第二个阶段：关联阶段，类似于动作形成的分化阶段。此阶段的心理特点是有具体的任务和动作细节，很大程度上减少了对整体动作的关注力度。

第三个阶段：自主阶段，类似于技术动作形成的动作自动化阶段。此阶段的心理特点是运动员身心放松，在不经过刻意思考的情况下，就能自如地完成动作。

二、系统脱敏训练

（一）系统脱敏训练概述

系统脱敏疗法又称交互抑制法，是一种以渐进方式克服神经症焦虑的方法。通常利用这种方法诱导求治者缓慢地暴露出导致神经症焦虑的情境，并通过心理的放松状态来对抗这种焦虑情绪，从而达到消除神经症焦虑的目的。

系统脱敏法可以系统地创造一些条件来克服高尔夫球运动习得的焦虑，而克服焦虑最有效的方法是肌肉松弛。目前高尔夫球运动情境，主要用于矫正以焦虑反应为主的不适行为或躲避反应。可以将高尔夫球体能心理训练与放松训练结合起来。先要求运动员放松，然后想象他进行上肢训练时从肩部、胸部、手臂到手部的肌肉碰到的一个个刺激，从下端触击开始，等级逐渐向上提升。如果运动员想象在某一高尔夫球比赛情景时体能力量不足，总是有焦虑反应，就应该中止这一等级情境的想象，并回复到前一层次。只有在想象某一恐惧情境不再焦虑时，才能转入较高的层次。整个过程可能需要一次或多次训练。这个方法的成败取决于放松的反应能否从想象的情境转移至实际的情境。

（二）专注力适应性脱敏训练

在进行高尔夫球运动员体能专注力训练时，要先进行注意力的测评，得知运动员具体的表现后，再结合高尔夫球体能专项训练对运动员的注意力要求，以及运动员的身心特点、比赛环境特点等制订出更加切合实战的体能心理训练计划。

（三）系统脱敏训练的程序

系统脱敏训练包括三个程序：建立高尔夫球体能心理训练层次、肌肉放松训练和具体实施。

1. 建立高尔夫球体能心理训练层次。系统脱敏训练的特征在于当引起运动员恐怖情绪的刺激或事件呈现时，运动员正处于放松状态，并且对所呈现的事件将不会感到非常害怕。可以根据各事件的主观干扰程度将它们按等级排列，这个等级被称为事件层次。

2. 肌肉放松训练。一般来说，肌肉放松程序可分为同时放松全身肌肉群和逐个放松身上的肌肉群两种形式；按放松-诱导方式又可以分为直接放松和间接放松两种形式，间接放松包括催眠放松、紧张放松等。在行为治疗中，最常用的放松技术是逐个放松身上的肌肉群与紧张放松相结合，技术上称为循序渐进紧张放松法。

3. 具有实施。系统脱敏可分为想象系统脱敏和现实系统脱敏。在想象系统脱敏中，训练者口头向练习者描述他在体能训练层次中的某一害怕刺激，让练习者在头脑中想象该情境，然后，练习者报告自己在想象中体验到的主观干扰程度。在现实系统脱敏中，训练者让练习者亲身体验体能训练层次中某一事件所表示的现实情境，体验自己所受的干扰。

三、自生训练

自生训练又称自主训练、自律训练、自我训练或自发训练。它是在催眠术的启发之下加以发展完善的一种自我调节方法，是利用言语、手势、表情以及其他刺激物等信息，采取间接、含蓄的方法，对人的心理状态和行为施加影响，实现行为调控的训练方法。大量的体育心理学研究发现，自我暗示能够提高技术动作的稳定性和成功率。例如，在进行小肌群力量训练时，心里可反复默念“放松”，完成绕手腕的动作，进而提高握杆的稳定性和控制能力。

（一）自生训练法的使用要求

首先，要使运动员充分感受到对身体的支配和活动。其次，要让运动员在训练或比赛中尽量放松，同时将注意力集中在胳膊和腿的动作上。再次，及时与运动员沟通，使用特殊方法来诱发对体能动作的反应，有效运用自我暗示语言将注意力引导到体能动作训练上，如灵敏性训练。以积极语音提示为主，如“放松”“加油”“要有信心”等。尽量避免消极语言的出现。最后，经常重复使用积极词语，培养积极态度和良好习惯。

（二）自生训练的程序

运动员依靠自生训练方法对四肢和肌肉进行语言暗示，达到对植物性神经系统的控制，进而调节身体和心理的紧张状态。针对运动员的问题的自生训练的基本步骤如下：

1. 采用一种舒适练习方法，如语言暗示“我的手臂慢慢舒展”。
2. 采用深缓的腹式呼吸，并且专注于自我呼吸。
3. 交替地紧张和放松身体所有肌肉数次。
4. 专注在某部分躯体的运动上，并且感受肌肉动作。
5. 体会四肢和腹部的温暖感觉。

四、表象训练

表象训练法是指在脑海中反复想象高尔夫球体能训练场景，从而提高高尔夫球运动员的技能和情绪控制能力的过程。表象训练法是专业运动员常用的心理训练方法，也是极具有代表性的体能心理训练方法，它是高尔夫球体能心理训练的重要环节。其具体内容包括高尔夫球力量训练、高尔夫球耐力训练、高尔夫球速度训练，以及高尔夫球灵敏与柔韧训练等。

（一）表象训练的基本程序

运动员的理解能力和配合力度将极大影响表象训练的效果和质量。在进行表现训练前应向运动员介绍有关表象训练的知识原理、对成绩的帮助和影响、注意事项等。

结合体能训练与比赛进行表象训练，不仅能提高运动员的竞技能力，而且有助于运动员的疲劳恢复。

第一步，自然放松5分钟。

第二步，暗示自己：已经得到了充分的休息。此刻头脑清晰，注意力集中，全身精力充沛，准备投入新的工作。

第三步，表象训练：我正在进行清晰的表象训练。例如，利用举哑铃、推举动作进行上肢训练，进行肩部、胸部、手臂和手部的肌肉训练，可以增加挥杆的力量输出，改善下压和转动动作，实现更强有力的击球。

（二）表象训练的注意事项

1. 良好的身心状态。良好的身心状态可以提高表象训练的效率。在进行表象训练时，运动员应保持身心放松，持有积极的态度并坚持长期的系统练习。

2. 视觉表象过渡到动觉表象。开始训练时，运动员可以通过想象完整的体能训练来建立清晰的视觉表象，同时也要积极想象不同肌肉的运动感觉，即建立动觉表象。

3. 采用精炼语言提高表象训练效果。在进行表象训练时要选择清晰且简练的语言说明技术动作特点、肌肉运动特点和中枢神经系统特征，可使运动员在理解肌肉发力的时空特征基础上快速掌握相关的技术动作。例如，在高尔夫球速度训练中，可以通过语调的高低来进行提示。

五、模拟训练

模拟训练是心理训练中的重要训练方法，其主要目的是使运动员的身心适应竞赛环境中对体能状态的要求，以促使技战术在特殊的竞赛环境中得到正常稳定的发挥。

（一）模拟训练的类型

根据被模拟的实现方式，可将模拟训练分为语言图像模拟训练和实战情景模拟训练两类。语言图像模拟训练是通过录像、电影、图片、录音、语言等手段，结合暗示、想象等，在高尔夫球运动员心理上造成训练气氛和情境的模拟训练。进行体能心理训练时，要求运动员具有比较强的语言和表象能力。实战情景模拟训练就是在高尔夫球体能心理训练中，特别是在比赛前的训练中，尽可能地创设或选择与比赛条件相同或相类似的情境的模拟训练，包括模拟比赛形式、赛程安排、场地及器材，以及气候特征、天气情况等各种与正式比赛相关的因素。由于实战情景模拟训练提供各种仿真条件，所以训练效果比较好，实战情景模拟需要确保运动员进入角色，才能起到好的训练效果。

（二）模拟训练的作用

1. 提高适应性。通过高尔夫球赛前体能训练的模拟，一方面，可以加强神经活动的耐力；另一方面，可以因刺激物多次重复出现而弱化或消退探究反射，即司空见惯、习以为常，不再引起注意了。这可以使高尔夫球运动员在参加比赛前对可能出现的问题有预备，头脑中建立起合理的动力定型结构，在千变万化的比赛中保持适度的、稳定的情绪，确保技战术水平正常或超常发挥。

2. 提高抗干扰能力。在遇到强敌或面对复杂的、陌生的高尔夫球比赛环境时，运动员常常会感到紧张和不安。因此，可以通过人为地制造或模拟能够引起运动员紧张情绪的体能训练环境，让运动员在这种情境下系统地进行模拟训练，使其逐步适应这种情境，并产生对某些消极因素的抗干扰能力。运动员经过模拟训练提高抗干扰能力，可以更好地将注意力集中到比赛的过程中，注重技战术水平的发挥，淡化或过滤与技战术发挥无关的环境因素，以确保在正式比赛中保持比较稳定的情绪。

3. 提高备战针对性。使训练条件接近实战情况，其训练效果较为理想。这就需要尽可能全面获取模拟对象的各方面信息。在竞技体育赛制改革的时代，也更加需要以一切从实战出发、“以练为战”的理念作为训练导向。这就要求根据比赛的性质和任务需要，有选择地确定模拟训练内容，并有步骤、有计划地进行严格、系统的模拟训练。

4. 提高训练质量。模拟训练既是针对性训练，又是赛前备战的重要手段，它可以提高高尔夫球运动员的应激程度和训练强度，也可以及时发现高尔夫球运动员的各种体能素质、技术水平和心理状态等方面的问题，并使问题得到及时的解决。同时，模拟训练可以增强高尔夫球运动员参加比赛的信心与斗志，以及改善其自我控制能力等。

（三）模拟训练具体实施

模拟训练的一般程序通常由以下四个步骤组成，即定向（设置模拟主题和主体）、准备（拟定模拟的方案与应对策略）、操作（实施与体验具体的模拟过程）和总结（评价模拟训练并交流经验）。对这四个步骤的相应要求是主题明确、方案（含策略）周全、模拟逼真和评价得当。此外，还要求高尔夫球运动员切实树立从实战出发的思想，认真对待模拟训练。

在模拟训练的实践过程中，总结出了很多独具特色、效果明显的好方法，在实施模拟训练时，应根据高尔夫球运动的特点及其比赛规则、比赛的实际情况来选择使用，也可以结合使用。下面介绍几种常用的模拟训练方法：

1. 比赛关键情境的模拟。比赛关键情境包括固定比赛情境（高尔夫打洞赛、比杆赛等）和动态比赛情境（比分交错变化、领先或落后、盘〔局〕点或赛点等）。对这些比赛关键时刻的情景模拟，目的就是使运动员克服紧张情绪，提高体能训练带来的稳定性，增强夺取胜利的信心，并对比赛进程的不同情况产生适应性。

2. 地理、气候的模拟。地理、气候条件往往对运动员的比赛状态有重要影响，通过地理、气候模拟训练，可以提高运动员对不同地区的气候环境的适应性。高尔夫球比赛通常是在室外，而且环境温度常常高达30℃以上，这就对运动员在高温条件下进行比赛提出了很高的要求。模拟内容一般包括气温、湿度、日照强度、风力及风向、海拔及经（纬）度等。

3. 体能的模拟。根据不同的比赛机制，体能训练的内容也有所不同，在训练期间也需要进行模拟。

六、放松训练

放松训练是通过调节呼吸改善中枢神经系统兴奋性和肌肉紧张状态的一种训练方法。其特点是通过腹式呼吸，改善肌肉和精神紧张状态。放松训练常用于调节训练过程中出现的心理紧张状态，也是稳定心理状态的重要措施。

（一）放松训练的作用

采用恰当的放松训练方法，有利于运动员体能训练的顺利完成和能力的稳步提升。合理的放松训练可以适当降低中枢神经系统的兴奋水平，可以使身心得到一定的休息并促进疲劳恢复。当前已有大量研究显示，放松训练可以明显改善运动员因高强度的体能训练所产生的紧张焦虑状态，同时也可以提高运动员的自信心。

（二）腹式呼吸放松训练法

腹式呼吸能够通过呼吸使生理和心理取得高水平放松的效果。腹式呼吸是缓解压力的有效手段。高尔夫球运动员专注于腹式呼吸的过程，可使大脑供氧更充沛，注意力更集中，思维更清晰。高尔夫球运动员应学会通过特定节奏的呼吸模式放松身心状态。从人体生理反馈机制上看，大脑的呼吸系统、心脏的控制系统和全身的肌肉系统互相影响、互相制约。特定频率和节奏的腹式呼吸可以改善心率的快慢和肌肉的张力，也可以降低骨骼肌和脏器的神经刺激，以满足深度放松的需求。

1. 腹式呼吸放松训练法的做法具体如下：

（1）采取仰卧或舒适的坐姿，将手放置在腹部的肚脐处，放松全身，自然呼吸。

（2）吸气时最大限度地向外扩张腹部使腹部鼓起，胸部保持不动，膈肌收缩并下降，可加深呼吸的深度。整个呼吸过程共涉及三个部位：下腹部、中胸部和上胸部。

（3）呼气时，腹部自然凹进，向内朝脊柱方向收，胸部仍然保持不动，最大限度地向内收缩腹部，把所有的废气从肺部呼出去。

2. 腹式呼吸可分为顺呼吸和逆呼吸两种。

顺呼吸时全身要保持自然放松，吸气时向外扩张腹部，使腹部鼓起，胸部保持不动。

逆呼吸一般是呼气时腹部自然凹进，向内朝脊柱方向收，胸部保持不动，向内收缩腹部。

训练检测

1. 高尔夫球体能心理训练的原则是什么？

2. 高尔夫球体能心理训练的方法有哪些？

项目六
高尔夫球专项体能训练理论

项目描述

体能在运动员竞技能力的总体构成中具有鲜明的基础性特征，是其他各种能力形成与发展必不可缺的重要的基础性条件。良好的体能状态是保持高效能训练、培养高水平竞技状态、成功参赛的基本保证。

学习目标

了解高尔夫球专项体能基本概念、分类，掌握高尔夫球专项体能训练的基本素质要求。能够针对不同运动员的特点制订相应的体能训练计划，熟练运用高尔夫球及体育（专业）术语。

能力目标

能够运用所学知识，正确认识高尔夫球专项体能教练的工作性质，熟练运用教练的术语进行工作，提高自己的从业能力。

任务一　高尔夫球专项体能训练的相关概念和分类

活动场地 / 环境

多媒体教室。

任务要求

1. 了解高尔夫球专项体能训练的相关概念。
2. 了解高尔夫球专项体能训练的分类。

能力训练

掌握高尔夫球专项体能概述，能够有意识地提高对高尔夫球专项体能训练的认知水平；初步形成高尔夫球专项体能训练分类的概念。

课题一　高尔夫球专项体能训练的相关概念

一、体能的概念

体能一词近年来颇受体育界科研工作者青睐，频繁在各类期刊报纸中出现。由于中外文化差异，我们在英文中只能找到与体能相近的词，包括physical fitness, physical conditioning, physical capacity, physical efficiency，等等。physical conditioning，physical capacity，physical efficiency这几个词直译为身体能力，其解释为本来的和已经达到的赖以完成各种不同结构与分量的负荷的运动能力的总称。港澳台地区受西方思想和文化的影响，把physical fitness译为体适能，实际上就是身体适应能力的简称。香港学者钟伯光所著《Keep fit手册》中对适能的定义是：适能就是指身体对外界的适应能力，完整适能包括身体适能（physical fitness）和心理适能（psychological fitness or mental fitness）两部分。身体适能（physical fitness）简称“体适能”，可以分为两大范畴：健康相关的体适能（health-related physical fitness）和竞技运动相关的体适能（sports-related physical fitness）。良好的健康相关的体适能可让身体应付日常工作、余暇活动以及突发事情。运动相关体适能是可以确保运动员运动表现和成绩的能力，如爆发力、速度、耐力、柔韧、敏捷等，训练目的在于取胜及创造纪录。因此，在体能方面的训练，要求极为严格，常常要向自己的极限挑战，身体受伤甚至损害健康，有时是在所难免的。从上述分析可以看出，体适能包括体能训练的各项身体素质。

上海辞书出版社 1984 年出版的《体育词典》中有体能这一词条，表述如下：人体各器官系统的机能在体育活动中表现出来的能力，包括力量、速度、灵敏、耐力和柔韧等基本的身体素质，以及人体的基本活动能力（如走、跑、跳、投掷、爬越、悬垂和支撑等）。

1992 年版的《教练员训练指南》指出运动素质又称体能，认为体能是运动员机体在运动时所表现出的能力。体能包括力量、耐力、速度、灵敏和柔韧。1996 年版的全国体育院校通用教材《体育理论》认为，体能是体质的一部分，是指人体各器官系统的机能在肌肉活动中表现出来的能力。体能包括身体素质和身体基本活动能力，如走、跑、跳、投、攀登、爬越、举起重物等能力。

2000 年出版的体育院校通用教材《运动训练学》对体能进行了阐述，认为运动员体能指运动员机体的基本运动能力，是运动员竞技能力的重要构成部分，并且认为运动员的体能发展水平是由其身体形态、身体机能及运动素质构成的。2002 年出版的第二版《运动训练学》认为，体能（身体竞技能力）是运动员竞技能力总体结构中最重要的结构之一，它是指运动员为提高运动技战术水平和创造优异运动成绩所必需的各种身体运动能力综合，包括运动员的身体形态、身体机能、身体健康和运动素质。

熊斗寅先生的《浅谈体能概念》将体能分为大体能和小体能。大体能泛称身体能力，包括身体运动能力、身体适应能力、身体机能状态和各项身体素质。小体能就是运动训练中的体能训练和体能性项目。从这个定义中可以看出，体能就是身体能力。

二、体能训练的概念

美国国家运动医学会出版的训练学书籍*Sports Performance Training*提出

广泛应用于美国竞技训练领域的整合训练和竞技表现能力优化训练模型。该模型比较经典地概括给出了体能训练的领域、训练原则等具体训练内容。该模型认为体能训练的主要成分包括放松能力训练、循环呼吸训练、核心训练、平衡训练、速度（功率）强化训练、SAQ（速度、灵活性、快速反应）训练、多维抗阻力整合训练以及专项体能训练等。

我国学者对体能的一般解释为：提高身体能力的训练，即运用科学的负荷和手段，促使人的身体形态和机能产生适应性变化，提高机体适应特定运动所需能力的训练。田麦久对体能训练的具体任务进行了描述：体能训练的直接任务就是根据各个项目竞赛的需要，提高运动员的运动素质，改善运动员的机能状况，并力求使得运动员的身体形态适合运动项目的需求。王卫星也提出了类似的观点：体能训练是指为提高运动员身体运动能力，结合专项需要并通过合理训练负荷调控，提高运动员形态、机能和运动素质水平，对身体结构和功能进行有目的的改造，从而促进竞技水平提升的训练过程。

由于不同运动项目具有截然不同的体能要求，因此在体能训练中，要求运动员结合自身专项运动的特点，积极探索适合自身运动项目的体能训练的方法。

从竞技体育角度讲，体能训练就是要让运动员的骨骼生长密度、关节灵活度、肌肉伸张力度更加适应项目需求的训练方式，是运动员的身体形态、身体功能、运动素质和健康水平诸方面专项化的综合体现。

从生理学角度讲，体能训练即对运动员机体施加一定的负荷刺激，从而导致机体产生适应性变化。在一定范围内对机体施加的负荷强度越大，刺激越深，其生理学的改造过程越彻底，体能的增长也越快。体能训练的目的就是使运动员机体的机能水平与运动员负荷强度之间始终处于不断适应的平衡—不适应的平衡—再适应的新的平衡过程之中，呈现出螺旋上升态势，从而促进运动员体能不断发展与提高。

三、高尔夫球运动对体能的需求

高尔夫球挥杆动作是一个高强度复杂动作，在挥杆过程中几乎身体的所有关节和肌肉都或多或少派上用场。哪怕只有身体的某一部位存在缺点和不足，都会让挥杆质量大打折扣。如果存在不足的部位多于一个，要发力并实现在整个身体内部传输效率的最大化是极其困难的。此外，高尔夫球运动员的身体产生或吸收的力量属于体育界中最高级别的。据统计，高达 80%的高尔夫球运动员在职业生涯中至少经历过一次伤痛。受伤比例如此之高，原因之一就是高尔夫球挥杆对脊柱产生的压力可以达到身体重量对脊柱压力的 8 倍。

高尔夫球挥杆的连贯性和效率取决于多项独特的身体能力和各套技术的掌握情况，其中包括技术的灵活性、稳定性、力量、爆发力、耐力、平衡感以及身体意识。如果运动员在任何一项上存在薄弱之处，那么他的挥杆质量就会受到部分影响。而体能与技能缺失的情况越严重，造成的负面影响就越大。

高尔夫球项目区别于其他项目的特点，更要求运动员具有极高的稳定性及控制能力。整个挥杆过程中正确保持身体稳定，可以实现能量从身体转动到带动球杆转动，最终在击球瞬间有效地传递到球。与此相反，身体任何一个部位稳定性不足都会导致挥杆过程中动力和连贯性遭受较大的损失。

随着高尔夫球运动的日益普遍，伤痛也给高尔夫球运动员带来越来越多的困扰。高质量的高尔夫球专项体能训练将帮助高尔夫球运动员预防运动伤害并提高他们的运动表现。

高尔夫球运动是一项对体能要求非常高的运动项目。挥杆时杆头速度可达 100 公里/时，相当于棒球击球时的速度，高尔夫球运动员肌肉收缩力量会达到其峰值的 90%，接近足球运动员射门动作的强度和 100 米跑运动员全速奔跑的强度。徒步打完 18 洞，需持续运动 4~5 小时，步行 8~10 公里，心率可达到 100~170 次/分，消耗热量 1 000~1 200 千卡。由此可见，足够的力量与耐力，是高尔夫球运动的基本身体要求。

课题二　高尔夫球专项体能训练的分类

高尔夫球运动需要腿部、髋部、躯干、肩部和手臂产生极高的旋转速度来打出爆发力的击球，但是在高尔夫球运动中，利用高质量的协调和准确性来精确击球更为重要，这一切都需要有稳定的身体和中正的脊椎来做基础。提高柔韧性可以让挥杆动作幅度和旋转的角度变大，从而提高击球的准确性和距离；提高力量可以提升挥杆速度，进而可以击出惊人的距离；身体的稳定包括整体站位的稳定和核心稳定，是力量和爆发力形成的必备条件。研究证明，如果身体在不稳定和偏离中正的情况下继续活动和训练的话，就更容易累积关节和组织上的压力，更会鼓励肌肉不平衡和影响长期的运动表现。

通过分析高尔夫球运动特点可知，要想获得高效的挥杆以及良好的球场表现，在进行高尔夫球专项体能训练的过程中，需要关注力量素质、耐力素质、速度素质、柔韧素质、敏捷素质、平衡能力以及节奏素质等几个关键因素。

训练检测

1. 高尔夫球运动对体能的需求是什么？
2. 高尔夫球专项体能训练的分类是什么？

任务二　高尔夫球专项体能力量素质训练

活动场地 / 环境

多媒体教室、健身房。

任务要求

1. 了解力量素质的概念。
2. 了解高尔夫球专项体能力量素质训练的作用和分类。
3. 了解决定高尔夫球专项体能力量素质的生理学因素。
4. 了解高尔夫球专项体能力量素质训练的方法。

能力训练

掌握高尔夫球专项体能力量素质训练的分类，能够有意识地提高对高尔夫球专项体能力量素质训练的认知水平；初步形成高尔夫球专项体能力量素质训练的体系。

课题一　高尔夫球专项体能力量素质训练概述

力量素质是人体进行体育运动的基本素质之一，是获得运动技能和取得优异运动成绩的基础，同时也是其他身体素质发展的重要因素。力量素质是指人的机体或机体的某一部分肌肉工作（收缩和舒张）时克服内外阻力的能力。外部阻力是指物体的重量、支撑反作用力、摩擦力以及空气或水的阻力等。内部阻力包括人体自身的重力、关节的加固力、肌肉的黏滞力及各肌肉间的对抗力等。内部阻力是伴随人体用力过程而发生的，它随人体的机能状态和用力动作的合理程度而变化；外部阻力是力量素质训练的施加因素和手段，是对人体的一种外部刺激，人体在克服这种阻力中提高和发展自身的力量素质。

高尔夫球力量素质训练分为一般力量素质训练和专项力量素质训练。一般力量素质训练指徒手或通过器械提高下肢、髋部、腰背、肩部和手臂等力量；专项力量素质训练结合挥杆技术提高整个身体协调发力的能力，从而提高挥杆的力量和准度。一般力量素质训练方法有器械训练、平板支撑、俄罗斯转体、腹背侧肌练习、负重弓步体转、俯卧飞鸟、卧推等；专项力量素质训练方法有徒手扔铅球、挥负重杆、挥棒球、持铅球做挥杆状等，从而增加挥杆速度。

高尔夫击球距离的远近取决于杆头正确击球时的速度，杆头的速度来自挥杆的速度，挥杆需要身体的每个关节和肌肉在没有对抗的基础上充分调动身体的本体感觉，由身体转动带动球杆转动，使杆头获得的能量最终传递到球，挥杆的速度来源于身体各部位的协调用力。因此，要增加挥杆的速度，必须增强整个身体协调发力的能力，在进行力量素质训练时应使全身的肌肉力量都得到锻炼和增强，保证协调用力。

想打好高尔夫球需要具备爆发力、耐力、灵活性、平衡感及稳定性等多项良好的素质。对于专业高尔夫球运动员来说，任何一项处于弱项，都会导致其挥杆质量下降，击球不稳定。高尔夫球运动不同于其他运动项目，其中最为重要的就是运动员的稳定性及控制能力，在整个高尔夫球挥杆击球过程中，为了保证能量不受损失，需要高尔夫球运动员对挥杆击球的各个技术动作细节进行打磨，整体的运动量不能有较大的损失。尤其是身体髋关节部分为全身发力的中心点，是身体所有力的交汇点，在整体发力中起到重要的启动、传导及融合作用，如若其稳定性不足，便会阻碍能量的传递，不能有效控制身体各个部分的力，导致技术动作变形，使得击球出现偏差，对运动成绩造成不良影响。

在高尔夫球运动中，推杆在高尔夫球比赛中起到至关重要的作用，最后的比赛成绩虽然是由 18 洞的总杆数决定的，但是推杆占总杆数的 50%。核心力量对推杆的影响具有决定性的作用，其动作重点为上杆的转肩、稳定击球后释放、以身体为中轴转肩发力击球。核心力量训练是对固定肌群进行的专业性训练，其主要作用为提高核心稳定性，目的在于能够在运动过程中稳定地控制身体的姿态和重心，使身体四肢的力量能够最大效率地传递到肢体末端，同时也具有在运动的过程中产生力量、传导力量和控制重心的功能，使运动员在高速的运动过程中维持身体平衡。

高尔夫球专项体能力量素质训练使用的器械有自由重量器械、固定器械（图6–2–1）、功能灵活性器械（图6–2–2）

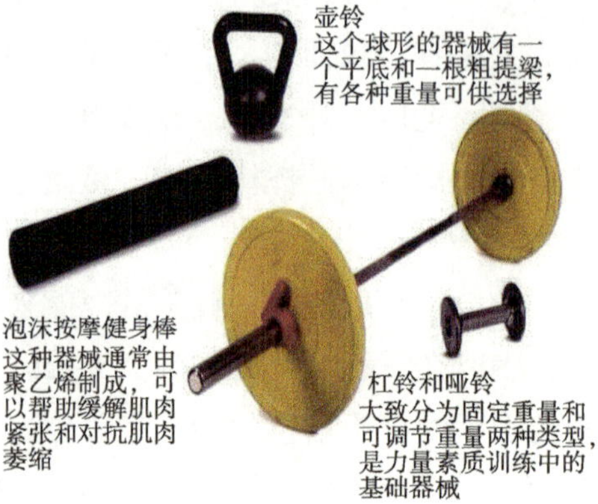

图 6–2–1

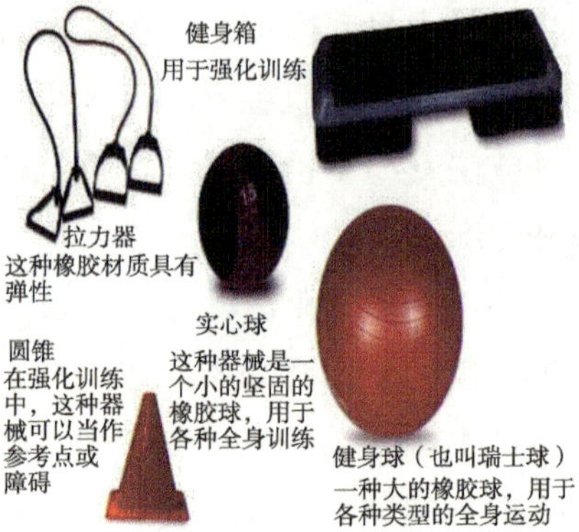

图 6–2–2

课题二　高尔夫球专项体能力量素质训练的作用

一、可以增强击球的稳定性

高尔夫球运动的主要比赛目标为用尽量少的杆数精准地击球入洞，高尔夫球运动员采取的一系列运动技术都是为了击球做准备，只有击球稳定才能创造出优异的成绩。击球过程中最复杂的动作为挥杆，挥杆不是仅用上肢的力量，而是需要上肢和下肢围绕身体躯干统一整体发力，只有这样，才能打出较远的距离。以身体为中轴承载上肢和下肢的力量可以更加稳定地击球，身体躯干在这个运动链中的作用至关重要。力量素质的训练可以有效地发展肌肉群，提升核心稳定性。

二、可以保持身体中轴的稳定性

高尔夫球挥杆击球一共分为起杆、上杆、顶点、下杆、击球五个步骤，每个步骤都离不开中轴的稳定性，核心力量是保持中轴稳定性的基础，只有在核心力量充分的前提下，才可能有稳定的中轴，从而把任何步骤都做到最好。如果核心力量不好，就不会有一个稳定的中轴，从而导致击球时站姿不稳定，击球的效果大打折扣。

高尔夫球运动员的中轴是高尔夫球运动员的脊柱，在整个击球过程中，中轴一端与髋关节相连，而另一端是悬空的，也就是说髋关节在高尔夫球的击球过程中处于非稳定状态，因此，在一端悬空而另一端非稳定状态下，要做到稳定是极其不易的。如果在击球的过程中中轴向上移动，杆头就会击不到球或是击打球的上部，出现打薄的情况；如果在击球的过程中中轴向下移动，杆头也可能会击不到球或是击打球的下部地面，出现打厚的情况；如果在击球的过程中中轴向左移动，杆头就会不能回正，而形成开杆面击球，出现打出右曲球的情况；如果在击球的过程中中轴向右移动，杆头就会超越回正，而形成关闭杆面击球，出现打出左曲球的情况。因此，在击球过程中保持中轴的稳定性对击球的精准度有积极的影响，而要保持中轴的稳定性，进行良好的力量素质训练是必不可少的。

三、可以有效地提高击球精准度

实践证明，经过核心力量素质训练，推杆及切杆精准度明显上升，入洞杆数及切杆得分显著提升，说明力量素质训练可以更好地提高推杆及切杆的技术质量，提高击球的精准度。

课题三　高尔夫球专项体能力量素质训练的分类

按照不同的分类标准有不同的力量素质训练方法，目前主要有以下几种分类方法：

按肌肉工作的形式，可分为退让性训练法、克制性训练法、等长训练法、等动训练法和超等长训练法。

按力量的性质，可分为动力性训练法和静力性训练法。

按训练的目的，可分为一般力量训练法、辅助力量训练法和专项力量训练法。

按练习的条件和方式，可分为克服外部阻力训练法和克服自身体重训练法。

按练习效果，可分为发达肌肉训练法、肌肉内协调（神经肌肉功能）训练法、综合训练法（把前两种训练方法结合起来）。

按力量训练中训练的阻力和速度，可分为速度性和力量性克制训练法、速度性和力量性退让训练法。

虽然力量素质训练方法的分类不同，但按照肌肉工作的形式、力量的性质、练习的方式、练习的效应和力量训练中练习阻力和速度受控的情况，可将力量素质训练归纳为以下几种练习形式。

1. 一般力量训练法。该方法是肌肉建设性基础训练期或高水平运动员准备期和调整时使用的力量素质训练方法。它可以采用各种辅助器材全面发展力量。该方法常用的训练手段有杠铃训练，综合力量练习器训练，等动练习器训练，实心球、橡皮条、哑铃训练和滑轮装置训练，等等。

2. 辅助力量训练法。该方法指有选择地发展和强化那些在专项运动中承受主要或次要负荷量的肌肉群的各种力量训练。可以采用各类负重训练和抗阻力训练等训练方法。

3. 专项力量训练法。该方法指在比赛中承受主要负荷量的肌肉群训练法，该类训练在肌肉工作的方式、动作结构和用力特点上都与专项比赛动作的主要关键部分非常相似和接近。通常采用专项动作附加阻力进行训练。

4. 克服外部阻力训练法。该方法主要包括对抗性力量训练、克服弹性物体阻力的训练（如拉力器、橡皮带等）、克服物体重量的训练（如杠铃、实心球、力量训练器等）和利用外部环境阻力的训练（如松软的沙滩、深雪地、上坡等自然环境）。

5. 克服自身体重训练法。该方法主要指发展下肢弹跳力和速度力量的各种跳跃训练及支撑和悬垂训练等手段。

6. 增大生理横断面训练法。该方法是力量训练的基本方法，主要是通过中小强度（40%~60%）和多次重复（8~12 次）的训练使肌纤维增粗，肌肉横断面增大，达到提高力量的目的。

7. 肌肉内协调（神经肌肉功能）训练法。该方法指通过大强度刺激（最高强度的 85%~95%，重复 1~5 次，或 100%和 100%以上的反应性负荷）、提高传入肌肉的神经冲动的强度和频率、动员更多的运动单位同步活动参与工作、挖掘储备力量的训练方法。该方法是高水平运动员进行力量训练的主要方法。

8. 静力性训练法。肌肉以等长收缩的形式使人体保持某一特定位置，或对抗固定不动的阻力的训练形式称为静力性训练法。与动力性训练法相比，静力性训练法能更有效地提高肌肉的张力与神经细胞的机能水平。

9. 动力性训练法。该方法指肌肉从拉长的状态中缩短以克服阻力而完成动作的训练方法。因为肌肉在收缩时起止点相互接近，所以动力性训练法又称为肌肉的向心性工作方法。

10.超等长训练法。肌肉在收缩时产生弹性势能，然后以机械能的形式对神经肌肉系统产生强烈刺激，紧接着转为向心收缩的训练法，称超等长训练法。

11.组合训练法。将上述训练方法进行不同组合训练的方法称为组合训练法。该方法可参照循环训练法进行。许多人把此种方法作为提高快速力量和力量耐力的有效手段。

12.等动训练法。等动训练法是借助专门的等动力量训练器在运动状态下完成训练的方法。在这种训练中，动作速度是相对稳定的，它可使运动员在动作的任何一个阶段都表现出接近或达到最大力量。在等动训练状况下，肌肉在完成动作的整个过程中均衡地承担规定的负荷量，因而可取得一定复合训练所达不到的效果。

13.电刺激训练法。电刺激训练法是利用电刺激仪产生的脉冲电流，代替由大脑发出的神经冲动，使肌肉收缩，以提高肌肉力量的训练方法。

课题四　决定高尔夫球专项体能力量素质的生理学因素

一、神经系统的调节机能

（一）运动中枢的机能改善

经过长期的力量训练，大脑皮质相应的运动中枢能产生强而集中的兴奋过程，这些中枢的神经细胞发放一致的高频率的兴奋冲动，从而能使肌肉中每一运动单位发生最大的紧张性变化，并且动员更多的运动单位进行活动。参加同步收缩的运动单位愈多，每一运动单位发生的紧张度愈大，肌肉收缩时的力量也愈大。

（二）支配各肌群的神经中枢间的协调性改善

中枢在完成某一收缩过程时，除了主动肌兴奋外，尚需协同肌的配合与颉颃肌的放松。中枢之间良好的协调配合将减少因肌群间工作不协调所导致的能量消耗，有助于主动肌更充分地发挥收缩效益。长期力量训练的结果是支配各肌群的神经中枢能准确而及时地产生兴奋过程或抑制过程，使动作更加协调，所以在做动作时，肌肉该收缩的收缩，该放松的放松。训练有素的运动员在进行节律性运动时，神经中枢的兴奋过程和抑制过程的转换更加及时、准确。

实验表明，坚持训练并达到一定训练水平的人，能够改善运动中枢的机能，并使神经冲动传递的能力增强，可使 90%的肌纤维（包括一些不活动的肌纤维）参与运动。训练程度较低的人，最多只有 60%的肌纤维参加活动。由此可见，同样大小的两块肌肉，训练良好者肌肉力量可增大30%。

二、骨骼肌的调节机能

（一）肌肉的生理横断面增大

力量素质训练可使肌肉的体积增大。传统看法认为，肌肉体积增大完全是由于原有肌纤维的直径增粗了，而无新的肌纤维产生。但近年来也有人认为，通过训练，肌纤维数目可以增加。

（二）肌肉中蛋白质含量增加

动物实验证明，力量素质训练可使动物肌肉中肌凝蛋白含量增多，而肌凝蛋白含量增加，不仅使肌纤维增粗，收缩力量加大，而且也改善了肌肉的能量供应。

（三）肌纤维类型的影响

肌纤维类型和运动单位大小、类型直接影响到肌肉力量。对于同样肌纤维数量而言，快肌纤维的收缩力明显大于慢肌纤维，因为快肌纤维内含有更多的肌原纤维，无氧供能酶活性高，供能速率快，单位时间内可完成更多的机械功。

（四）肌肉收缩时动员的肌纤维数量的影响

组成肌肉的各运动单位的神经元的兴奋性各不相同，通常慢肌运动单位神经元的兴奋性较高，快肌运动单位神经元的兴奋性较低。当需克服的阻力负荷较小时，主要由兴奋性较高的慢肌运动单位兴奋收缩完成，此时动员的肌纤维数量较少。随着阻力负荷的增加，运动中枢传出的兴奋信号亦增强，兴奋性较低的运动单位亦逐渐被动员，兴奋收缩的肌纤维数量也随之增多。在其他条件相同的情况下，动员的肌纤维数量多少成为影响肌力的主要因素。但即使运动中枢处于最大兴奋状态，也不能使所有的肌纤维同时参与收缩。

（五）肌纤维收缩时初长度的影响

肌纤维的收缩初长度极大地影响着肌肉最大肌力。肌肉在收缩前常会先做离心收缩将肌肉拉长，然后再做向心收缩，这即通常所说的超等长收缩。研究表明，肌纤维处于一定的长度时，粗肌丝肌球蛋白横桥与细肌丝肌动蛋白结合的数目最多，从而使肌纤维收缩力增加，肌肉收缩时肌纤维所处的这种长度叫作最适初长，此时肌小节长度为 2.0~2.2 微米。肌小节过短或过长都将因肌球蛋白横桥与肌动蛋白结合的数目减少而导致肌力下降。另外，肌肉被拉长后立即收缩，所产生的肌力远大于肌肉先被拉长、间隔一定时间之后再收缩所产生的肌力。其原因在于：一方面，拉长肌肉后快速收缩，由于肌肉达到最适收缩初长，增加了横桥的数目，从而增加了肌力；另一方面，快速收缩使肌肉出现牵张反射，反射性地提高了肌肉力量。这就可以理解为什么原地下蹲后立即起跳要比先下蹲、间隔一段时间后再跳要跳得更高。

三、年龄与性别

肌肉力量从出生后随年龄的增加而自然增长，通常在 20~30 岁时达最大，以后逐渐减少。身体发育成熟以后，只有经过超负荷训练才能使肌肉力量增加。如果不进行力量训练，随着年龄的增长，肌肉力量会同其他器官系统功能一样开始减弱。如果继续进行超负荷训练，可使力量显著增大，超过刚成年时的力量水平。但是，如果肌肉只承担较小的负荷，力量将随着年龄的增加持续下降，到65岁时力量约下降20%。

12 岁以下的儿童，男孩的力量仅比女孩略大。进入青春期后，力量的性别差异加大，由于雄性激素分泌增多，有效地促进了男孩肌肉和骨骼体积的增大，使其力量明显大于女孩。成年女子由于性激素等原因，其肌肉发达程度远较男性差，故肌肉平均力量大约仅为男性肌力的 2/3，但不同肌群力量差异较大，如女子前臂屈、伸肌群的力量只有男子的 50%，而大腿屈、伸肌群的力量是男子的80%左右。

造成男女力量差异的另一原因是后天参加的活动有所不同。男子经常参加一些能发展力量的体育活动，使他们比女子更接近自己潜在的最大力量水平。由于女子从事的活动一般多是非力量性的或力量水平较低的活动，因此，她们距自己潜在的最大力量水平甚远。虽然女子的绝对力量水平低于男子，但经过训练，男女之间的差别会逐渐缩小。例如，女大学生经过 10 周的力量训练后，其力量提高相对值较同龄的男子大。

四、体重

体重大的人一般绝对力量较大，而体重较轻的人可能具有较大的相对力量。随着体重的增加，绝对力量直线增加。当用相对力量表示总体力量时，随着体重的增加，相对力量却下降。这些关系有助于解释为什么身材较小的体操运动员往往能取得较好成绩以及为什么体操运动员的身材要比投掷运动员小得多。这是因为，为了成功地完成体操动作，运动员需要有较高水平的相对力量，而对投掷运动员来说，就需要有较高水平的绝对力量，才能将器械掷得更远。一般说来，对仅需要克服体重但对速度、灵敏和协调性要求较高的运动项目而言，运动员的身材往往较小，相对肌肉力量较大；而对必须克服外部阻力的运动项目（如投掷、摔跤和举重等项目）而言，运动员的身材一般都较大，绝对力量也较大。

五、脂肪

脂肪组织聚集在内脏的四周、骨骼肌表面（肌肉与皮肤之间）和骨骼肌中，肌肉中的脂肪不仅本身不能收缩，而且在肌肉收缩时会产生摩擦，从而降低肌肉的收缩效率。同时，脂肪太厚还会影响肌肉的发展。有专家认为，青少年肥胖，脂肪太厚，会影响自身睾酮激素的发展。通过运动训练可以减少肌肉内脂肪，从而提高肌肉收缩效率并使力量增强。脂肪的多少与相对力量的大小密切相关，因为减少了脂肪就意味着减轻了体重，故相对力量也就得到了提高。所以，竞技体操、摔跤、举重等运动项目，都十分重视控制运动员体内脂肪的含量，以提高他们的相对力量。

六、睾酮激素

研究表明，睾酮激素水平的高低与力量的大小也有密切的关系，睾酮激素水平高的人往往一般力量比较大。所以，有专家提出可以通过测定血液或尿中的睾酮水平来进行力量性项目的选材。

除了上述因素，肌糖原和肌红蛋白含量及毛细血管分布密度也会影响肌肉力量。肌糖原和肌红蛋白是分布在肌浆中的能量物质和氧贮备物质，其含量的增加有助于肌肉长时间进行较低强度收缩时的能量和氧供应。肌肉毛细血管数量的增加有助于肌肉运动所产生的酸性物质和二氧化碳等代谢产物的运输以及氧气和营养物质的供应。

课题五　高尔夫球专项体能力量素质训练的方法

一、下肢力量训练

重点：学会下肢训练动作。

难点：将下肢训练安排于高尔夫球体能训练中。

基础动作：

深蹲、硬拉、弓步。

负重基础动作：

深蹲、硬拉、弓步。

变形模拟动作：

罗马尼亚硬拉、直腿硬拉。

（一）深蹲（图 6-2-3）

起始位置：

1. 站在深蹲架前，杠铃置于斜方肌与肩同高位置。

2. 走向深蹲架，将杠铃放在上背部和肩部位置，不要压迫脊柱，使脊柱保持中立位。

3. 握住杠铃，手握在杠铃滚纹（杠铃杆上的粗糙部分）处，两手间距离比肩稍宽。

4. 从深蹲架上扛起杠铃，该动作应通过伸展髋关节和膝关节完成，继而后退一步，两脚开立同肩宽，脚趾尖稍微外展，始终保持杠铃与地面平行，头部保持中立位，面部朝前。

5. 保持双脚水平接触地面，重心位于脚踝，髋关节向后启动。

6. 屈髋屈膝使身体下蹲，保持膝盖与脚趾的方向一致。

7. 当身体下蹲时，躯干要保持直立，脊柱保持中立位。

8. 持续使自己的身体向下蹲，直到大腿与地面平行时或大腿与小腿刚接触时（在做深蹲的情况下）结束动作。

9. 使用相同路线回到起始姿势。

图 6-2-3

（二）弓步（图 6-2-4）

起始位置：

1. 站在深蹲架前，使杠铃几乎与肩同高。

2. 站在杠铃下，将杠铃放置在上背部及肩部。

3. 握住杠铃，手应握在杠铃滚纹（杠铃杆上的粗糙部分）处，两手间距离比肩稍宽。

4. 通过伸髋和伸膝将杠铃从深蹲架上扛起，然后后退，双腿以躯干为中线，一前一后站立，两腿在额状面上保持与髋部同宽。

5. 前脚脚掌着地，上身躯干保持直立状态，通过弯曲后腿膝盖，使身体重心下降。

6. 在重心下降时要保持上身直立，尽量避免臀部向后翘起。在重心下降的同时前腿的膝盖弯曲。

7. 重心下降时，应保证躯干直立，脊柱处于中立位。

8. 当前腿的大腿上平面与地面趋近于平行并且后腿膝盖即将接触地面时停止下降。

9. 使用相同路线回到起始姿势。

10. 前后腿互换位置，重复该动作，直到完成计划次数。

图 6–2–4

（三）硬拉（图 6–2–5）

起始位置：

1. 起始时杠铃置于地面上。双脚站在杠铃杆下方，杠铃杆应在鞋带上方。脚趾微微外展。双脚张开，两脚间宽度应在髋关节与肩部的宽度之间。

2. 握住杠铃，手应握在杠铃滚纹（杠铃杆上的粗糙部分）处，两手间距离比肩稍宽。伸展髋关节和膝关节来将杠铃从地上提起，并后退。

3. 两脚自然张开与肩同宽，双膝微屈。

4. 双脚水平接触地面，重心集中于脚踝，通过髋关节弯曲（屈髋并向后移动），使上身躯干与大腿的夹角变小，保持脊柱中立位。

5. 下放杠铃直至略低于膝关节。

6. 通过伸髋，按照相同路线回到初始位置。在整个运动过程中，膝关节始终保持静止并维持微屈的角度。

图 6–2–5

（四）变形模拟（图 6–2–6、图 6–2–7）

起始位置：

1. 在光滑的地面上放一个滑垫，将一只脚放在滑垫上。

2. 两脚自然开立，与肩同宽。

3. 上身下降，髋部向后坐，滑垫一侧腿向外滑动远离身体中线，无滑垫一侧腿膝关节弯曲，直至大腿上部与地面平行。保持膝盖方向与脚趾方向一致。

4. 保持脊柱中立。

5. 通过无滑垫一侧下肢髋关节和膝关节的伸展来使身体回到直立姿势，滑垫一侧下肢利用与下降时相同的路线回到起始位置。

图 6–2–6

图 6–2–7

二、上肢力量训练

基础动作：

俯身划船、俯卧撑、推肩。

负重基础动作：

俯身划船、仰卧推胸、推肩。

变形模拟动作：

实力推、坐姿前抛实心球。

（一）上举

起始位置：

1. 杠铃杆放置在肩膀顶部，双脚分开，与髋部同宽。

2. 在比肩宽 1~2 寸[①]的地方握住杠铃杆，手掌朝向身体前方。（图6–2–8）

---

① 1寸约合3.33厘米。

3. 保持躯干直立，向上推举杠铃杆，举过头顶，直到手臂越过肩膀完全伸直。稍微倾斜头部，避免碰到下巴或脸部。(图6–2–9)

4. 按照相同路线慢慢返回到起始位。

图 6–2–8

图 6–2–9

(二)俯卧撑

起始位置:

1. 躺在长凳上，保持双腿、臀部、上背和头部这五点与长凳接触。

2. 以正握的方式抓住杠铃，双手间距略宽于肩，拇指绕在手柄上。

3. 让辅助者帮忙从架子上取下杠铃杆。在胸前支撑起杠铃杆，与乳头对齐。

4. 保持五点接触姿势，控制杠铃杆平稳慢速地下放，直到它接触到胸部。不要让杠铃杆被胸部反弹。(图6–2–10)

5. 在推举杠铃杆的同时，上臂应位于身体两侧，与躯干约呈 45 度，前臂应保持与地面垂直。(图6–2–11)

6. 按相同路线把杠铃放回到起始位置。

图 6–2–10

图 6–2–11

（三）俯身单臂划船

1. 将身体一侧的手和膝盖放在长凳上，躯干与地面基本平行。与正常站立姿势一样，保持脊柱中立位，避免腰部下弯。

2. 支撑腿伸直，但应避免关节锁死。

3. 用另一只手握住哑铃，将拇指绕在哑铃手柄上，手掌朝向长凳。（图6-2-12）

4. 在弯曲肘部的同时，向上提起哑铃，直到碰到躯干。（图6-2-13）

5. 按照相同路线缓慢放下哑铃回到起始位置。

图6-2-12

图6-2-13

（四）俯身划船

起始位置：

1. 双脚分开，与肩同宽。膝盖微屈。

2. 手掌紧紧握住杠铃，手心朝向身体，拇指绕在杠铃杆上。

3. 按硬拉动作模式，将杠铃杆从地面上提起。

4. 髋关节弯曲，直到身体平行于地面并且手臂完全伸直。在进行杠铃俯身划船练习时，要保持屈髋姿势。（图6-2-14）

5. 保持脊柱中立位，两侧肘关节屈曲的同时将上臂后移，直到杠铃触碰到躯干。（图6-2-15）

6. 杠铃提起至顶部时收缩肩胛骨。

7. 按照相同路线放下杠铃，始终保持脊柱处于中立位。

图 6-2-14

图 6-2-15

三、核心综合力量训练

基础动作：

山羊挺身、平板支撑、卷腹。

负重基础动作：

卷腹、山羊挺身。

变形模拟动作：

侧式平板支撑、V字平板支撑。

（一）山羊挺身

起始位置：

1. 俯卧于长凳之上，身体与长凳垂直。

2. 在胸前举起双手，保证在抬起双腿时只有躯干能够接触到长凳。收缩背肌以支撑四肢。（图6-2-16）

图 6-2-16

3. 保持头部（不要向上看导致脖子抬高）、躯干与双脚距离地面的高度相同，保持脊柱中立位（不要过度伸展）。

4. 身体保持类似平板支撑的动作直到力竭或达到预定时间为止。

（二）平板支撑

起始位置：

1. 俯卧，双脚分开，与髋同宽。

2. 屈肘约90度，位于肩部正下方，双手手掌贴于地面并支撑身体。

3. 保持头部和脊柱中立位，并与躯干呈一条直线，保持踝关节、膝关节、髋关节和肩关节在一条直线上。（图6-2-17）

4. 保持这个姿势直至力竭，或达到预定时间为止。

图6-2-17

（三）卷腹

起始位置：

1. 平躺于地面，面部朝上，双脚置于长凳上，膝关节与髋关节均屈90度。

2. 双手指尖轻触头部两侧，抬起头部离开地面。

3. 保持双脚在长凳之上，卷曲上身使之离开地面，头部及肩部向大腿方向移动，直到上背部完全离开地面为止。（图6-2-18）

图6-2-18

4. 按照相同路线回到初始位置。

（四）侧式平板支撑（V字平板支撑）

起始位置：

1. 侧卧，双脚叠放在一起，触地一侧肘部屈90度，置于肩部正下方。

2. 在运动过程中保持头部及脊柱中立位，并与躯干呈一条直线，提臀并使其离开地面，直至下踝关节、膝关节以及肩关节在一条直线上。（图6–2–19）

3. 保持这个姿势直至力竭，或达到预定时间为止。

图 6–2–19

训练检测

1. 如何编排下肢力量训练动作？

2. 如何编排上肢力量训练动作？

3. 如何编排核心综合力量训练动作？

任务三　高尔夫球专项体能耐力素质训练

活动场地 / 环境

多媒体教室、室外。

任务要求

1. 了解耐力素质的作用和分类。
2. 了解高尔夫球专项体能耐力素质训练的方法。

能力训练

掌握高尔夫球专项体能耐力素质训练的方法，能够有意识地提高对高尔夫球专项体能耐力素质训练的认知水平；初步形成高尔夫球专项体能耐力素质训练的体系。

课题一　高尔夫球专项体能耐力素质训练概述

耐力素质是指机体在一定时间内保持特定强度负荷或动作质量的能力。一定时间是指不同专项对运动时间的规定性。保持特定运动强度或动作质量是耐力水平的体现。耐力水平的提高表现为更长时间保持特定强度或动作质量，或在一定时间内承受更高强度的能力。运动员要在竞赛全过程保持特定的运动强度或动作质量，就必须具备良好的耐力素质。一场高尔夫球比赛为四轮，适应场地等的时间为 7天，其中最少有 5 天要快速徒步 8~10 公里，因此高尔夫球运动对耐力素质的要求高于其他运动。

一、耐力素质的作用

在竞技体育领域中，耐力素质在不同的竞技运动项目中有着不同的作用。对于高尔夫球运动项目来说，耐力素质是决定运动员竞技能力高低的主导素质，对运动员总体竞技水平起着决定性的影响；当运动员的体力下降时，挥杆技术和距离掌控就会出问题，注意力会分散，随之而来的是挥杆次数的增加和成绩的下降。因此，拥有良好的耐力素质是高水平竞技能力的基础。

二、耐力素质的分类

耐力素质可分为一般耐力和专项耐力。一般耐力是指对提高专项运动成绩起间接作用的基础性耐力；专项耐力是指与提高专项运动成绩有直接关系的耐力，具体地讲是指持续完成专项动作或接近比赛动作的耐力。

耐力素质的分类及命名十分繁杂，从不同的角度，依据不同的标准，可有多种分类方法。

（一）根据活动持续的时间，耐力素质可分为短时间耐力、中等时间耐力和长时间耐力

短时间耐力主要指持续时间为45秒至2分钟的运动项目（如400米、800米）所要求的耐力。

中等时间耐力主要指持续时间为2~8分钟的运动项目所需要的耐力。

长时间耐力主要指持续时间超过8分钟的运动项目所需要的耐力。

（二）根据与专项运动的关系，耐力素质可分为一般耐力与专项耐力

一般耐力（耐久力）通常又理解为有氧耐力，是指运动员机体在运动中抵抗疲劳和各种外界因素所造成的困难和不良影响，坚持肌肉活动并提高所完成工作的质量、强度和数量的能力，即人体在长时间强度不大的工作中抗疲劳的能力。这种长时间的工作主要靠有氧代谢供能。这对专项运动成绩在很大程度上取决于运动员有氧供能能力的项目来说有重要意义。

专项耐力是指运动员机体为了提高专项成绩，最大限度动员机能能力，长时间承受专项负荷，并保持工作的能力。专项耐力的主要特征是突出体现专项特点，满足专项运动的需求。

（三）根据器官系统的机能，耐力素质可分为心血管耐力和肌肉耐力

心血管耐力是循环系统保证机体长时间肌肉活动时营养和氧的供应以及运走代谢废物的能力。心血管耐力是影响耐力素质最重要的内在因素。根据运动时能量供应中氧参加的程度，心血管耐力可分为有氧耐力、无氧耐力、有氧无氧混合耐力和缺氧耐力。

有氧耐力是指人体长时间进行以有氧代谢（糖和脂肪等有氧氧化）供能

为主的运动的能力。肌肉要持续长时间地进行工作，必须有充足的能量供应。有氧耐力训练的目的在于提高运动员机体吸收、输送和利用氧气的能力，促进机体的新陈代谢。这对专项运动成绩在很大程度上取决于运动员有氧供能能力的项目来说有重要意义。

无氧耐力也叫速度耐力，它是指机体以无氧代谢为主要供能形式，持续较长时间工作的能力。无氧耐力又分为磷酸原代谢供能无氧耐力和糖酵解代谢供能无氧耐力。在无氧代谢供能的肌肉活动中，磷酸肌酸分解供能，不产生乳酸，叫磷酸原代谢供能，机体处在这种状态下坚持较长时间工作的能力，称为磷酸原代谢供能无氧耐力。在无氧代谢的肌肉活动中，糖的酵解供能，产生乳酸，机体处在这种状态下坚持长时间工作的能力，称为糖酵解代谢供能无氧耐力。

有氧无氧混合耐力是指机体在有氧和无氧双重情况下的耐力。

缺氧耐力是机体在严重缺氧或处于憋气状态下的耐力。

肌肉耐力是指运动员肌肉系统在一定的内部与外部负荷的情况下，能坚持较长时间或重复较多次数的能力。肌肉耐力和力量水平的发展关系极为密切。发展肌肉的最大力量能有效地促进肌肉耐力水平的提高。

（四）根据肌肉的工作方式，耐力素质可分为静力性耐力和动力性耐力

静力性耐力是指机体在较长时间的静力性肌肉工作中克服疲劳的能力。

动力性耐力则指机体在较长时间的动力性肌肉工作中克服疲劳的能力。

三、耐力素质的影响因素

耐力素质取决于运动员有氧代谢的能力、体内能源物质的储存、支撑运动器官承受长时间工作的能力，以及运动员的心理控制和对疲劳的耐受程度四个方面。

提高运动员的摄氧、输氧及用氧能力，保持运动员体内适宜的糖原的储存量，提高肌肉、关节、韧带等支撑运动器官对长时间负荷的承受能力，加强运动员心理调节控制的能力，改进运动员在疲劳状态下动员机体潜力、持续工作的自我激励能力，是发展运动员耐力素质的重要途径。

长时间的单一练习，如跑步、游泳、骑自行车等，既能发展机体有氧代谢的能力，又能发展进行该项运动主要工作肌群及关节、韧带的工作耐力；而长时间变换内容的练习，则能减轻局部运动装置的工作负荷，着重培养运动员有氧代谢的能力。

在高尔夫球比赛中，运动员完成一场比赛的时间是 4~5 个小时，比赛时间超长，若没有充足的体能做保证，技术的发挥将受到严重的局限，易导致运动员体力下降、神经疲劳、注意力分散，这就要求运动员具备良好的有氧耐力，因为在比赛中一旦体力不支或精神疲惫，就很可能影响运动员的专注力和击球的效果。有氧运动既要有强度，也要适度，一般来说，有氧运动的强度必须达到最大心率的 75%以上，训练时间要控制在每次 20 分钟以上，主要的训练方法有持续跑、定时跑、定距跑、变速跑、间歇跑等。

四、发展耐力素质

（一）基本要素

发展耐力素质要充分考虑年龄、性别及生理特点。男子在 17 岁之后，女子在 16 岁以后发展素质耐力较好。运动负荷对于男子和女子、体质强和体质弱者都要有明显的差别。

发展耐力素质，应该在发展有氧耐力的基础上发展无氧耐力。

发展耐力素质，要增加适量的运动负荷，并且要考虑间歇时间。

动作速度为中等对耐力素质的提高最为有效。

要重视耐力锻炼中的呼吸与动作的配合。

耐力素质锻炼必须持之以恒，要有顽强的意志品质。

耐力素质锻炼后应加强营养补充。

（二）生理学基础

1. 发展有氧耐力（最大摄氧量）的生理学基础。有氧耐力是指机体长时间进行有氧供能（靠糖原和脂肪有氧分解供能）的工作能力。这种有氧耐力可以通过人体的最大摄氧量反映出来，具体如下：

第一，呼吸器官的机能得到良好的改善。

第二，红细胞所含的血红蛋白与氧的结合能力提高，血红蛋白有结合氧、携带氧的能力，可以将结合的氧经循环系统运送到肌肉和其他组织。经常锻炼身体可以增加红细胞的数量，提高血红蛋白结合氧的能力，提高机体的有氧耐力。

第三，肌肉中的糖原、脂肪在酶的作用下进行旺盛的有氧代谢，同时影响最大吸氧量。

第四，心血管系统的机能是影响最大摄氧量的重要因素。

2. 发展无氧耐力的生理学基础。无氧耐力是指机体在缺氧状态下，长时间对肌肉收缩供能的工作能力。发展耐力素质对无氧耐力的影响如下：

第一，肌肉内无氧酵解供能能力提高。

第二，机体缓冲乳酸的能力提高。

第三，脑细胞对血液酸碱度变化的耐力提高。

课题二　高尔夫球专项体能有氧耐力素质训练的要点

高尔夫球专项体能有氧耐力是一般耐力的基础，氧供应充足是实现有氧工作的先决条件，也是制约有氧工作的关键因素。而运动中氧的供应受多种因素制约。研究表明，影响骨骼肌有氧供能状况的主要因素有肺功能、血液携氧功能、循环功能及肌肉组织有氧代谢功能等。通过提高运动员的摄氧、输氧和用氧能力，保持体内适宜的糖原和脂肪的含量，以及提高肌肉、关节、韧带等支撑运动器官承受长时间负荷的能力，是发展有氧耐力的基本途径。

有氧代谢能力是有氧耐力代谢活动的重要基础，在一定程度上能决定有氧耐力的水平。然而，有氧代谢能力又直接受到最大投氧量的制约。我国优秀中长跑运动员最大摄氧量可高达 70 毫升/（千克 · 分）左右，世界水平的运动员可高达 80 毫升/（千克 · 分）左右。由此可见，最大摄氧量和有氧耐力之间紧密相连，所以，要发展有氧耐力，就要设法提高最大摄氧量。在耐力素质训练中提高最大摄氧量的主要训练手段是周期性练习，这些练习的强度必须控制在主要通过有氧代谢供能的幅度之内，这就涉及负荷安排问题。有氧耐力训练的负荷安排中，最主要的两个因素是运动强度与运动持续时间。

一、运动强度

在为发展有氧耐力而进行的持续性练习中，运动强度的选择十分重要。强度过低，不能充分动员人体呼吸循环系统的机能潜力，不能有效地发展有氧代谢能力；强度过大，则持续时间必然缩短，会导致供能系统向无氧代谢途径转变。一般认为，为发展有氧耐力，采用超过本人最大摄氧量 50%强度的运动，能使有氧能力显著提高。不少学者提出了各自研究所得的标准，如美国的库珀（Cooper）提出，为发展心肺机能，运动中心率应达到150次/分；荷兰的卡洪宁（Karvonen）提出适宜强度的公式为：适宜心率=安静时心率+（最大心率–安静时心率）×60%。由于人与人之间耐力水平发展不平衡，公式中的百分比可因人而异，训练水平较高者可乘以70%，训练水平较低者可乘以50%（上述诸强度标准可供参考）。若用心率负荷控制，一般运动员的训练强度可控制在140~160次/分，训练有素的运动员可控制在160~170次/分。根据这个强度进行长时间的工作，可使有氧系统供能得到改善，心肺系统的机能水平、肌肉供血和直接吸收氧气的能力得到提高。心率控制在这个水平，可使心血输出量增加，吸氧量达到最大值的80%左右。运动结果还能使心脏容量增大，有利于促进骨骼肌、心肌的毛细血管增生。如运动强度超过这一水平，心率达170次/分以上，就会产生氧债，从而使练习向无氧代谢方向转化。但若运动强度较低（心率在150次/分以下），提高有氧能力的有效性就会降低。

二、运动持续时间

有氧耐力的练习时间，一般可根据训练水平而定，受过训练的运动员可长达2小时，但至少也要维持20分钟以上。时间越长，对机体有氧代谢过程的刺激也就越大。同样，有氧耐力练习只有维持较长时间，才能使全身血量和红细胞增加，提高每搏输出量以及机体的摄氧、输氧和用氧能力，达到发展有氧耐力的目的。

课题三　高尔夫球专项体能无氧耐力素质训练的要点

高尔夫球专项体能无氧耐力是专项耐力的基础。运动员无氧耐力的发展水平主要取决于三个因素：一是无氧代谢能力，这是构成无氧耐力的最重要因素；二是能源物质［ATP（三磷酸腺苷）、CP（磷酸肌酸）、糖原］的储备；三是肌肉、关节、韧带等支撑运动器官承受大强度工作的能力。因此，提高运动员的无氧代谢能力和肌肉活动时必需的能源物质储备以及支持运动器官的功能，是发展无氧耐力的主要途径，

无氧耐力可分为磷酸原供能无氧耐力（非乳酸性无氧耐力）和糖酵解供

能无氧耐力（乳酸性无氧耐力），二者的区别主要在于能量机制不同。非乳酸性无氧耐力的供能机制是三磷酸腺苷、磷酸肌酸的无氧分解，而乳酸性无氧耐力的供能机制是糖酵解。

一、非乳酸性无氧耐力素质训练

间歇练习法是提高非乳酸性无氧耐力的一种有效手段。一般采用 90%~95% 的强度，心率可达 180 次/分以上。这种强度可造成机体供氧、供能的很大困难，心舒张期明显缩短，冠状动脉供血不足，从而提高运动员承受氧债的能力，同时也能发展ATP、CP的有氧再合成水平和提高肌肉中肌红蛋白的含量。训练不采用 100%的强度，可保持一定的练习次数与组数，避免产生速度障碍，也有利于运动员掌握及改进技术。发展非乳酸性无氧耐力，一次负荷的持续时间一般为 3~8 秒（20~70 米跑、8~20 米游泳等），负荷时间超过 8 秒，代谢性质就要发生改变，达不到发展非乳酸性无氧耐力的目的。

发展非乳酸性无氧耐力素质训练的休息间歇可长可短。由于氧债的偿还速度相对较快，待机体氧债基本得到偿还时就可进行下一次的练习，所以练习与练习间（次数间）的休息可相对短些，如 2~3 分钟，组与组之间的间歇时间可相对长些，如 4~5 分钟。这是因为肌肉中磷酸肌酸的储备量有限，4 次重复练习便已基本将其耗尽，组间的间歇可促进能源物质的恢复。但间歇时间也不能太长，以免神经系统的兴奋性有过多的下降。

练习的重复次数与组数，以不降低中枢神经系统的兴奋性和工作的强度为原则。一般以重复练习的次数比组数小一些为宜。如重复练习 3~4 次，重复组数可达5~6组。

二、乳酸性无氧耐力素质训练

运动员机体是以糖酵解方式供能，在糖酵解过程中产生乳酸的。乳酸的产生改变了血液的酸碱度，使血液向偏酸方向变化，这可刺激机体，特别是神经系统，从而提高无氧耐力水平。为达此目的，可以采用间歇练习法和重复练习法，负荷的强度应低于非乳酸性无氧耐力训练的强度，高于有氧耐力训练的强度。由于人体产生乳酸的时间大约是机体剧烈活动 35 秒以后，所以负荷时间应长于 35 秒。为了使乳酸达到一定值，刺激机体能力的提高，应保持一定负荷的持续时间，可控制在1~2分钟。

关于负荷的间歇时间，有实验表明，练习次数之间间歇时间逐渐缩短比固定间歇时间的效果要好。例如，第一次与第二次练习之间休息 7~8 分钟，第二与第三次练习之间休息 5~6 分钟，其结果是乳酸不断增加。如果每次练习后都休息 4 分钟，结果乳酸上升比较少，甚至到后来还出现血乳酸下降现象。这是因为，血乳酸的最高含量不是在练习刚结束时，而是在几分钟后才出现的，随着练习一次次重复，乳酸的最高含量的出现就逐步靠近负荷结束阶段。因为练习间歇应越来越短，所以重复次数不可太多，重复次数过多，加之休息时间又短，就必定会降低负荷的强度，达不到训练的目的。一般对有训练基础的运动员可安排 4~5 次、4~5 组，对无训练基础的人要相对减少。组间的间歇时间应以能消除氧债为原则，可以是 15~20分钟。

三、肌肉耐力素质训练

发展肌肉耐力多采用克服自身体重或负重训练法，即让运动员承受一定的负荷，进行多次重复抗阻力的练习。影响肌肉耐力素质发展的因素主要是完成这些练习的负荷强度及重复次数或时间等。根据各专项的要求，既可以采用动力性练习，也可以采用静力性练习。耐力性运动专项似乎与负荷强度大小关系不大，而与重复的次数或时间有着密切关系，即以小负荷强度，坚持较多的重复次数，也可以使肌肉耐力素质得到发展。所以，发展肌肉耐力的原则是让运动员坚持达到再不能继续的极限次数为止。但是，在训练中应有一定负荷强度要求，以免由于负荷时间过长而浪费时间。在训练实践中常用中等负荷的强度，即能坚持重复 13~18 次练习的负荷。运动员承受某一负荷强度的重复次数，在某些情况下与本人力量有关。用较大负荷训练时，力量较大的运动员比力量较小的运动员完成的重复次数要多；用较小负荷训练时，完成练习的重复次数多少与本人的力量关系不大。

肌肉耐力素质训练一般要在提高循环系统机能和呼吸系统机能的基础上进行。肌肉耐力的发展与肌肉毛细血管网的扩展程度有很大关系，即循环系统和呼吸系统机能提高以及肌肉毛细血管网扩展有利于肌肉耐力的发展。

总之，由于各专项特征不同，其专项耐力特征也不一样，有的是以无氧耐力或有氧耐力为特征，有的是以长时间坚持最大肌肉用力为特征。因此，专项耐力素质训练必须针对专项所需耐力的特征进行，并注意以下两点：第一，训练中要充分利用专项运动负荷的增加来发展专项耐力，并建立必要的专项耐力储备。第二，专项比赛均有特定的比赛时间、场次、局数或动作数量，据此专项耐力素质训练要达到和超过专项比赛的量和强度，以建立稳定的比赛能力，表现出良好的专项耐力水平。

课题四　高尔夫球专项体能耐力素质训练的方法

耐力素质训练的方法较多，而且各种方法都有其各自的特点。总的来说，这些特点基本上又体现在耐力素质训练过程中，体现在练习强度、持续时间、间歇时间与方式、重复次数等因素的组合与变化上。目前，常用的耐力训练方法主要包括持续训练法、重复训练法、间歇训练法、变换训练法、比赛训练法、循环训练法等。

持续训练法是指在相对较长的时间里（不少于30分钟），以较为恒定的强度持续地进行训练的方法。

重复训练法是指多次重复同一训练，两次（组）训练之间安排相对充分休息的训练方法。

间歇训练法是指对多次训练的间歇时间作出严格规定，使机体处于不完全恢复状态下，反复进行训练的训练方法。

变换训练法是指变换运动负荷、练习内容、练习形式以及条件，以提高运动员积极性、趣味性、适应性及应变能力的训练方法。

比赛训练法是指在近似、模拟或真实、严格的比赛条件下，按比赛的规则和方式进行训练的方法。

循环训练法是指根据训练的具体任务，将训练手段设置为若干个练习站，运动员按照既定的顺序和路线，依次完成每站训练的训练方法。

具体的训练方法如下。

一、长时间匀速跑

为提升有氧耐力，可进行长时间中等强度的匀速跑，时间一般在40分钟以上，心率控制在150次/分左右，距离一般在5公里以上。

二、长距离慢速跑（又称 LSD）

每周可以进行一次长距离慢速跑。这是以低强度和长距离为特点的有氧训练，属于持续训练法的一种。每次训练时间控制在 80~120 分钟，最多不超过 150 分钟。LSD训练属于很轻松的慢跑，在跑步的过程中可以聊天说话，基本不会感到呼吸困难。

三、越野跑

越野跑是一种在野外自然环境中奔跑的运动，通常会经过山地，道路起伏比较大，对心肺功能训练有不俗的效果，可以提升有氧耐力。原则上，运动时间需在1小时以上。

四、变速跑

变速跑是一种快跑和慢跑交替进行的训练方法，多用于发展有氧耐力，提升有氧代谢能力。变速跑的负荷强度应从低到高。训练时间一般在 30 分钟以上，慢速跑时心率控制在 130~145 次/分，快速跑时心率处于 170~180 次/分。变速跑可细分为定时变速跑、定距离变速跑、追逐变速跑等。

五、间歇跑

间歇跑是一种高低强度交错进行的跑步训练，可以有效提高速度耐力和心肺功能。间歇跑每组的距离可以是400米、600米、800米、1 000米、1 600米、2 000米。一般可根据自己的能力选择每组400米到1 600米的距离。间歇跑通过反复的高强度刺激让身体能够忍耐在更高的心率下奔跑。它不但可以提升速度耐力，还能加强心肺功能。

六、12 分钟快速跑

诞生于 20 世纪 60 年代的一种体能测试方法，就是全力奔跑 12 分钟，看你能跑多远。12 分钟跑，在国内声名鹊起是因为 20 世纪 90 年代甲A足球联赛的球员要参加这个测试，3 000 米为及格线。12 分钟快速跑是一种简单快捷的训练方式，可以有效提升速度耐力。

七、法特莱克跑

法特莱克跑是源自瑞典的一种跑步训练方式，是一种随性的变速跑训练。在训练时，运动员需要根据自我身体感觉和地形的变化来自行变换速度，但应对全程或某一分段内的加速跑次数进行明确规定。当然，也可以在法特莱克跑的训练中穿插一些摆臂、呼吸、步频甚至越障训练，这样可以增强核心力量，改善速度耐力。

八、节奏跑

节奏跑是指在设定好的距离或时间范围内，维持恒定速度进行训练的一种方式。通常以实际测试中的配速或略低于测试的配速跑一段时间，让肌体提前体会和适应这种感觉。比如，如果3 000米跑希望跑进12分钟，那么在平时节奏跑时就应以4分或者4分10秒左右的配速为标准来进行训练。

训练检测

1. 耐力素质的作用是什么？
2. 如何安排耐力素质训练？

任务四　高尔夫球专项体能速度素质训练

活动场地 / 环境

多媒体教室、田径场、高尔夫球练习场。

任务要求

1. 了解速度素质的概念、分类。
2. 了解高尔夫球专项体能速度素质训练的方法。

能力训练

掌握高尔夫球专项体能速度素质训练的概念、分类，能够有意识地提高对高尔夫球专项体能速度素质训练的认知水平；初步形成高尔夫球专项体能速度素质训练的体系。

课题一　高尔夫球专项体能速度素质概述

速度素质是指人体快速运动的能力，而快速运动反映着机体运动的加速度和最大速度的能力 。它包括反应速度、动作速度和位移速度。与高尔夫球运动比较密切的是动作速度和位移速度。

一、反应速度

反应速度是指人体对各种信号刺激（如声、光、触等）的快速应答能力。这种能力取决于信号通过神经传导所需时间的长短，即机体的感受器感受到刺激时，由感受神经元将刺激传至中枢神经，由中枢神经发出指令，经运动神经元传出至效应器肌肉，肌肉产生运动的时间。这段时间又称为反应时，反应时长则反应速度慢，反应时短则反应速度快。

（一）反应速度的影响因素

反应速度主要取决于人的感受器（视觉、听觉）和其他分析器的特征以及中枢神经系统与神经肌肉之间的协调关系。反应速度素质受遗传效应影响较大。

（二）反应速度的评定

人们通常通过测定反应时，即运动员对信号刺激作出反应所需的时间来评定运动员反应能力。应根据不同项目的特点测定运动员对特定信号的反应速度。

对反应时的评定，可以通过实验室的测试进行评定，也可用简易的方法进行测量与评定。

二、动作速度

动作速度是指人体或人体的一部分完成单个动作或成套动作的快慢以及单位时间内重复完成动作次数多少的能力。因此，动作速度又分为单个动作速度、成套动作速度及动作速率三种。

（一）动作速度的影响因素

运动员机体任何部位动作速度的快慢，主要取决于中枢神经系统的功能、引起该部位运动的肌肉力量大小，以及技术动作的合理性。

（二）动作速度的评定

因为动作速度寓于某一个技术动作之中，如高尔夫球的挥杆速度、转髋速度、手腕释放速度等，所以动作速度的测量是与技术参数测定联系在一起的，像出手速度、角速度、加速度等。此外，可以通过对连续反复多次完成同一动作计时求出平均的动作速度。

三、移动速度

移动速度是指在周期性运动中，单位时间内人体快速位移的能力，通常用通过一定距离的时间或单位时间内所通过的距离来表示。从物理学上讲，位移速度（v）是表示物体运动快慢的物理量，它是距离（s）与通过该距离的时间（t）之比，可用公式$v = s/t$表示。

（一）移动速度的影响因素

移动速度的主要影响因素是步长和步频。移动速度主要取决于动作频率即单位时间内完成的动作周期数和每一个动作周期在特定运动方向上的位移幅度。这两个因素状况的改善以及它们之间的合理组合是提高移动速度的关键。

（二）移动速度的评定

测定移动速度的手段常用短距离跑。

测试要求：运动员全力加速。

注意事项如下：

1. 根据不同测试目的选定跑动距离：10米、30米、60米、100米、120米。
2. 在运动员不疲劳、神经兴奋性高的状态下测验。
3. 做好充分的准备活动。
4. 除了时间参数外，步数、步频和单腿蹬地时间也是重要的评价参数。

课题二　速度素质的生理学基础

一、骨骼肌的特点

肌纤维可分为快肌纤维和慢肌纤维两种类型。快肌纤维适于快速用力，但不宜持久，易疲劳。在不同的运动活动中，快肌纤维与慢肌纤维的参与是不一样的。例如，在短距离强度大的速度训练中，主要是快肌纤维参与；在长时间中等强度的运动中，则以慢肌纤维参与为主。因此，速度训练和耐力训练对两类肌纤维的训练效果是不同的。实验证实，优秀短跑运动员腿部肌肉中快肌纤维百分比高，并且快肌纤维出现选择性肥大。可见，肌肉中快肌纤维占优势是发展速度素质的良好物质基础，快肌纤维百分比越高且快肌纤维越粗，肌肉收缩速度就越快。

二、中枢神经系统的调节功能

中枢神经系统调节功能的改善是速度素质生理基础上的一个重要因素。

反应速度的快慢主要取决于兴奋通过反射弧所需要的时间（即反应时）的长短、中枢神经系统的机能状态和运动条件反射的巩固程度。只有中枢神经系统的机能活动性及肌肉组织的兴奋性高，反射弧各环节节律同化作用明显，才能保证兴奋传导的速度加快，效应器才能由相对安静状态或抑制状态迅速转入活动状态，或者由一种状态迅速转入另一种状态。也就是说，当运动员处于良好的赛前状态时，反应时便缩短；反之，如果运动员大脑皮层的兴奋性降低或灵活性降低，则反应时明显延长。研究发现，通过训练，反应速度可以缩短11%~25%。

三、能量供应

我们知道，肌肉收缩的直接能量来源是三磷酸腺苷（ATP）的分解。但骨骼肌中ATP的含量甚少，必须不断再合成才能持续供能。速度性练习时间短，强度大，主要依靠肌肉中磷酸肌酸（CP）的分解释放，以供三磷酸腺苷再合成。所以，磷酸肌酸是速度素质的物质基础之一。经过训练，随着速度素质的提高，肌肉中磷酸肌酸的贮备量增加。有人对 11~13 岁男孩腿肌中磷酸肌酸含量作了微量分析，发现进行四个月速度训练后，他们肌肉中磷酸肌酸含量增加了15%。

为了保持较长时间内快速运动的能力，即速度耐力，仅依靠磷酸肌酸分解供能是不够的。因为在速度耐力性训练中，单位时间的能量消耗较大，心血管系统和呼吸系统无法在短时间内供给足够的氧，还必须动员肌肉中的糖原（储备）进行无氧酵解放能，以供三磷酸腺苷再合成。所以，肌糖原含量及其无氧酵解能力是速度耐力的物质基础。经过训练，随着速度耐力素质的提高，肌肉中糖原的含量增加，同时其无氧酵解能力亦增强。

反复进行速度练习后，保持酸碱平衡的能力也获得提高。实验观察说明，当血氧饱和度显著地下降到 60%时，一般运动员的工作能力大为下降，有些人甚至不得不停止工作。然而，有的优秀运动员在这种条件下仍能继续进行剧烈运动，并不降低速度。

课题三　高尔夫球专项体能速度素质训练的方法

一、反应速度

反应速度是指人体对各种信号刺激的快速应答能力，最常见的方法是利用各种声、光等突发信号让练习者快速作出相应的反应动作，以提高其神经系统反射弧的接通机能水平。

反应速度训练包括简单反应速度训练和复杂反应速度训练。简单反应速度训练的特点是通过训练尽量缩短感觉（视、听、触）动作反应的时间。复杂反应速度训练的特点则是尽量缩短感受（视、听、触）中枢分析、选择、判别某一动作反应的时间。

（一）简单反应速度训练

在竞技运动实践中，简单反应速度往往受到中枢神经系统的兴奋程度，注意力的集中程度，肌肉组织的准备状态，动作技术的掌握程度，对信号特征、时间特征的感受与辨别能力，遗传因素等的制约。如果要把简单反应速度提高到一定程度，就必须针对上述原因（除遗传因素）采用相应的方法与手段。

（二）复杂反应速度训练

复杂反应在运动中大部分属于选择反应。选择反应一般包含两种形式：一是对移动目标的反应，指对运动客体的变化作出反应；二是选择动作的反应，指根据对手动作变化作出相应动作反应。所以，复杂反应速度训练也包括移动目标训练、选择动作训练和结合专项动作训练。

二、动作速度

动作速度是指人体完成某一动作的快速能力。动作速度是在完成某一动作过程中表现出来的，如投掷项目最后出手的动作速度、游泳的转身动作速度等，因此它与动作技术联系紧密。

提高动作速度的锻炼方法有以下几种。

（一）完善技术练习

动作速度的提高，在很大程度上取决于完善的动作技术，因为动作幅度大小，工作距离长短，工作时间多少，以及动作的方向、角度与部位等都与动作速度大小有着极为密切的关系。在技术练习中，人体协调性会得到相应的提高。在完成动作时，人体各肌肉群之间、各内脏活动之间就会表现出同时或前后配合协作一致的现象，这将有利于在发展动作速度时最大限度地减少人体内部的阻力（如被动肌肉群的阻力、人体运动时内脏器官的阻力等），从而提高动作速度。还可采用与专项比赛动作相似并能高速完成的动作进行重复练习。这种重复练习的方法有四个基本要求：

第一，选择的动作能以最高速度完成。

第二，动作应是运动员已熟练掌握的，无须运动员在练习过程中分散精力去注意怎样做动作，从而可以把精力高度集中到完成动作的速度与频率上。

第三，练习中速度不应下降，一旦下降就停止练习。一次练习的时间不应超过20~30秒。

第四，练习的间歇时间要严格掌握。一方面，应使机体能得到基本恢复；另一方面，不应间歇过长，否则会导致神经兴奋性产生本质的下降，影响下一次练习。

（二）利用助力练习

在动作速度练习中，可以利用外界自然条件的助力和人工因素的助力来发展动作速度。外界自然条件的助力是指利用风的方向或水的流向，如自行车运动员顺风骑、速滑运动员顺风跑、短跑运动员顺风跑、游泳运动员顺水游等，都是借助外力，减少阻力，提高动作的速度和频率的练习。人工因素的助力可分为机械助力和人为助力。机械等设备的牵引形成的助力为机械助力，如摩托车的牵引等。人为助力是教练或他人直接或间接施加给运动员顺运动方向的力，以帮助运动员提高动作速率或完成某一技术环节的动作速度，如短跑项目快带慢的牵引跑等。不论是哪一种助力形式，运用时都应循序渐进。

（三）利用后效作用练习

利用后效作用练习是指利用动作加速和器械重量变化而获得的后效作用来提高动作速度的练习。例如：在跳高训练中，先穿沙背心或沙袋进行负重跳可获得重量减轻后的后效作用；利用下坡跑可获得加速的后效作用；在推标准铅球之前可先用加重铅球做练习而获得重量减轻后的后效作用。这是由于在第一次动作完成后，神经中枢剩余的兴奋在随后动作过程中仍然保持着运动指令，从而可以大幅缩短动作进行的时间，提高动作速度。但是，这种后效作用的产生取决于负荷的大小和随后减轻的情况以及练习重量的重复次数和不同重量的练习交换次数与比例。

三、移动速度

移动速度是指人体在特定方向上位移的速度。由于移动速度是速度素质综合表现的一种快速运动能力并受其他素质和技术的影响，因此其训练除了要提高运动员的反应速度、动作速度和频率外，还要相应发展其力量等素质以及让运动员正确而熟练地掌握技术动作。

提高移动速度的训练方法如下。

（一）力量练习

力量练习是提高位移速度的基本方法之一。常用的发展位移速度的力量练习有负重杠铃、各种单双足跳、多级跳和跳深等形式。力量水平特别是爆发力水平的提高对位移速度的提高具有相当重要的意义。不过，在力量练习中应注意以下几点：

1. 以提高速度力量为主，通常强调负重力量练习的速度，力争快速完成。

2. 注意采用极限和次极限负荷强度，以提高快肌纤维的功能。练习的次数与组数不宜过多。

3. 通过力量练习提高肌肉、韧带的坚韧性，防止在速度训练中受伤。

4. 力量练习后应有 2~6 周的减量练习阶段，以便通过延缓转化把所提高的力量能力转移到速度能力上去。

5. 多做一些超等长的力量练习（如原地纵跳，单足跳 30 米，立定跳远，三级跳远，上下跳台阶，单、双足练习，等等），以提高肌肉收缩时的快速力量。

（二）重复练习

重复练习是指以一定的速度，多次重复一定距离的练习。这种方法对提高人体在快速移动中克服各种内外阻力以及速度耐力十分重要。采用重复练习时要重视以下问题：

1. 负荷强度。负荷强度是提高运动员快速移动能力的主导因素，应以高强度进行位移速度的练习，强度一般可控制在 90%~95%，在此之前要安排一些中等或是中上强度的练习，以其作为适应练习。在高强度练习中，运动员可以高度集中注意力，最大限度动员肌肉力量，并加大动作速度与幅度，发挥最高速度水平。

2. 负荷量。位移速度练习要保证一定时间，但不宜太长。高强度练习一般持续时间在 20 秒以内。次数和组数的确定应根据运动员高速度出现与保持的时间以及克服疲劳和机体恢复能力来决定。一般来说，极限负荷时间短，一组 6~7 次，重复 5~6 组。非极限负荷时间长，重复次数与组数相应减少。

3. 间歇时间。间歇时间应以运动员机体相对得到恢复为标准。运动员在下一次练习开始前，中枢神经系统又再度兴奋，机体内物理与化学变化在很大程度上已经中和，能保证下次练习的能量供应。间歇时间的长短主要和练习持续时间有关。一般来说，练习持续时间5~10秒，各练习间休息1~2分钟，组间间歇2~5分钟；练习持续时间10~15秒，各练习间休息3~5分钟，组间间歇10~20分钟。

训练检测

1. 速度素质的分类有哪些？
2. 如何安排速度素质训练？

任务五　高尔夫球专项体能灵敏素质与柔韧素质训练

活动场地 / 环境

多媒体教室、形体训练房。

任务要求

1. 了解灵敏素质与柔韧素质的概念。
2. 了解高尔夫球专项体能灵敏素质与柔韧素质的训练方法。

能力训练

掌握高尔夫球专项体能灵敏素质与柔韧素质训练的方法，能够有意识地提高对高尔夫球专项体能灵敏素质与柔韧素质训练的认知水平；初步形成高尔夫球专项体能灵敏素质与柔韧素质训练的体系。

课题一　高尔夫球专项体能灵敏素质与柔韧素质训练概述

一、灵敏素质

灵敏素质是指人体在各种突然变化的条件下，能够迅速、准确、协调、灵活地完成动作的能力，是人各种运动技能和身体素质在运动中的综合表现。大脑皮层神经活动过程的灵活性及分析综合能力，是灵敏素质的重要生理基础，因此，可通过训练改善和提高各感受器官的功能，以增强灵敏素质。此外，在体育锻炼的实践中，掌握的运动技能愈多就愈熟练，大脑皮层中暂时神经联系的接通就愈迅速、准确，动作也愈灵巧。灵敏素质是运动技能、神经反应和各种素质的综合表现。良好的灵敏性有助于更快、更多、更准确、更协调地掌握技术和练习手段，使已有的身体素质充分、有效地运用到实践中去。例如，高尔夫球运动员在遇到击球失误、落点不佳以及身体突然不适等情况时，想要及时地调整自己的身体状态和运动思维来应对，则需要在日常教学中进行灵敏素质训练。

二、柔韧素质

柔韧素质是指人体各个关节的活动幅度以及肌肉、肌腱和韧带等软组织的伸展能力。高尔夫球运动员的肩、腰、髋、腿等部位均需要具备特殊的柔韧性，才能在运动中表现出大幅度的活动范围。柔韧素质低，会影响掌握动作技能，还会限制力量及速度、协调能力的发挥，也会造成肌肉、韧带损伤。为此，需要深入研究柔韧素质的训练问题。

（一）柔韧素质训练的分类

柔韧素质可以分为主动柔韧性和被动柔韧性。相应地，柔韧素质训练可分为主动柔韧性训练和被动柔韧性训练两种。

主动柔韧性是指运动员依靠相应关节周围肌群的积极工作完成大幅度动作的能力。主动柔韧性训练培养运动员的柔韧能力，也起到发展力量素质的作用。例如，训练正、侧、后踢腿时，要求运动员的腿能踢得高、幅度大、速度快而有力，达到既有柔性又有韧性的效果。反过来，力量素质的发展又能促进主动柔韧性水平的提高。

被动柔韧性是指运动员被动用力（或借助外力）使关节所达到的最大活动幅度的能力。被动柔韧性训练是发展主动柔韧性的基础。

（二）影响柔韧素质提高的因素

1. 肌肉、韧带组织的弹性不仅取决于性别、年龄，而且取决于中枢神经系统的兴奋度。情绪高涨时，柔韧素质会提高。因此，柔韧素质训练要从少儿抓起，练习时的情绪也不可忽视。

2. 关节的骨结构是柔韧素质最不易改变的因素，基本上由遗传决定。关节周围组织体积大小对关节活动幅度有限制作用，它受先天和后天训练的影响。例如，有些肌肉体积增大后，就会影响其周围关节的活动幅度。因此，对运动员来说，控制肌肉体积的增大是极其重要的。

3. 神经系统兴奋和抑制过程转换的灵活性与运动中肌肉的基本张力有关。特别是中枢神经系统调节对于肌肉之间的协调性改善以及肌肉紧张和放松的调节能力的提高是至关重要的。这就是通常说的要求运动员做动作要放得开，别紧张。研究证明，训练水平高的人，肌肉的随意放松能力很高，这与中枢神经系统支配骨骼肌的神经细胞的抑制深度有关。

（三）柔韧素质的种类及特点

人们通常把柔韧素质简称为柔韧性。柔韧素质从其与专项的关系看，可分为一般柔韧性与专项柔韧性。一般柔韧性是指为适应一般技能发展所需要的柔韧素质，专项柔韧性是指专项运动特殊需要的柔韧素质。由于专项柔韧性具有较强的选择性，因此，同一身体部位具有的柔韧性由于项目的需求不同，在幅度、方向等表现上也有差异。

柔韧素质从其外部运动状态的表现看可分为动力性柔韧性和静力性柔韧性。动力性柔韧性是指肌肉、肌腱、韧带根据动力性技术动作需要，拉伸到解剖学允许的最大限度的能力，随即利用强有力的弹性回缩力来完成所要完成的动作的能力。所有爆发力前的拉伸均属于动力性柔韧性。静力性柔韧性是指肌肉、肌腱、韧带根据静力性技术动作的需要，拉伸到动作所需要的位置角度，控制其停留一定时间所表现出来的能力。高尔夫球运动员保持上体前压转髋的姿势等就是这种能力的体现。动力性柔韧性建立在静力性柔韧性的基础上，但必须有力量素质的表现。静力性柔韧性好，动力性柔韧性不一定好。

柔韧素质从完成柔韧性练习的表现上看，可分为主动柔韧性与被动柔韧性两种。主动柔韧性是指运动员依靠相应关节周围肌肉群的积极工作完成大幅度动作的能力。被动柔韧性则是指借助外界力量使关节达到最大活动幅度的能力。被动柔韧性的指标总是高于主动柔韧性。被动柔韧性是发展主动柔韧性的基础和储备，主动柔韧性则决定着技术动作完成的质量。主动柔韧性水平的提高不但取决于被动柔韧性的发展，还受到力量素质的制约，即当主动柔韧性和被动柔韧性之间存在较大差异时，可通过发展力量素质达到提高主动柔韧性、增加关节灵活性的目的。

除以上分类外，柔韧素质从身体不同部位的表现看，可分为上肢柔韧性、下肢柔韧性、腰部柔韧性、肩部柔韧性等。

（四）柔韧素质训练的基本要求

1. 结合专项特征控制好柔韧素质的发展水平。柔韧素质的发展水平以能满足专项运动的需要为准，并要有一定的柔韧性储备，以备在训练和比赛中突然发生的急剧拉伸之用；但过分地发展柔韧性可能会导致关节和韧带的变异，影响肌肉的弹性、力量和技术的发挥。

2. 柔韧素质训练与力量素质训练相结合。柔韧性的提高要有一定的肌肉力量做基础，因此，柔韧素质训练应注意与力量素质训练有机地结合起来，这样不仅可以避免或消除两者之间的不良转移，提高柔韧素质的训练效果，还有助于两种素质的协调发展。在进行柔韧素质训练后要特别注意放松练习，以使肌肉、韧带柔而不软、韧而不僵，使关节活动自如、动作流畅。

3. 柔韧素质训练要从小做起，持之以恒。与成年人相比，青少年关节面角度大，软骨厚，骨化过程尚未完成，韧带组织也较松，是发展柔韧素质的好时机。成年人通过训练，柔韧素质也可以得到一定的改善，易见效，但消退得也快，停止训练时间稍长一些便会消失。因此，柔韧素质训练贵在持之以恒。如果处于专门提高关节活动幅度阶段，则每天都要安排发展柔韧素质的练习，若在保持阶段，一周安排可不超过 3~4 次，训练量也可减少。但在全年训练的每个时期，都应安排发展或保持柔韧素质的练习。

4. 注意柔韧素质训练与温度和时间的关系。外界温度过高或过低，都会影响肌肉的状态，影响肌肉的伸展能力。一般来说，当外界温度在 18℃时，有利于柔韧性的表现。柔韧性在一天之内也有变化，早晨柔韧性最差，然后逐渐提高，中午达到最大值，傍晚又逐渐下降。但这不等于早晚不能进行柔韧素质训练，只要做好准备活动，一天之内任何时候都可以进行柔韧素质训练。训练之间的长时间休息、不断加深的疲劳会使柔韧性，首先是主动柔韧性下降，因此，应严格控制训练之间的休息时间，确保训练课的质量。

（五）柔韧素质训练与训练课的准备活动相结合

通过准备活动，可以使体温升高，降低肌肉的黏滞性，提高其伸展性，并使中枢神经系统的兴奋性略微改善，此时进行柔韧素质训练能收到较好的效果，还可避免运动损伤。

（六）采用多种手段发展柔韧素质

不能把拉伸练习作为柔韧素质训练的唯一手段，在很多情况下持续慢跑并结合一些动力性柔韧性训练是进行柔韧素质训练很好的方法。

三、平衡能力

平衡能力是指抵抗破坏平衡的外力，以保持全身处于稳定状态的能力。

人的任何运动可以说几乎都是在维持身体平衡的状态下进行的，尤其是大肌肉的活动，更需要有较好的平衡能力才能胜任。发展平衡能力有利于提高运动器官的功能和前庭器官的机能，改善中枢神经系统对肌肉组织与内脏器官的调节功能，保证身体活动的顺利进行，提高适应复杂环境的能力和自我保护的能力。发展平衡能力一般可以通过静态的平衡活动和动态的平衡活动来进行。例如，单脚站立、用前脚掌支撑地面站立、半蹲着等，属于静态的平衡活动；而走步、用前脚掌走、曲线或障碍跑、立定跳远、在较窄的平衡板上行走、原地转圈后停下来等，则属于动态的平衡活动。具体到高尔夫球运动而言，全挥杆动作中的瞄球准备姿势需要运动员具备良好的静力性平衡能力，而在全挥杆动作完成的过程中则需要运动员具备良好的动力性平衡能力。由此可见，在高尔夫球运动中良好的平衡能力是打好球的基础。所以，一定要注意将平衡能力训练的内容纳入训练的内容体系，以促进运动员平衡能力的培养与提升，尤其是下盘稳定性的培养。

课题二　高尔夫球专项体能灵敏素质与柔韧素质训练的方法

一、高尔夫球专项体能灵敏素质训练的方法

（一）训练方法

高尔夫球运动的灵敏素质是通过动作力度来表现的。它是衡量高尔夫球运动员竞技水平的重要标志，也是体现专业体能的重要标志。高尔夫球动作要求积极快速、刚劲有力、力度感强。无论上肢、下肢和躯干动作，都有明显的加速和制动，以充分表现力度。因此，灵敏动作力度是体现高尔夫球体能水平的重要标志。

灵敏素质在高尔夫球运动中主要表现为身体的灵敏协调能力。可以多采用以下练习方式：配合中高音乐进行高尔夫操步伐及其组合变形基本步法训练，手臂的基本动作或组合动作通过音乐进行训练，上、下肢相互配合训练，躯干及肩、髋关节进行协调性训练。

1. 灵敏素质步伐练习动作。

（1）组合一（图6-5-1）。

1~4：从一只脚开始两次侧并步。

5~8：从另一只脚开始两次侧并步。

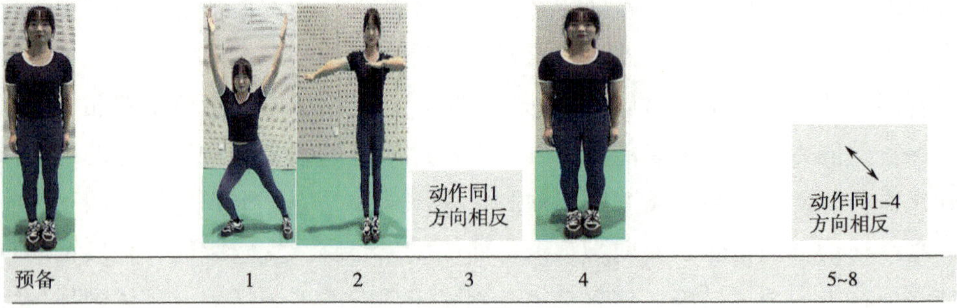

图 6–5–1

（2）组合二（图6–5–2）。

1~6：2次三拍漫步。

7~8：2次踏步转体360度。

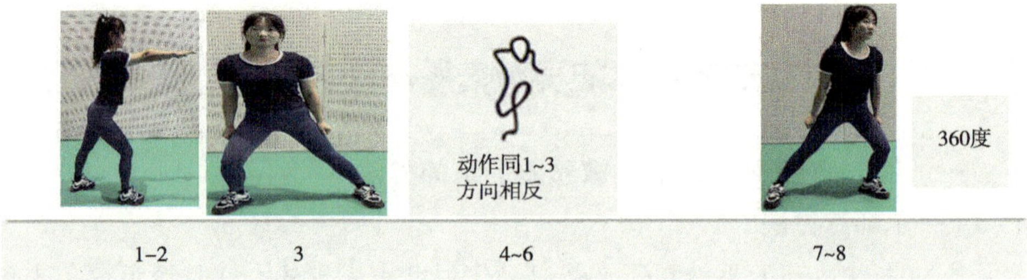

图 6–5–2

（3）组合三（图6–5–3）。

1~4：2次开合跳。

5~8：慢速开合跳。

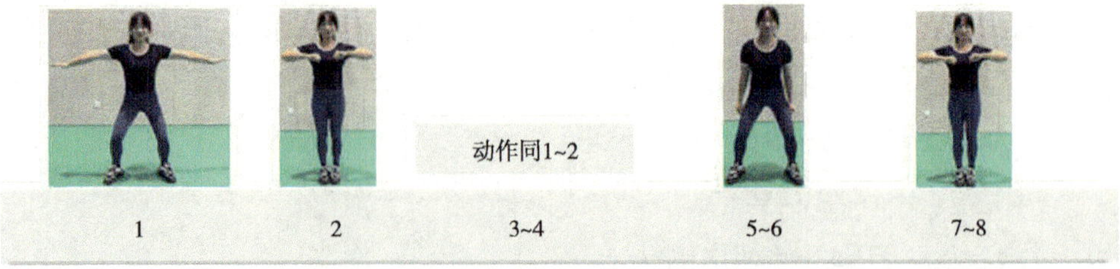

图 6–5–3

（4）组合四（图6–5–4）。

1~4：从一只脚开始交叉步侧跳。

5~8：左右脚交叉漫步转体270度。

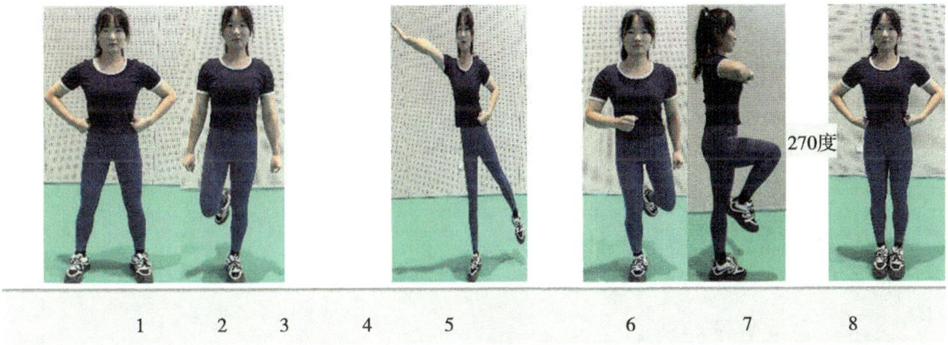

图 6–5–4

（5）组合五（图6–5–5）。

1~4：3次脚跟前点地跳。

5~8：左右脚交叉漫步。

图 6–5–5

（6）组合六（图6–5–6）。

1~4：V字步转体180度。

5~8：A字步站立练习。

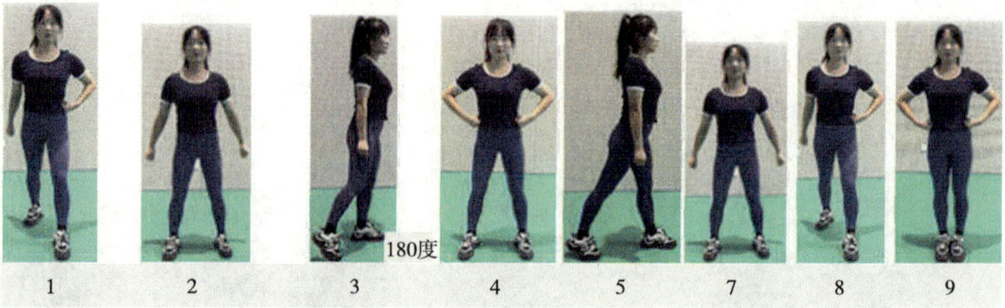

图 6-5-6

（7）组合七（图6-5-7）。

1~4：漫步转体180度。

5~6：向一侧抬腿跳。

7~8：半蹲，并腿。

图 6-5-7

（8）组合八（图6-5-8）。

1~4：一只脚斜前方上步后屈腿。

5~8：动作同1~4，方向相反。

图 6-5-8

（9）组合九（图6–5–9）。

1~4：V字步转体90度。

5~8：向前走三步提膝。

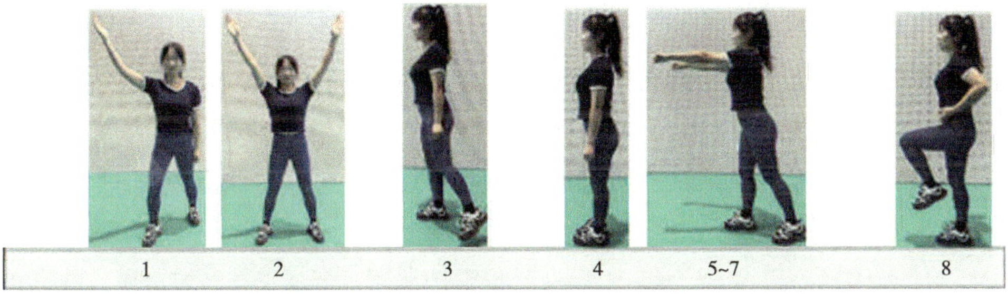

图 6–5–9

（10）组合十（图6–5–10）。

1~4：2次向后弹踢腿。

5~6：左右弓步。

7~8：半蹲，并腿。

图 6–5–10

2. 灵敏素质上下肢相互配合训练。上下肢配合训练可以采用半仰卧交替屈髋收腿、单臂上举仰卧起坐、坐姿两头起等训练形式。

身体形态及表现力训练需要有较好的身体力量基础。因此，这就要求身体的各个部位，特别是上下肢、腰腹以及踝、膝、手腕、手指都进行专门的全面的力量强化训练，旨在发展各运动环节的肌肉力量，达到提高综合力量的目的。

3. 身体形态及表现力练习——上肢姿态练习。该练习动作包括：各种肩、肘、髋关节的练习动作，双手握肋木直臂压肩韧带，双手体后握肋木向前探肩，与同伴互扶侧身正侧压肩。

可以借助肋木练习：面向肋木站立，双手正握肋木做体前屈、挺胸、上体向下振动，运动时感觉肩部肌肉拉伸与收缩，随着动作幅度增大努力拉开肩角；背对肋木站立，双手背握肋木向前探肩，运动时感觉肩部肌肉拉伸与收缩，随着动作幅度增大努力拉开肩角。

4. 身体形态及表现力练习——下肢柔韧练习。单手扶杆做前踢、侧踢与后踢，也可以做行进间踢腿。运动时，感觉大腿与小腿肌肉拉伸与收缩，努力踢到最大高度；让同伴帮忙，将自己前举腿抬起逐渐扳至自己胸前，感觉大腿根部与髋关节肌肉拉伸与收缩，努力抬到最大角度。

5. 身体形态及表现力练习——躯干姿态练习。两腿并直站立做体前屈，双手伸直用手指尖触碰脚踝、脚面或者地面；并腿或分腿坐在地上，上体尽量前屈，双手伸直手指尖触碰脚踝或脚面。练习时可让同伴帮忙按压自己的背部。

6. 身体形态及表现力练习——表现力训练。节奏变化训练：教练应给运动员多变的音乐节奏，让他们从快、慢、变中体验肌肉的收缩与放松，体会肌肉收缩与放松的协调性。训练时，教练应鼓励运动员让身上尽可能多的肌群同时运动，增强其表现张力。

练习不同的套路动作或反复练习同一套路以加强其肢体动作和面部表情训练。可以采用模拟比赛训练法：有意识地制造一些比赛场所喧闹的气氛，如模拟正式比赛的裁判员评分、组织观众参观等来提高运动员的表现力。

（二）其他灵敏素质练习方法简介

1. 发展灵敏素质的方法。由于灵敏素质是人体综合能力的表现，发展灵敏素质必须从全面提高身体素质的综合能力入手，重点培养掌握动作的能力、反应能力、平衡能力等。主要练习方法有：

（1）固定转换体位的练习，如各种穿梭跑、8 字跑和折返跑等，这些练习主要发展人体的基本灵敏能力。

（2）在跑、跳中做迅速改变方向的各种跑、躲闪、突然起动以及各种快速急停和迅速转身等练习。

（3）突然发出各种指令信号，练习者接收信号后，迅速作出应急反应，这种方法主要用于提高人体应用灵敏的能力。

（4）做体操、武术中的一些复杂动作练习，以及进行速度、动作、力量、高度、方位等经常变化的不对称练习和各种球类活动。

（5）做复杂多变的综合练习，如由之字跑、躲闪跑、穿梭跑和立卧撑四项组成的综合性练习。

（6）专门练习，如立卧撑跳转180度连续进行、上步纵跳、左右弧线助跑、单腿起跳、旋转360度连续进行等。

（7）变速和变向练习。在跑、跳过程中快速、协调、准确地完成各种动作，如变向、变速、急停、急起、转体等。

（8）其他方式的练习。可以设计按各种信号作出应答反应的游戏和各种变向的追逐游戏，或者专门设计各种复杂多变的练习，如躲闪跑、穿梭跑等。

2. 注意事项。

（1）灵敏性的全面提高有赖于多建立有严格要求的条件反射。也就是说，学会正确的、随意的动作，越多越好。因此，要重视学习和掌握各种运动技能。

（2）灵敏素质是由大脑皮层神经活动过程的可塑性和灵活性所决定的，前者表现为对动作的掌握能力，后者表现为对参加运动肌群的控制、指挥能力。灵敏素质与复杂的运动反射速度及准确性密切相关，这要求练习时有较强烈的欲望，有明确的目标追求，减少不动脑筋的盲目重复练习。

（3）锻炼灵敏素质应在体力较好时进行，练习负荷强度要大，每次负荷持续时间不宜过长，重复次数也不宜太多，间歇时间要充分，以不产生疲劳为限度。

（4）人在疲劳时灵敏性会变差。因此，不断提高自己的耐力水平，对保持灵敏性有积极的作用。

（5）灵敏素质是一种综合素质，与力量、速度、协调等素质有密切关系，尤其是反应速度、动作速度、爆发力和协调性等对灵敏素质影响很大。因此，发展灵敏素质应从这些基本因素着手，可结合所锻炼项目的运动特点，设计符合自己实际情况的锻炼内容。

（6）灵敏素质应从小抓起，少儿年龄阶段是发展灵敏素质的关键时期。同时，在发展灵敏素质时，应加强心理素质培养，避免由于紧张和恐惧心理而导致反应迟钝，动作的协调性下降，影响正常动作的发挥。

二、高尔夫球专项体能柔韧素质的训练方法

（一）主动拉伸练习

主动拉伸练习分为动力拉伸练习和静力拉伸练习两种。

主动的动力拉伸练习是依靠自身的力量，将肌肉、肌腱、韧带等软组织拉长，提高其伸展性的方法。

主动拉伸还可采用静力拉伸练习法，即在动作最大幅度的情况下，依靠自身肌肉力量保持静止姿势的练习。

（二）被动拉伸练习

被动拉伸练习也可分为动力拉伸练习和静力拉伸练习两种。

被动的动力拉伸练习是依靠教练或同伴的助力拉长韧带、肌肉的练习。例如，依靠同伴的助力逐渐提高后踢腿或前踢腿的动作幅度。

被动的静力拉伸练习是由外力来保持固定姿势的练习。例如，依靠同伴的力量来保持高举腿的最大幅度。

（三）发展身体的柔韧性练习

1. 压腿。压腿的几种方法中正压腿是基础，也是练习者较吃力的方法，压腿时注意要动作规范，分步进行，由轻到重，由低到高，先拉后压，由近及远，意志坚强，持之以恒。

2. 踢腿。踢腿是训练柔韧性的较为重要的一步，它可以巩固压腿的效果，也可以为实际训练打下坚实的基础。踢腿时注意起腿要轻，踢时要快，落腿应稳。良好的柔韧性不仅不会妨碍生长，还有利于生长。柔韧性的训练，不可能一点苦都不吃，采用科学方法保持一颗平常心，一定可以做到。

3. 上肢练习手段——蝴蝶转身姿势（借助拉力器）。

动作要点：以打高尔夫球的姿势站立，将拉力器放在背后，接触肩胛骨；将肚脐吸向脊椎，调动腹肌；将气吸入，转动肩部和躯干，仿佛上杆到达了顶点；呼气，转向左边，重复 10 次；将注意力集中在腹部肌肉以及肩部的转动上。锻炼部位及原理：此动作的练习加强了上肢肩部及手臂的柔韧性。在高尔夫球挥杆过程中，尤其在做上杆的技术动作时可以提高动作幅度，使肩、

臂及背部充分伸展，加大挥杆的初速度，对力量尤其是速度力量的发挥有着重要影响。

4. 下肢练习手段——仰卧后以手拉脚动作。

动作要点：仰面躺在地板上，用右手拉住右脚掌，将双脚折向自己，在呼气的时候将右脚后跟举向天花板，左脚后跟向外伸展；尽量将脚趾张开，活动足弓；微弯右膝，吸气，完全伸直腿部；在呼气的时候，调动股四头肌，保持5秒钟。稍微放松，重复10次。然后，完全舒展肢体，保持这个姿势30秒钟。然后再切换至身体另一侧，以同样的方法重复前面的过程。做的这个姿势是动态和静态肌肉拉伸姿势。动力性练习可借助弹力带做拉肩练习。

此练习手段主要用于加强下肢大腿后群肌、膝盖及小腿三头肌的柔韧性。在做高尔夫球挥杆技术动作的过程中，运动员主要是以脊柱为轴心进行转动，下肢的腿、髋、膝部在身体的转动过程中，随着身体重心的变化，起着很重要的支撑作用，而下肢的柔韧练习有助于帮助运动员提高身体的协调性、下肢的稳定性，并更大幅度地完成重心的转移动作，对运动员保持挥杆技术的稳定性起着重要保障。

5. 腰腹练习手段——转动躯干锻炼（借助拉力器）。

动作要点：将拉力器的一端固定，或者腕部挂一重物；身体直立，屈膝，将肚脐提向脊柱，转身。记住，此时臂膀随躯干转动。如此重复10~20次，然后切换至另一侧，以同样的方法练习前面的过程。腰部柔韧性的锻炼能够使高尔夫球运动员灵活地、更大幅度地完成挥杆动作，更加协调、顺利地完成从上挥杆到下挥杆，再到击球及结束动作，对整个挥杆过程中身体的控制及击球可控性的提高起着关键作用。

（四）滚轴、瑜伽球拉伸法

在柔韧性训练的整理部分，也需要做一些体能恢复，以及时消除运动员在训练中所产生的疲劳，并通过生物适应过程产生超量恢复，提高机体机能。这里主要介绍泡沫滚轴放松法、瑜伽球拉伸法和徒手拉伸法。

1. 泡沫滚轴放松法。泡沫滚轴可以缓解肌筋膜粘连，快速清除肌肉堆积的代谢产物，减轻疼痛感，放松肌筋膜和肌筋膜触发点，减小肌张力。同时，泡沫轴滚压可以促进筋膜放松，是按摩和牵拉相结合的放松方法；可以按摩深层筋膜触发点，减小筋膜软组织张力，放松肌肉。

2. 瑜伽球拉伸法。背部贴紧瑜伽球，手和脚分开与肩同宽，手臂向后伸展直到碰地。下背部靠近瑜伽球，降低臀部，腹部向上拉伸保持30秒，放松。重复以上动作。

3. 徒手拉伸法。身体保持直立，双手贴紧双侧。身体向左侧慢慢弯曲，左手同时向下滑动，到底部时保持片刻回到起始位置。重复以上动作 10 次左右，换另一侧重复以上动作。

提高身体柔韧性，不仅能扩大关节韧带的活动范围，有利于提高身体的灵活性和协调性；还能使僵硬的肌肉得到松弛，防止肌肉痉挛，减轻肌肉疲劳。同时，柔韧素质也是高尔夫球技术协调用力的一个必备素质。

（五）瑜伽练习法

瑜伽流派众多，本课程选择阴瑜伽体系进行训练，在柔和的音乐中每个体式保持 2~4 分钟。在舒适的体位中有效拉伸关节、筋膜、韧带，不仅能有效提升身体的柔韧性，还能促进心理的平和，提升专注能力，对于高尔夫球技术稳定发挥具有一定的积极作用。

1. 训练内容与方式。训练内容主要是针对肩关节、脊柱、侧腰、髋部、臀部、双腿等肌肉、关节部位的拉伸，训练方式选用以被动拉伸为主的瑜伽方式。

2. 注意事项与要求。整体动作要求：全身肌肉放松，在放松中保持，意识专注于拉伸部位，在呼吸中体式逐渐深入。

针对不同部位柔韧性的体式练习：

肩关节体式：融心式、侧躺展臂式、下犬式。

脊柱后弯：人面狮身式、海豹式。

侧腰拉伸：侧蜻蜓式。

侧腰扭转：仰卧脊柱扭转式。

髋部：蝴蝶式、鞋带式、仰卧束角式、蹲式、蛙式。

臀部：龙式、睡天鹅式。

腿后侧肌群：龙式、侧弓步式、下犬式、悬挂式。

大腿前侧股四头肌：马鞍式。

放松体式：婴儿式、快乐婴儿式、悬挂式、僵蚕式。

3. 体式组合练习。根据循序渐进的原则，编排三套体式，每套体式 70 分钟左右。

（1）体式组合一：冥想调息—蝴蝶式—蜻蜓式—人面狮身式—婴儿式—海豹式—婴儿式—半鞋带式—快乐婴儿式—仰卧扭转式—僵蚕式—结束冥想。

（2）体式组合二：开始冥想—蛙式—婴儿式—人面狮身式—婴儿式—鞋带式—睡天鹅式—毛毛虫式—龙式—下犬式—婴儿式—僵蚕式—结束冥想。

（3）体式组合三：冥想调息—侧躺展臂式—融心式—人面狮身式—海豹式—婴儿式—龙式—侧弓步式—侧蜻蜓式—马鞍式—悬挂式—蹲式—快乐婴儿式—仰卧束角式—躺卧扭转式—僵蚕式—结束冥想。

4. 体式动作做法与动作功效（表6–5–1）。

表 6–5–1　体式动作做法与动作功效

序号	动作名称	动作做法	动作功效
1	冥想调息	1. 选择舒适的坐姿，可以简单盘坐，也可以坐在凳子上，或者采用跪姿也可以，让后背脖颈自然挺直，让全身都放松下来，尽量深长缓慢地呼吸，不要停顿。放下一切心事，将思绪集中在鼻孔处，观察吸气时，气息进入鼻孔。 2. 观察呼气时，气息从鼻孔呼出。以此来帮助你集中注意力	增加身体的氧气，使血液得到净化，强化肺部组织的力量，是一种有效的心理调节方式，也是一种使身体达到平衡状态的方法
2	蝴蝶式	1. 坐在垫子上，让两个脚心相对保持上体直立。 2. 双手十指交叉握住脚背，尽可能地让脚跟靠向会阴。 3. 练习者需将身体尽可能向上立起，然后让双膝上下弹动20~30次。 4. 吸气，将双侧膝盖内收，双手抱住小腿前侧放松一下背部，准备第二组练习	有利于促进骨盆区域的血液循环，打开髋部，能促进血液流进背部和腹部

续表

序号	动作名称	动作做法	动作功效
3	蜻蜓式	1. 简易做准备，双腿向两侧打开到你可以忍受的程度。 2. 吸气，脊柱延展；呼气，双手体前撑地，上半身慢慢向前向下，背部自然延展。双脚回勾脚尖朝上（或自然放松）。如果可以，屈手肘带动身体继续向前向下，最后双手上下交叠，额头放在手背上，全身放松。 3. 吸气，双手慢慢往回收，脊柱一节节慢慢向上抬起上半身，最后再抬头。双腿抖动收回到体前。双膝并拢，两手环绕双腿停留一会儿，释放紧张和压力	可以很好地释放压力，改善下肢的血液循环
4	人面狮身式	1. 俯卧，下巴点地，双腿伸直并拢，双手自然放在身体两侧，掌心贴地。 2. 屈肘，两小臂向前平行伸直，掌心向下贴放在头部两侧的地上。 3. 吸气，慢慢把头和胸膛抬离地面，两前臂平放在地面上以支撑身体，双眼看向斜上方。 4. 呼气，身体慢慢还原至初始姿势	锻炼手臂关节、心脏和颈部肌肉
5	婴儿式	1. 跪立在垫面上，双脚并拢（亦可打开与垫面同宽），大脚趾贴靠；双腿并拢，臀部坐向脚后跟。 2. 吸气，延展脊柱。 3. 呼气，身体前倾，腹部贴靠大腿，前额点地，脖子放松。双手自然放在身体的旁侧靠近脚后跟，亦可向前伸展手臂使掌心贴地	放松全身，缓解身体疲劳，减轻精神压力
6	海豹式	1. 从俯卧开始，双手与肩同宽，放在头部两侧；尾骨卷住，耻骨上提，脚背压实垫面。 2. 吸气，手推垫面，伸直双臂，肘关节微屈，胸骨上提，收紧小腹，上体抬起，拉长脊柱，眼看前方，保持5~8个呼吸。 3. 呼气，脊柱一节节放回垫面，臀部放松，舒展双腿。	可以极好地缓解背部疼痛和胃部不适

续表

序号	动作名称	动作做法	动作功效
7	半鞋带式	1. 直角坐姿准备。 2. 屈右膝，右小腿向内，右膝盖放到左膝盖上。 3. 吸气，脊柱延伸；呼气，身体前屈，双手放在体侧或放在体前，下方的腿向前伸直伸展并放松，保持骨盆的中立位。 4. 背部放松，静态停留 3~5 分钟，收回腿位，换另一侧练习	极好的开髋体式，可以有效减轻下背部的压力，缓解腰背疼痛
8	快乐婴儿式	仰卧在垫子上，屈双膝，双手握住外脚板，保持脊柱延展，放松保持	按摩脊柱，缓解双腿肌肉疲劳，打开髋关节
9	仰卧扭转式	1. 仰卧在垫子上，两臂侧平举。 2. 吸气，左腿上抬。 3. 呼气，屈左膝，左脚踩在右膝盖上。抬右臂，右手放到左膝盖上。 4. 吸气延展脊柱，呼气，右手将左膝压向右侧垫面。 5. 保持2~3分钟，吸气还原，反方向练习	伸展脊椎和肩部，强化下背部力量
10	蛙式	1. 从四角板凳式开始。 2. 双腿向两侧滑动，远离躯干，大小腿 90 度，脚背和小腿 90 度。同时，手肘放松，放低髋部，胸腔向垫子靠近。 3. 用双手（或瑜伽砖）枕住头部。 4. 髋部可在舒适范围内降至最低，保持姿势，至少做三次深呼吸	打开髋关节
11	鞋带式	1. 坐在瑜伽垫上，腰背挺直，坐骨坐实于垫面。 2. 吸气，双手由前向上举过头顶，腹部内收，胸腔上提并向外打开，脊柱向上无限延展。 3. 呼气，以髋为折点，身体向前向下，双手落于前方地面，眼睛看向地面，始终保持肩膀放松，坐骨不离开地面，感受臀部外侧的拉伸，保持顺畅的呼吸 1~3 分钟。 4. 吸气，抬头，身体向上收回。呼气，双腿伸直，再进行反侧练习	灵活髋关节、踝关节，使其附属韧带更强壮，拉伸臀部外侧肌肉群

续表

序号	动作名称	动作做法	动作功效
12	睡天鹅式	1. 下犬式准备。 2. 吸气，右腿上抬，呼气，迈右腿向前一大步，放在身前髋部的下方，右小腿尽量横放 90 度，上半身保持挺直，手臂支撑在身体前方的位置上。 3. 左脚脚背贴地，感受脊柱的拉伸，在这个姿势保持几组呼吸 。 4. 吸气延展脊柱，呼气，手臂进一步放在身前，屈肘，大小臂垂直 90 度，手肘落地，上半身向前倾。 5. 髋部中正，手臂向前伸直，前额点地，在这个姿势保持几组呼吸，换边重复	灵活髋部，刺激腿部内侧的肝经和膀胱经，睡前练习可以助眠舒缓腰背部肌肉，缓解酸痛
13	毛毛虫式	1. 直角坐姿，双腿分开与髋同宽。 2. 吸气延伸脊柱，呼气，上体自髋部开始前屈，腹部内收，眼睛看向肚脐方向。双手放双腿两侧。双腿放松。保持3分钟。 3. 吸气，脊柱一节节还原成直立。 4. 呼气，全身放松	有效预防背部肌肉群僵硬。柔韧整条脊柱，灵活背部
14	下犬式	1. 四角板凳式开始，双手十指大大分开，指腹和虎口压实垫面。 2. 勾脚尖，吸气双手向前推地，推臀向后向上。 3. 呼气，双腿与坐骨同宽，双脚后跟压实地面，坐骨推到最高，保持5~8个呼吸。动作要点：小臂内旋，大臂外旋，肘窝相对，肩膀远离耳朵，腹部内收。尾骨卷，耻骨提，大腿前侧肌肉向上拎，两腿内侧夹中线。保持腰背部延展，膝盖无法伸直的可以微屈膝	增强手臂和腿部韧带的柔韧性和肌肉力量，强化背部力量
15	龙式	1. 下犬式开始。 2. 吸气，左腿向后上抬起。 3. 呼气，左脚向前跨置于左手外侧以 45 度的角度打开，右膝往最远处落地，脚背铺平。 4. 吸气延展胸腔，呼气手肘落地，双手十个手指交扣，保持顺畅呼吸，在此维持 3 分钟	深入打开关节窝，打开髋部，缓解坐骨神经痛

续表

序号	动作名称	动作做法	动作功效
16	侧弓步式	1. 接上龙式，左腿在前，大小腿垂直地板。 2. 左脚脚跟抬起，上体向右转动。 3. 左手肘撑地，右手放于右腿前撑地。 4. 右脚尖向上，感受右腿内侧肌肉的拉伸	可以增强股四头肌、臀肌和腘绳肌的力量，还可以锻炼大腿内侧和外侧，同时锻炼平衡和稳定性
17	侧蜻蜓式	1. 接上侧弓步式，左腿在前，右腿侧伸展。 2. 臀部后移动，坐在垫子上。 3. 屈左膝，左脚靠向会阴，保持右腿伸展。 4. 吸气，左手边臂上抬；呼气，屈左肘，左手落于头后。 5. 右手肘在右腿上支撑，手托住头部，保持顺畅呼吸	温和地打开髋关节、会阴穴和大腿后侧的韧带，同时打开膝关节内侧韧带
18	侧躺展臂式	1. 俯卧在垫子上。 2. 左手臂侧伸，掌心向下。 3. 右手撑地，屈右膝，右脚踩在左膝的后侧，上体向右侧翻转。右手可以腹前撑地，也可以放到腰背部，保持顺畅呼吸。 4. 动作还原，反向练习	打开肩关节
19	融心式	1. 四角板凳式准备，双腿分开与骨盆同宽，大腿垂直于地面。双手分开与肩膀同宽，手臂垂直于地面。骨盆端平，脊柱延展。 2. 吸气延展脊柱。 3. 呼气时，尽可能保持大小腿垂直。双手臂向前移动，胸腔下沉，下巴落地，眼看前方。头颈背部放松。尽量在此保持3~5分钟	心包经得到伸展
20	马鞍式	1. 跪立，两人脚趾相触，双膝打开。 2. 上体向后仰卧过程中，推髋卷尾骨，坐骨向前送，打开腹股沟。 3. 背部靠在地面上或者抱枕上，双臂可以伸过头顶，舒适保持	强烈地打开髂腰肌，伸展臀部肌肉和骨四头肌

续表

序号	动作名称	动作做法	动作功效
21	悬挂式	1. 双脚分开站立于垫子短边前端 1/3 处。吸气，双臂上举；呼气，手臂随身体向前向下，直接放松双臂，双手自然悬挂在身体上，让身体在一个能自然下到的位置停留，放松肩颈、背部和双臂。 2. 呼吸自然，均匀地呼吸。 3. 体会臀部和腿部后侧的拉伸感，背部、肩颈和双臂放松	可以使人集中注意力，提高思维能力，使大脑更加灵活、反应灵敏
22	蹲式	1. 站在瑜伽垫上，双腿分开两倍肩宽，脚尖向外。 2. 吸气立直脊柱，耻骨上提，呼气屈膝下蹲，大腿与膝关节接近平行，尾骨内卷，保持3~5个呼吸。 3. 吸气，双脚发力，把身体推直，重复几次	当下蹲时，身体的重量向下压挤腿部肌肉中的血管，加快下肢的静脉血液流向心脏

训练检测

1. 如何安排灵敏素质训练？
2. 如何安排柔韧素质训练？

任务六　高尔夫球专项体能平衡能力和节奏素质训练

活动场地 / 环境

多媒体教室、形体训练房。

任务要求

1. 了解高尔夫球专项体能平衡能力训练的方法。
2. 了解高尔夫球专项体能节奏素质训练的方法。

能力训练

掌握高尔夫球专项体能平衡能力和节奏素质训练的方法，能够有意识地提高对高尔夫球专项体能平衡能力和节奏素质训练的认知水平；初步形成高尔夫球专项体能平衡能力和节奏素质训练的体系。

课题一　高尔夫球专项体能平衡能力训练的方法

锻炼身体平衡能力的训练方法有三种，分别为静力锻炼、健身球锻炼和慢运动。其中，静力锻炼常以健身球作为运动器材，以快速地起到作用。

第一，当趴在健身球上的时候，就需要被动地来掌握平衡，因为健身球比较软，锻炼难度并不大，而且也不容易受伤。可以尝试着在上面趴 1 分钟，逐渐适应之后再慢慢地增加时间和难度。可以先尝试用双手和双膝着地，趴到健身球上面保持这个姿势，每次坚持 5~10 分钟，每天做 3~5 组即可。等到适应之后再开始一点点地放开双手，将身体直立起来，用两膝夹住健身球，方法和之前一样。以上这些姿势并没有太大难度，最主要的是集中注意力，一点点地纠正重心。

第二，当练到一定程度之后，可以试着在有安全保障的条件下，例如在身边放一些海绵垫子，双脚直立站在健身球上。这个动作非常危险，稍有不慎就会摔倒，所以必须保证海绵垫子面积足够大，当健身球有所转动的时候，依然能起到保护作用。除此之外，也可以尝试着将健身球固定在原地，等到适应之后再开始练习。

第三，静力锻炼和慢运动的危险系数要低很多，静力锻炼大多指平板支撑和扎马步，慢运动则以太极拳为主，这两项运动见效慢，需要有足够的毅力去坚持。在练习太极拳的时候也要量力而为，找到正确的动作要领，否则会伤到膝盖。

全足站立等方法可增强自身的平衡能力。可左脚前右脚后，右脚尖对着左脚前跟，两脚前后成一直线，最好站立60秒以上。还可以适当地坐在椅子上，双手扶着椅子扶手，慢慢地做站立动作，身体不需要完全站起来，只要稍稍离开椅子。这样的动作必须坚持10秒以上。

课题二　高尔夫球专项体能节奏素质训练的方法

节奏是自然、社会和人的活动中一种与韵律结伴而行的有规律的突变，用反复、对应等形式把各种变化因素加以组织，构成前后连贯的有序整体。

一、把握挥杆节奏

挥杆节奏是高尔夫球运动中非常重要的部分。从开始入门，就要寻找属于自己的挥杆节奏。只有通过多次练习才能形成良好的挥杆节奏。

不管是动作简单的推杆还是切杆、半挥杆、全挥杆等，都要有正确的挥杆节奏，在此过程中不能有停顿或突然加速的活动，否则会打乱挥杆的节奏。

高尔夫球运动员要有适合于自己的挥杆节奏，要找寻适合于自己的以挥杆轴线为中心的一贯的挥杆节奏，通过练习使之习惯化。（图6-6-1）

练习挥杆节奏的方法有3节拍练习法、2节拍练习法及呼吸练习法等。

3节拍练习法是从上杆到上杆顶点，口中默念1、2，下杆时默念3的练习方法，即保持上杆比较缓慢而下杆比较快的节奏。大卫·李德贝特又称之为1和2的练习法。在1时上杆到顶点后开始转换，2时下杆并完成击球和收杆动作。

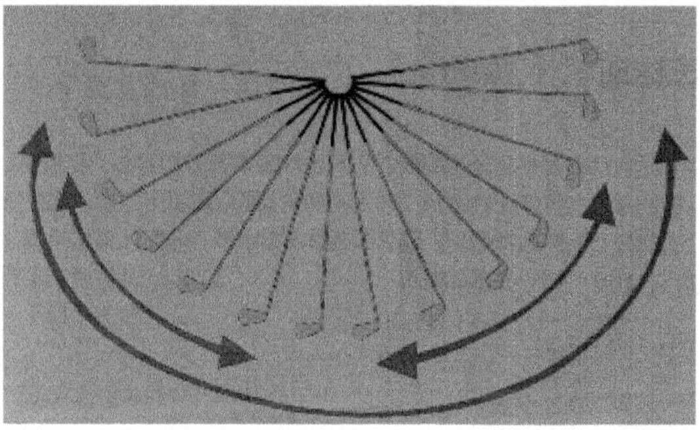

图 6-6-1　挥杆节奏

2 节拍练习法是尊尼·米勒提出来的，在 1 时上杆到顶点，2 时下杆。这种节奏比较容易掌握击球时机，对性格急躁的人比较有效。

不急不慢的击球前例行准备动作也是相当有必要的。

在以上两种练习方法的基础上，结合呼吸调节效果更好。在 1 时呼气，2 时停止，3 时再吸气；或者 1、2 时停止呼吸，3 时再呼气等。总之，要根据自己的感觉进行调节。

（一）击球时机

击球时机是指杆面与球接触的瞬间，它对击球距离及方向都会产生影响。丧失击球时机意味着在挥杆动作中有停顿的现象或手臂和身体的动作不够协调。除了在上杆顶点及收杆动作外，在上杆和送杆的过程中，前臂与身体要保持一个整体，动作不能分离，如果有分离的动作，就有可能失去击球时机。

（二）破坏挥杆节奏的三个原因

1. 失去平衡。如果失去平衡，就意味着挥杆动作的失败。如果挥杆轴线发生移动，就会出现挥杆错误中最致命的身体摆动现象。失去平衡的原因是视线随着挥杆动作发生了移动。为了防止视线移动，从上杆到送杆的过程中眼睛都要盯着一个地方（使用木杆盯住球后面的一个点，使用铁杆盯着球的后部）。另外，初学者经常犯的错误是提前抬头。挥杆时在头脑中想象自己提前抬头的挥杆动作，实际挥杆中就不会提前抬头。这种方法比较有效。

2. 手臂提前打开。急于看击球的结果而使手臂提前打开也会破坏挥杆的节奏。双手提前打开，惯性是一个方面的原因，而双手离球杆太近也是一个原因。为了防止出现这种现象，眼睛要盯住球的后方，注意下半身的动作，感觉挥杆动作是在腹部（重心所在处）和左腰（要支撑转移过来的体重）处完成的。身体的节奏是关键。

3. 对击球距离的贪欲。谁都想打出一记漂亮的击球，这种欲望如果转变成发力，就会破坏节奏，挥杆也就失败了。从站位开始到上杆、下杆，如果有力量性动作，身体就显得僵硬，也不可能正常挥杆，造成左曲、右曲、打地等失误。不管怎样，都要以一贯的速度和节奏做出柔和的挥杆动作。

（三）挥杆节奏的丧失

挥杆动作中，比较容易丧失节奏的是上杆顶点到下杆的转换阶段，将上杆和下杆动作分割开来理解是主要原因。上杆、下杆动作应该是连贯的挥杆动作，从上杆顶点到下杆，应该有一个平滑的转换过程。刚到上杆顶点就想击球，自然会出现下杆过快的现象，或是还在想是否上杆到位，就会出现停顿的现象，当然也打乱了正常的节奏。

为了保持正常的挥杆节奏，击球准备时就应该放松身体肌肉，消除紧张感。握杆松紧适度，否则会引起手臂和肩部的肌肉紧张。只有身体放松，才能有柔顺的挥杆节奏。

二、节奏改善

节奏是具有同一强度和同样时间内运动的规则性重复，美学家朱光潜先生认为，节奏是一切艺术的灵魂。对高尔夫球运动的节奏，各人有不同的理解。有人认为，打完这一杆到下一杆的流畅性为节奏；有人认为，节奏是挥杆时上杆和下杆的快慢所形成的速度。挥杆节奏决定了运动员能否把杆头以正确的角度和速度送到击球点，精确地控制时间，并以最快的速度通过击球区。控制好挥杆节奏，才能把握动作的一致，减少击球的失误率。

挥杆节奏因人而异，理想的挥杆节奏是运动员在完全控制身体和球杆的范围内保持最快的挥杆击球速度。在挥杆过程中各部分的时间比例应保持一致，包括上杆、上杆顶点停留、从开始下杆到击球、从击球点之后收杆，即：不急不缓地上杆，上杆顶点短暂地停留，平顺地转换至下杆，下杆时平稳地加速，然后在挥杆弧底达到最快。以这样的节奏挥杆击球，杆头的速度和力道在击球“时段”达到最高点。高尔夫球运动通过对动静、张弛、收放的对比与转化，形成强烈的节奏感。

优秀的高尔夫球运动员都有相对稳定的挥杆节奏。高尔夫球全挥杆动作技术分析中，上杆阶段的动作相对缓慢、平稳，尽可能将身体肩关节和腰扭转至最大幅度，而尽量减小髋关节的转动幅度，这个过程的任务是积蓄力量；下杆阶段要迅速，以完成击球的能量传递为目标，要尽可能在短时间内将上杆阶段积蓄的力量释放出来，通过球杆头传递到高尔夫球上。良好的挥杆节奏可以弥补因其他挥杆动作技术问题导致的无效挥杆。

三、节奏素质训练注意事项

任何节奏素质训练，都应强调挥杆的结构和挥杆平面，保持正确的发力顺序。

挥杆时要有自己设定的节奏，要根据设定的节奏来支配杆头的处理速度。

可以使用节奏器来进行节奏训练，把节奏器设置为中等速度（80 次/分），节拍调为 2 拍，采用 1~2 节奏发声，让运动员在节奏器提示下进行无球试推和推球练习。在无球试推过程中可以采用两种练习方式。一种是跟随节奏器来回摆动体会节奏感觉；另一种是从准备姿势开始，每试推 1 次以后等待 1 拍，从下一拍 1 开始时跟随节奏试推，充分体会整个过程的节奏感。在进行推球训练时，建议间接性地开启节奏器，让运动员在节奏器提示下进行推球训练。

训练检测

1. 如何安排平衡能力训练？
2. 如何安排节奏素质训练？

项目七
高尔夫球运动肌肉动作训练

项目描述

本项目将探讨高尔夫球肌肉训练的要点和注意事项，以帮助高尔夫球运动员提高运动表现。

学习目标

深入了解高尔夫球肌肉动作训练的基本概念，包括发力和加速、挥杆时主要参与肌肉和关节、能量的叠加等，并深入了解胸部动作训练、背部动作训练、肩部动作训练、手臂部动作训练、腰腹部动作训练、臀部动作训练、腿部动作训练的要点。

能力目标

掌握高尔夫球肌肉动作训练的要点，能够为高尔夫球运动员设计针对性的肌肉训练计划，帮助他们在高尔夫球运动中取得更好的成绩。

任务一　高尔夫球运动与肌肉参与

活动场地 / 环境

多媒体教室。

任务要求

1. 理解发力和加速度在高尔夫球挥杆动作中的作用。
2. 掌握高尔夫球运动中主要参与肌肉和关节。

能力训练

掌握高尔夫球运动的基本动作和技术中主要参与肌肉和关节；初步形成高尔夫球运动发力与加速度的概念。

课题一　发力和加速度

一、高尔夫球挥杆动作中的发力概念

在高尔夫球挥杆中，发力是一项复杂而协调的动作，远不是简单的肌肉用力。以下是挥杆发力过程中的更详细解析。

1. 身体协同工作。挥杆的发力需要身体各部分的协同。下半身的旋转动作需要与上半身的转动以及手臂的伸展形成紧密的协调，确保能量传递的流畅性。

2. 地面反作用力利用。运动员通过灵活地利用脚底和地面的反作用力，将身体的能量有机地传递到球杆上。这个过程需要运动员将下半身的力量迅速传递至地面，再通过地面的反弹力传递至上半身，从而形成一个连贯且高效的挥杆动作。

二、肌肉群参与发力

1. 下半身肌肉。髋部的旋转动作由臀部和大腿的肌肉协同完成，产生的能量逐渐传递到膝关节，最终到达脚底。这一协同作用确保了能量的有效传递。腿部的肌肉如股四头肌、腓肠肌等在这一过程中发挥着重要作用。

2. 腹肌和腰部肌肉。腹横肌和腰部肌肉的稳定性对于身体的平衡和控制至关重要。这些肌肉的收缩不仅有助于保持身体的姿势，还在挥杆的发力过程中提供了核心支撑。核心肌群的稳定性是挥杆动作中稳健发力的关键。

3. 上半身肌肉。肩背肌群和手臂肌肉的协同作用，将下半身产生的能量传递到球杆。这需要肌肉的爆发性收缩和高度的协调性动作，使能量传递更为高效。手臂的肌肉包括三头肌、二头肌等也承担着重要的挥杆任务。

三、加速度的关键作用

在挥杆动作中，加速度是决定球飞行距离的关键。为了进一步增加挥杆的加速度，需注意以下方面。

1. 身体协调性的提升。通过不断训练，提高身体各部分在挥杆过程中的协调性，以增加整体挥杆的协调性和流畅性。这包括通过协调性训练来优化身体的运动模式，使得动作更为自然而有效。

2. 动作流畅性的加强。通过反复的练习和动作调整，确保挥杆动作的流畅性。这不仅有助于提高加速度，还能减少阻力，使挥杆更为高效。动作的流畅性涉及挥杆过程中的每个细节，包括起始动作、过渡和最终释放动作。

课题二　挥杆时主要参与肌肉和关节

挥杆作为高尔夫球运动的关键动作，需要身体各部位的肌肉和关节密切协同工作，以确保挥杆的稳定性和有效性。以下将详细探讨挥杆时主要参与的肌肉和关节，以及相应的训练方法。

一、肌肉和关节的协同工作

挥杆要求上半身和下半身肌肉协同工作，确保动作的连贯性和力量传递。

（一）下半身

1. 髋部。髋部的稳定性和旋转能力对挥杆动作至关重要。髋部训练包括髋屈伸和旋转的训练，如单腿深蹲和髋部旋转训练。

2. 膝关节。膝关节训练包括进行膝关节屈伸和侧向运动的训练，如侧向蹲和膝关节稳定性训练，以增强膝关节的稳定性。

（二）上半身

1. 肩部和背部。肩部和背部肌肉的协同作用是确保挥杆正确轨迹和力量传递的关键。肩背训练包括俯卧撑、引体向上等，以增强上半身的稳定性。

2. 手臂和手腕。手臂和手腕的肌肉控制影响挥杆的灵活性。通过手臂和手腕的弯曲和伸展训练，如哑铃弯举和手腕反曲练习，提高手臂和手腕肌肉的力量和协调性。

二、下肢的重要性

（一）髋部

髋部的稳定性和旋转能力对挥杆的控制至关重要。强调髋部柔韧性的训练，如动态髋部伸展和髋关节稳定性训练。

（二）膝关节

膝关节的弯曲和伸展在挥杆动作中扮演关键角色。强调膝关节力量和稳定性的训练，如膝关节屈伸和膝盖外展训练。

三、上肢的关键肌肉

（一）肩部和背部

肩背肌群的协同作用确保了挥杆动作的正确轨迹和力量传递。推荐杠铃划船、拉力绳下拉等肩背训练。

（二）手臂和手腕

手臂和手腕的肌肉控制挥杆的灵活性。推荐哑铃弯举练习，以提高手臂和手腕的力量。

四、关节的活动范围和柔韧性训练

（一）关节的活动范围

通过定期的关节训练，特别是脚踝、膝盖、肘关节训练，保持良好的活动范围。关节训练可包括关节的主动和被动拉伸。

（二）柔韧性训练

柔韧性的训练包括瑜伽、动态伸展等，其有助于提高挥杆时肌肉和关节的协同性，减轻挥杆过程中的阻力。

课题三　能量的叠加

挥杆在高尔夫球运动中被认为是决定性的动作之一，其成功与否直接关系到球的飞行距离和准确性。在挥杆过程中，身体内的能量叠加起着至关重要的作用。深入了解这一过程，同时通过专门设计的训练方法进行优化，将有助于运动员实现更高水平的挥杆表现。

一、身体能量传递过程

挥杆的成功依赖于身体内能量的迅速、高效传递，以形成一个协调一致的动作链。

（一）下半身到上半身

髋部的旋转和腰部的扭转是确保下半身产生的能量能够迅速传递到上半身的关键。这种连贯的协同工作确保了能量传递的顺畅性，为上半身的动作提供了坚实的基础。

（二）上半身到球杆

肩部和手臂的协同工作将能量传递到球杆。手腕的控制和释放是确保能量传递到击球的关键。肌肉和关节的协同工作保证了能量在挥杆过程中的逐步叠加。

二、协同工作的重要性

挥杆并非简单的肢体运动，而是身体各个部位协同工作的复杂动作。

（一）下半身到上半身

髋部的旋转和腰部的扭转确保了下半身产生的能量能够迅速传递到上半身，形成一体化的动作。这种协同工作是挥杆能量传递的关键。

（二）上半身到球杆

肩部和手臂的协同工作将能量传递到球杆。手腕的控制和释放是确保能量传递到击球端的关键。

三、能量叠加的优化

为了确保挥杆过程中能量的最大叠加效果，需要注意以下方面。

（一）连贯性动作

确保挥杆动作的连贯性，避免能量在传递过程中的断裂。通过精细的技术训练，确保每个动作环节之间的流畅过渡，最大程度地叠加能量。

（二）节奏掌控

可以调整挥杆的节奏，使能量在适当的时机叠加，以达到最佳效果。过快或过慢的挥杆都可能影响能量传递的效果。通过节奏感的培养，运动员可以更好地掌控挥杆的时机。

四、训练方法

为了培养身体能量叠加的高效性，制订综合性的训练计划是必不可少的。

（一）全身协调性训练

强调身体各部分的协同工作，特别是下半身和上半身的协调。模拟挥杆动作的全身练习将提高肌肉和关节之间的协调性，使能量传递更为顺畅。

（二）手臂和手腕训练

针对手臂和手腕的肌肉进行训练，强化控制和释放能量的能力。这包括通过重物训练和特定动作的练习来提高手臂和手腕的爆发力。

（三）能量叠加模拟训练

制订特定的训练计划，模拟挥杆时的能量传递过程。通过模拟实际挥杆过程，运动员可以更好地理解和优化挥杆中的能量叠加，从而提高挥杆效果。

训练检测

1. 发力和加速度在高尔夫球挥杆动作中的作用是什么？
2. 高尔夫球运动中主动参与的肌肉和关节是什么？

任务二 高尔夫球运动胸部动作训练

活动场地 / 环境

健身房。

任务要求

1. 了解高尔夫球运动中胸部动作训练的名称、参与肌肉、呼吸、动作要领。

2. 了解高尔夫球运动中胸部动作训练的特点及注意事项。

能力训练

掌握高尔夫球运动中胸部动作训练的发力规律；初步形成高尔夫球运动胸部动作训练的概念。

课题一 胸部肌肉解剖结构与功能

一、胸大肌的重要性

在高尔夫球运动中，胸大肌发挥着关键的作用，特别是在挥杆动作中。在挥杆过程中，胸大肌参与肩部的旋转和臂部的挥动，为击球提供了力量和稳定性。胸大肌的强化有助于增强挥杆的力量和控制，同时在完成高尔夫球动作时维持身体平衡，使运动员能够更精准地击球。因此，胸大肌在高尔夫球运动中对于挥杆力量和动作的协调至关重要。

二、胸小肌的稳定性

在高尔夫球运动中，胸小肌虽然相对较小，但也发挥着重要的作用。它主要参与挥杆动作中的肩部稳定性和控制。胸小肌的强化有助于维持肩关节的稳定性，使运动员在挥动球杆时能够更好地掌握挥杆轨迹和方向。胸小肌有助于保持上半身的平衡，使击球动作更为流畅和精准。因此，虽然相对较小，胸小肌在高尔夫球运动中仍然对于挥杆的控制和稳定性发挥着重要的支持作用。

课题二　胸部动作训练的特点及注意事项

一、平卧杠铃卧推

主要锻炼肌肉：胸大肌、三角肌前部、肱三头肌。

（一）预备姿势

在做动作前，先采取预备姿势。仰卧在长凳上，确保头、上背和臀部都触及凳面，同时双脚平踏在地上（在高级阶段，可以选择交叉抬起小腿）。保持腰腹自然收紧，让两肩下沉，并将双手伸直握住杠铃，握距略宽于肩。这个姿势有助于保持身体的稳定，为接下来的动作做好准备。

（二）向下动作阶段［图7-2-1（a）］

吸气后，保持胸腔固定，挺直躯干，让两肩自然下沉。同时，两臂伸直支撑杠铃至胸前，使杠铃缓慢、流畅地下降至离胸面2厘米的位置。在放下杠铃还原时，关键是利用胸大肌的张紧力，缓慢放低至胸上方，稍作停顿。在下降过程中，双肘向外弯曲指向身体两侧，采用消极用力的方式控制重量缓慢下降。这确保了胸大肌在动作过程中得到有效的训练，并强调了对重量的掌控。

（三）向上动作阶段［图7-2-1（b）］

通过集中胸大肌的收缩力，推动杠铃向上抬起并离开胸部，直至横杠位于两肩关节的上方，形成垂直于地面的姿态。在这个上推的过程中，确保胸大肌保持挺胸沉肩的姿态，以便在生物力学上更有优势。同时，配合用力的同时缓慢呼气，使整个上升过程更为有控制和有力量。这个步骤强调了胸大肌在推举动作中的集中发力，确保动作的正确性和肌肉的有效训练。

（四）注意事项

若集中肱三头肌和三角肌的力量，则减弱了胸大肌的收缩力，最后使胸大肌处于松弛状态，减弱了力学优势，容易形成含胸耸肩姿势。

（a）　　　　（b）

图 7–2–1

二、上斜杠铃卧推

主要锻炼肌肉：胸大肌上部、三角肌前束、肱三头肌。

（一）预备姿势

在做动作前，采取仰卧姿势卧于上斜板上，确保头部较高、脚部较低，使板面与地面形成大约 45 度的角度。让头、上背和臀部都触及凳面，同时双脚平踏在地上。腰腹自然保持紧绷，两肩下沉，双手伸直握住杠铃，握距略宽于肩，以确保身体的平衡和稳定。这个姿势有助于在上斜板上进行后仰卧推动作的正确执行。

（二）向下动作阶段［图 7–2–2（a）］

吸气后，保持胸腔的稳定，挺直躯干，使两肩自然下沉。同时，将两臂伸直支撑杠铃至胸前，让杠铃缓慢、流畅地下降至上胸部的位置。在放下杠铃还原时，利用胸大肌的力量控制速度，将杠杆慢慢放低至胸上方接近胸锁骨处，并稍作停顿。在下降的过程中，双肘向外弯曲指向身体两侧，确保整个下降过程中杠杆缓慢下落。这个动作的重复执行有助于有效锻炼胸大肌，并强调对重量的控制。

（三）向上动作阶段［图 7–2–2（b）］

通过集中发力让胸大肌收缩，缓慢地推起杠铃，使其竖直上升至两肩关节上方，同时保持手臂垂直于地面。这个动作注重胸大肌的收缩力，确保横杠在上升过程中垂直且达到最高点，以最大程度地激发胸大肌的训练效果。

（四）注意事项

为了确保在上推过程中胸大肌处于较好的生物力学优势，需要保持挺胸沉肩的姿态。在杠铃上升的过程中，配合用力并缓慢呼气，避免使用猛烈的力量。由于板面倾斜，特别需要在下放阶段掌握好重心，确保身体保持稳定，避免晃动。这些注意点有助于确保动作的正确性，最大程度地发挥胸大肌的作用。

（a）　　　　（b）

图 7-2-2

三、下斜杠铃卧推

主要锻炼肌肉：胸大肌下部、三角肌前束、肱三头肌。

（一）预备姿势

在做动作前，采取仰卧姿势于下斜卧推板或可调节的斜板上，确保脚高头低，板面与地面呈大约 15 度的倾斜。让头、上背和臀部都触及凳面，同时固定双脚。腰腹自然保持收紧，两肩下沉，双手伸直握住杠铃，握距略宽于肩。在这个姿势中，特别强调腰腹的稳定性，有助于正确执行后仰卧推动作。

（二）向下动作阶段［图 7-2-3（a）］

在做动作时，先吸气并固定胸腔，然后挺直躯干，使两肩自然下沉。同时，将两臂伸直支撑杠铃至胸前，然后将杠杆缓慢而流畅地下降至胸大肌下缘处。在放下杠铃还原时，需要利用胸大肌的肌张力控制速度，将杠杆慢慢放低至胸下缘处，并稍作停顿。在下降的过程中，双肘向外展，指向身体两侧，确保整个下降过程均匀而缓慢，用力控制杠杆重量，使其平稳下落。这个动作的重复执行有助于有效锻炼胸大肌，并强调对重量的平稳掌控。

（三）向上动作阶段［图 7–2–3（b）］

通过集中发力使胸大肌收缩，缓慢地推起杠铃，使其竖直上升至两肩关节上方，两臂保持垂直于地面的姿态。这个动作注重胸大肌的收缩力，确保横杠在上升过程中达到最高点，强调对动作的掌控和胸大肌的训练效果。

（四）注意事项

为了确保在上推过程中胸大肌处于更有利的生物力学优势，必须保持挺胸沉肩的姿态。在杠铃上升的过程中，配合用力并缓慢呼气，确保胸大肌能够有效地参与动作。这一注意点有助于维持正确的姿势，最大化胸大肌的参与和训练效果。

（a）　（b）

图 7–2–3

四、平卧哑铃卧推

主要锻炼肌肉：胸大肌、三角肌前束、肱三头肌。

（一）预备姿势

躺在长凳上，确保头、上背和臀部都触及凳面，同时双脚平踏在地上。腰腹自然保持紧绷，双手握住哑铃，弯曲肘部，让掌心面向前，哑铃放在肩两侧（靠近胸外侧），小臂垂直于地面。将两肩下沉至感受到胸大肌的拉伸程度，保持身体的稳定，并妥善控制好哑铃的重心。这个姿势强调对胸大肌的拉伸和稳定性的掌握。

（二）向下动作阶段［图 7–2–4（a）］

吸气后，保持胸腔的固定，挺直躯干，让两肩自然下沉。同时，将两臂伸直支撑哑铃至胸前，然后使哑铃缓慢而流畅地下降至肩两侧（靠近胸外侧），确保小臂垂直于地面。在下降的过程中，双肘向外展指向身体两侧，整个下降过程采用慢速，用力控制哑铃的重量使其平稳下落。这一动作的重复有助于有效地锻炼胸大肌，并强调对重量的平稳掌控。

（三）向上动作阶段［图 7-2-4（b）］

呼气时，通过集中胸大肌的收缩力，使两侧的哑铃朝中间方向推起，形成两个小半弧，直至两臂伸直哑铃处在两肩关节的上方，垂直于地面。在上推的过程中，确保哑铃的重心尽可能地贴近手臂关节的垂线，同时要保持哑铃的稳定。这一动作重复执行有助于有效锻炼胸大肌，并强调对哑铃稳定性的掌握。

（四）注意事项

当三角肌过度前送时，它会减弱胸大肌的收缩力，最终导致胸大肌处于松弛状态，从而减弱对胸大肌的刺激效果。这样的动作会使躯干形成含胸耸肩的状态，影响胸大肌的有效训练。要避免这种情况，需要注意保持良好的姿势，避免三角肌过度前送，以确保胸大肌能够充分地参与动作，获得更有效的刺激。

（a）　　（b）

图 7-2-4

五、上斜哑铃卧推

主要锻炼肌肉：胸大肌上部、三角肌前束、肱三头肌。

（一）预备姿势

在上斜卧推板或可调节的斜板上，头部高于脚部，板面与地面呈 30 度至 45 度角，确保头、上背和臀部都接触到凳面，同时双脚平放在地上。腰腹自然保持紧绷，双手握住哑铃，屈臂使哑铃位于肩两侧（靠近胸外侧），掌心朝前，小臂垂直于地面。下肩下沉时感觉胸大肌有拉伸感，保持身体的稳定，妥善控制好哑铃的重心。这个姿势有助于在哑铃卧推运动中正确执行动作，重点强调对胸大肌的拉伸和稳定性的掌握。

（二）向下动作阶段

吸气后，保持胸腔的固定，挺直躯干，让两肩自然下沉。同时，将两臂伸直支撑哑铃至胸前，然后使哑铃缓慢而流畅地下降至肩两侧（靠近胸外侧），确保小臂垂直于地面。在下降的过程中，双肘向外展指向身体两侧，整个下降过程采用消极用力的方式，控制重量使其缓慢下降。这一动作的执行有助于强调胸大肌的负荷控制和锻炼效果。

（三）向上动作阶段

呼气时，通过集中胸大肌的收缩力，使两侧的哑铃朝中间方向推起，形成两个小半弧，直至两臂伸直，哑铃位于两肩关节的上方。在上推的过程中，要尽可能使哑铃的重心贴近肩关节的垂线，以确保动作的准确性和胸大肌的有效训练。这一动作注重对胸大肌的收缩和控制，以获得更好的锻炼效果。

（四）注意事项

由于板面是倾斜的，双肩应在下放阶段控制好重心，否则易出现晃动情况。

六、下斜哑铃卧推

主要锻炼肌肉：胸大肌下缘、肱三头肌、三角肌前束。

（一）预备姿势

仰卧在下斜卧推板或可调节的下斜板上，确保脚高于头，板面与地面呈大约 15 度角，使头、上背和臀部都触及凳面，同时双脚紧贴挡板。腰腹自然保持收紧，双手握住哑铃，弯曲肘部，掌心朝前，哑铃放在肩两侧（靠近胸外侧），小臂垂直于地面。将两肩下沉至感觉到胸大肌的拉伸即可，保持身体的稳定，妥善控制好哑铃的重心。这个姿势有助于在哑铃卧推运动中正确执行动作，着重强调对胸大肌的拉伸和稳定性的掌握。

（二）向下动作阶段

吸气后，保持胸腔的固定，挺直躯干，将两肩自然下沉。同时，使两臂伸直支撑哑铃至胸前，然后使哑铃缓慢而流畅地下降至下胸部。在下降的过程中，双肘向外展指向身体两侧，整个下降过程采用消极用力的方式，控制重量使其缓慢下落，同时保持小臂垂直于地面。这一动作的执行有助于强调胸大肌的负荷控制和锻炼效果。

（三）向上动作阶段

呼气时，通过集中胸大肌的收缩力，使两侧的哑铃往中间方向推起，形成两个小半弧，直至两臂伸直，哑铃处在两肩关节的上方。在上推的过程中，要尽可能使哑铃的重心贴近肩关节的垂线，以确保动作的准确性和胸大肌的有效训练。这一动作注重对胸大肌的收缩和控制，有助于获得更好的锻炼效果。

（四）注意事项

在执行动作时，由于板面是倾斜的，需要特别注意在下放阶段控制好双肩的重心，以避免出现晃动的情况。板面的倾斜可能会增加动作的难度，因此在下降过程中要格外小心，确保双肩稳定。

七、平卧哑铃飞鸟

主要锻炼肌肉：胸大肌、三角肌前束。

（一）预备姿势

在长凳上仰卧，确保头、上背和臀部都触及凳面，同时双脚平踏在地上。腰腹自然保持紧绷，双肩下沉。双手伸直握住哑铃，掌心相对，与肩同宽。将两臂自然伸直，支撑哑铃至胸部上方，保持身体的稳定，并妥善控制哑铃的重心。这个姿势有助于在哑铃卧推运动中正确执行动作，注重对哑铃重心的掌握和身体的稳定性。

（二）向下动作阶段［图 7–2–5（a）］

吸气时，双手持哑铃，掌心相对，利用胸大肌的力量控制哑铃慢慢向身体两侧张开，直至哑铃落至最低点，应感到胸部肌肉有充分的牵拉感，同时确保上臂略低于肩的水平面。这个动作有助于在哑铃飞鸟运动中有效地拉伸胸部肌肉，注重感受胸部的牵拉感和控制动作的力量。

（三）向上动作阶段［图 7–2–5（b）］

呼气时，通过集中胸大肌的收缩力，使身体两侧的哑铃向中间靠近，直至两臂自然伸直，手肘微屈，哑铃处在两肩关节的上方，垂直于地面。在收缩的过程中要利用胸大肌的力量，确保肘的夹角不能随意变换。这一动作有助于强调对胸大肌的集中收缩和控制，确保在运动过程中保持正确的力量传递和动作稳定。

（四）注意事项

为了防止肌肉拉伤，在下降的过程中应该由胸大肌的力量进行控制，采用缓慢的速度。要避免手肘有推举的动作，确保在下放时，大臂与手肘的角度不能小于直角。这样的注意点有助于维持动作的稳定性，减少对肌肉的冲击，降低受伤的风险，同时更好地刺激胸大肌的训练效果。

（a）　　（b）

图 7-2-5

八、仰卧屈臂上拉

主要锻炼肌肉：胸大肌、背阔肌。

（一）预备姿势

上背部仰卧躺在凳面上，使颈部以上部位探出凳外，只有上背触及凳面。同时，松腰、臀下沉，两脚平踏在地上。双手互握（四指在前，大拇指在后），掌心向上托住哑铃一端，支撑哑铃于胸大肌正上方。保持身体的稳定，妥善控制好哑铃的重心。这个姿势有助于在上斜卧推板上进行哑铃卧推运动，着重强调对胸大肌的训练和哑铃的掌控。

（二）向下动作阶段

吸气时，集中注意力在胸大肌上，缓慢地把哑铃向头顶后方放下，直至达到最大幅度。在下放的过程中要保持缓慢且有控制，以确保对胸大肌的充分拉伸，并减少不必要的冲击。这样的动作有助于强调对胸大肌的掌控和稳定性，提高训练效果。

（三）向上动作阶段

呼气时，以胸大肌为主动力，缓慢地将哑铃从头顶后方向上拉起，直至哑铃位于胸大肌的正上方，然后停止。这个动作注重通过胸大肌的收缩来控制哑铃的运动，以获得更好的锻炼效果。在上拉的过程中要确保动作平稳、流畅，集中注意力在胸大肌上，以强化训练的效果。

（四）注意事项

在整个动作过程中，要注意保持两臂微屈，确保臀部和腰部不要起桥。在将哑铃向头顶后方放下时，幅度不宜过大，以免过多地牵涉到背部肌肉。这样的注意点有助于保持动作的准确性，防止不必要的背部肌肉参与，使训练更集中在胸大肌上，提高动作的效果。

九、坐姿器械推胸

主要锻炼肌肉：胸大肌、三角肌前束、肱三头肌。

（一）预备姿势

调整坐高和重量后，坐在器械推胸的凳上，确保整个背部紧贴于靠背，双脚平踏在地上。腰腹自然保持收紧，双手弯曲握住位于体侧的把手，拳眼相对，抬头挺胸，目视前方。这个姿势有助于在进行器械推胸训练时保持身体的稳定性和正确的姿势，以确保有效的肌肉训练。

（二）向后动作阶段［图 7-2-6（a）］

吸气时，利用胸大肌的控制力，缓慢地将双臂水平向后伸展至最大幅度。在向后的过程中，确保胸大肌保持紧张，同时尽量使肘部水平外展。这个动作有助于在器械推胸训练中充分刺激胸大肌，并通过控制动作的力量来强化肌肉训练效果。

（三）向前动作阶段［图 7-2-6（b）］

呼气时，挺胸沉肩，集中胸大肌的收缩力，使两臂向中间靠拢，直至两臂自然伸直。这个动作旨在通过胸大肌的收缩来拉近两臂，强调胸部的肌肉收缩，从而获得更好的锻炼效果。保持动作的流畅和控制，确保胸大肌得到充分的刺激。

（四）注意事项

在向前推的过程中，要采用缓慢的速度，避免使用爆发力。这意味着动作应该控制在一个平稳而有控制的范围内，而不是通过迅速用力来完成。通过缓慢的动作，可以更好地感受胸大肌的收缩，并确保训练的重点在于肌肉控制而非速度。这样的训练方法有助于提高肌肉的负荷和效果。

（a）　　（b）

图 7-2-6

十、坐姿蝴蝶夹胸

主要锻炼肌肉：胸大肌、三角肌前束。

（一）预备姿势

调整蝴蝶夹胸器坐垫的高度，坐于凳面，确保整个背部紧贴靠背。两脚放在踏板上，张开双臂，将前臂放在挡垫上并向后展开，使大臂与前臂形成近似于 90 度的夹角。手握把手，抬头挺胸，目视前方。这个姿势有助于在使用蝴蝶夹胸器进行训练时维持正确的身体姿势，以确保对胸部肌肉的有效刺激。

（二）向后动作阶段［图 7-2-7（a）］

在使用蝴蝶夹胸器进行训练时，以胸大肌的力量控制住重量，使器械向两侧展开，直至大臂与前臂形成近似 90 度的夹角，展开至最大幅度时停住。在整个过程中，确保胸大肌始终处于紧张状态，强调通过肌肉力量来控制动作，以获得更好的训练效果。

（三）向前动作阶段［图 7-2-7（b）］

在进行动作时，保持身体不动，集中胸大肌的收缩力带动手臂向胸部中间靠拢，直至达到最大的收缩幅度，稍作停顿。这个动作注重通过胸大肌的收缩来拉近手臂，强调胸部肌肉的张紧感。保持动作的稳定和控制，确保在每次收缩时都充分激活胸大肌，以提高训练效果。

（四）注意事项

在整个收缩过程中，要注意避免含胸。保持胸部挺起，不要让胸部塌陷或凹陷，以确保胸大肌得到充分的拉伸和收缩。通过维持挺胸的姿势，可以更好地集中训练在胸大肌上，提高动作的效果。

（a）　　　　　　　　（b）

图 7-2-7

十一、站姿拉力器夹胸

主要锻炼肌肉：胸大肌、三角肌前束。

（一）预备姿势

双脚呈弓步站立，身体稍向前倾斜，重心集中在前脚掌。拉力器的绳索置于高处，双手握住把手，张开双臂，手肘稍微弯曲。这个姿势用于进行拉力器训练，通过调整身体的站立姿势和手臂的位置，可以更好地刺激特定的肌群，提高训练的效果。

（二）向后动作阶段［图 7-2-8（a）］

手肘始终保持稍微弯曲，不要移动。双手向两侧展开至最大拉伸幅度，稍作停顿。注意手肘弯曲角度不要过大，保持肘关节与绳索在一个平面内。这个调整有助于确保在动作过程中更好地刺激胸大肌，并提高训练效果。保持动作的流畅和控制，以确保肌肉得到充分的拉伸和收缩。

（三）向前动作阶段［图 7-2-8（b）］

保持双臂微屈，集中以胸大肌的收缩力，从身体两侧拉引手柄至中间靠拢，同时使胸大肌处于顶峰收缩位，稍作停顿。为了进一步刺激胸大肌内侧，可以调整手柄的位置，使其在胸前呈交叉状。这样的调整有助于更全面地训练胸大肌，并提高训练的效果。

（四）注意事项

在向中间拉引绳索时，要注意上体不能前倾下压。保持身体的姿势稳定，避免向前倾斜，以确保胸大肌得到充分的刺激。动作应该以胸大肌的收缩为主，而不是通过上体的前倾来完成。这样可以更有效地训练胸大肌，并减少其他肌群的过度参与。

（a）　　　　（b）

图 7-2-8

十二、俯卧撑

主要锻炼肌肉：胸大肌、三角肌前束、肱三头肌。

（一）预备姿势

在进行俯卧撑时，两手支撑在地面，手掌的落点在胸的延长线位置。两手间的距离略宽于肩，两臂完全伸直并垂直于地面。双腿并拢，脚尖触地支撑。同时，挺胸、收腹，使头、背、腰、臀形成一条直线，目视前方。全身稍微紧张，保持身体的稳定。这个动作有助于强化胸部、肩部和手臂的肌肉，并提升核心稳定性。

（二）向下动作阶段［图 7-2-9（a）］

在进行俯卧撑时，吸气，固定胸腔，挺直躯干，屈肘下降时双肘外展指向身体两侧，稍作停顿，确保胸大肌有充分的拉伸感。整个下降过程要用力控制，使身体缓慢下落。通过在下降时保持控制，可以更好地激活胸大肌，并提高训练效果。注意保持身体的稳定和呼吸顺畅。

（三）向上动作阶段［图 7-2-9（b）］

在呼气的同时，集中胸大肌的收缩力，推起身体离开地面，直至两臂完全伸直并垂直于地面。在上推过程中，务必确保胸大肌处于挺胸沉肩的姿态。这一动作的关键在于通过胸大肌的有效收缩来推起身体，同时保持正确的身体姿势，以最大程度地激活胸大肌并确保动作的准确性。

（四）注意事项

在做动作时，记得要收腹，保持身体成一条直线，避免晃动或变形。这一点非常关键，以确保动作的稳定性和准确性。通过保持身体的直线，能够更有效地训练胸大肌，并降低其他肌群的过度参与。保持核心肌群的紧张有助于维持良好的姿势，使训练效果更显著。

（a）　　（b）

图 7-2-9

十三、双杠臂屈伸

主要锻炼肌肉：胸大肌下部、三角肌前束、肱三头肌。

（一）预备姿势

两手握住杠端，保持直臂支撑，身体稍微向前探出，同时收腹并保持腰部挺直。目视前方，双脚可以交叉叠加在一起。对于高级训练者，还可以在双脚处添加沙袋或重物以增加挑战。

（二）向下动作阶段［图 7-2-10（a）］

吸气，屈臂，使身体平稳、缓慢地向前下方下降，直至胸大肌达到最大拉伸状态。

（三）向上动作阶段［图 7-2-10（b）］

呼气，集中胸大肌的力量使身体缓慢向后、向上移动。在身体上行阶段，务必确保身体重心不能向前倾斜。同时，可以注意保持动作的流畅性和稳定性，适度增加训练的挑战，如调整姿势或增加重量，以促进肌肉力量和耐力的提升。

（四）注意事项

在执行动作时，尤其是下降阶段，要确保控制重量的下降速度，避免运动过快，以充分利用肌肉的负荷和拉伸。逐渐减缓下降的速度，以提高训练的效果，并降低潜在的伤害风险。

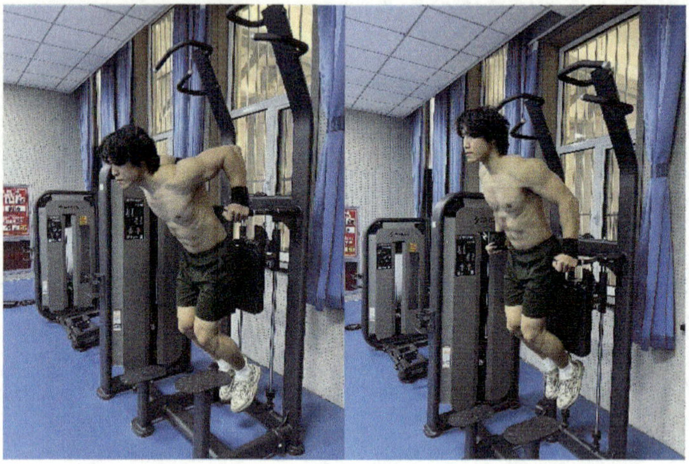

（a）　　　　（b）

图 7-2-10

训练检测

1. 简述胸大肌的重要性。
2. 如何做好一个正确的胸部训练动作？

任务三　高尔夫球运动背部动作训练

活动场地 / 环境

健身房。

任务要求

1. 了解高尔夫球运动中背部动作训练中参与的肌肉及动作要领。
2. 了解高尔夫球运动中背部动作训练的特点及注意事项。

能力训练

掌握高尔夫球运动中背部动作训练的发力规律；初步形成高尔夫球运动背部动作训练的概念。

课题一　背部肌肉的功能

背阔肌是位于胸背区下部和腰区浅层的宽大扁肌，呈扇形，是宽阔平坦的三角形肌肉。

背阔肌是背部主要的宽背肌群之一，通过支撑和维持身体的姿势，确保高尔夫球运动员在挥杆的过程中保持良好的身体平衡。稳定的姿势对于挥杆的精准性和力量传递至关重要。在高尔夫球挥杆的过程中，背阔肌参与了上半身的旋转和伸展动作，这对于产生挥杆所需的动力和速度至关重要。背阔肌的强健有助于确保上半身的适度旋转，提高击球的力量和距离。背阔肌还在高尔夫球挥杆中的挺立和扭转动作中发挥作用，这两个动作对于形成正确的挥杆轨迹和提供稳定的击球平台都至关重要。

背阔肌的强健有助于提供核心支撑和上半身稳定性，从而减少身体在挥杆过程中的晃动。这对于击球的精准性和控制性非常关键。

课题二　背部动作训练的特点及注意事项

一、俯身杠铃划船

主要锻炼肌肉：背阔肌、大圆肌、小圆肌、冈下肌、斜方肌、三角肌后束、肱肌。

（一）预备姿势

两脚自然站立，挺胸收腹，双手握住杠铃，保持直背。吸气屈肘，慢慢拉近杠铃，感受背部肌肉的拉伸。在最大幅度停顿，呼气时集中力量，缓慢将杠铃推回起始位置。注意保持肩胛骨张开感，重视正确动作和肌肉参与。控制重量，确保动作流畅，避免用惯性完成。保持身体稳定，避免其他肌肉代替。

（二）向上动作阶段［图 7–3–1（a）］

集中背部肌肉的力量使大臂向后，肘部向背部中间靠近，并把横杠拉至下腹，背阔肌达到最大收缩，稍停。在向上动作阶段中，身体不能随着杠铃的后移而向上抬起，肘部必须向背部中间靠拢。保持动作流畅，注意肩胛骨的稳定，确保背部肌肉得到充分刺激。避免用惯性完成动作，注意控制重量。

（三）向下动作阶段［图 7–3–1（b）］

以背阔肌的张力控制慢慢下落，两臂自然伸直。在下落过程中，背部肌肉要充分伸展，注意保持肩胛骨的稳定，避免过快的下降速度。重心要保持均衡，确保动作的稳定性。在完成动作时，注意感受背阔肌的拉伸和张力，以获得最佳的训练效果。避免使用反弹力量，注意每个动作的控制和准确性。

（a）　　　　　　　　（b）

图 7–3–1

（四）注意事项

在做动作过程中要避免身体的晃动，保持身体的稳定性。此外，确保背部肌群充分参与，集中注意力在背阔肌上，使其在每个阶段都得到有效的刺激。通过控制动作的幅度和速度，以及保持正确的姿势，可以更好地激活和训练背阔肌，提高动作的效果。

二、单臂哑铃划船

主要锻炼肌肉：背阔肌、大圆肌、小圆肌、冈下肌、斜方肌、三角肌后束、肱肌、肱桡肌。

（一）预备姿势

吸气，以稳定的动作，用拉力器的一端保持肘部微屈，向上拉至颈部下方，使背部肌群得到充分的收缩。

（二）向上动作阶段［图 7–3–2（a）］

在上拉的过程中，注意保持身体的稳定，避免摇晃。在动作的最高点稍作停顿，感受背部肌群的紧张状态。

（三）向下动作阶段［图 7–3–2（b）］

腰腹收紧，在背部肌群的力量控制下将哑铃缓慢沿着体侧下放，直至手臂自然下垂在身体的一侧，整个上背肌群处于充分的伸展状态，下降过程中不能转动身体。

（四）注意事项

下降时如果速度过快，则会导致无法充分控制背部肌群的伸展。在下降阶段，应该注重缓慢控制，让背部肌群得到更充分的伸展。

（a）　　　　（b）

图 7–3–2

三、坐姿拉力器划船

主要锻炼肌肉：背阔肌、大圆肌、小圆肌、冈下肌、三角肌后束、肱肌。

（一）预备姿势

在坐在凳上或地上的姿势中，确保双脚稳固踏在踏板上，膝关节略微弯曲，身体略微向前倾，同时保持背部微微向前拱起的姿势。双臂伸直握住杠铃，背部略含胸，这有助于使背部肌群得到适度的伸展。

（二）向后动作阶段［图 7–3–3（a）］

集中背部肌群的收缩力带动上臂向后移动并贴紧腹部，胸部挺出，使肩胛骨收缩靠紧中间脊柱，整个背部充分收缩后，稍停。

（三）向前动作阶段［图 7–3–3（b）］

这一阶段的动作与向后动作阶段相反，目的是加强对背部肌群的训练效果。

（四）注意事项

练习时上体不能摆动，更不能使用竖脊肌的力量完成动作。

（a）　　　　（b）

图 7–3–3

四、坐姿器械下拉

主要锻炼肌肉：背阔肌、大圆肌、小圆肌、冈下肌、三角肌后束、肱肌。

（一）预备姿势

将双脚平放在地面上，保持身体的平衡。然后，将身体略微后倾并将手臂充分伸直，握住横杠把手。此时，需要保持腰背挺直的姿势，目视前方，以保持身体的稳定性和姿势的正确性。

（二）向下动作阶段［图 7–3–4（a）］

呼气，利用背阔肌力量将横杠向下拉动至上胸部。在这个过程中，需要注意的是，头部应该略微向后仰，并使两侧的肩胛骨向中央靠拢，这样可以使整个背部得到充分的收缩和锻炼。

（三）向上动作阶段［图 7–3–4（b）］

吸气，并且在背部肌肉的控制下，缓慢地将双臂向上抬起，直到两臂完全伸直，充分拉伸背阔肌。在这个过程当中，需要保持动作的均匀和缓慢，尤其是在向上阶段，动作需要更加缓慢。这样可以让背部肌肉得到更好的锻炼，并且减少因为动作过快而导致的伤害风险。

（四）注意事项

过度的后倾动作可能会影响背阔肌肉的刺激效果。因此，需要控制身体的后倾角度，避免过度的后倾，以保持背部肌肉的刺激效果和训练效果的最大化。

（a）　　　　　　　　（b）

图 7–3–4

五、站姿直臂下压

主要锻炼肌肉：背阔肌、大圆肌、胸大肌。

（一）预备姿势

自然站立时，双脚与肩同宽是一个比较合适的姿势，身体略前倾，腰部、腹部要收紧，保持身体的稳定。两手握住横杠，采用中握距的方式，双臂微屈。将绳索置于胸前上方，以背肌的张紧力来控制横杠。

（二）向下动作阶段［图 7–3–5（a）］

利用背阔肌的力量，将横杠从胸前向下、向后拉引至大腿前面，使背部肌群处于顶峰收缩位。在这个过程中，需要用力挤压背部肌群组织，稍作停留。在此期间，上体保持不移动，肘关节不能够有屈伸动作，以保证背部肌肉的最大张力和收缩状态。

（三）向上动作阶段［图 7–3–5（b）］

在完成拉引动作后，缓慢、流畅、控制地伸展背部肌肉，使横杠回到原来的起始位置。在整个动作中，需要保持腰部、腹部的收紧和身体的稳定，同时保持肘关节的锁定状态，还原动作时不能放松肌肉。

（四）注意事项

要注意控制肩胛骨运动，以免过度参与肩部肌肉而导致不适或损伤。因此，在训练中要注意正确的技巧和姿态，避免肩部过度参与。

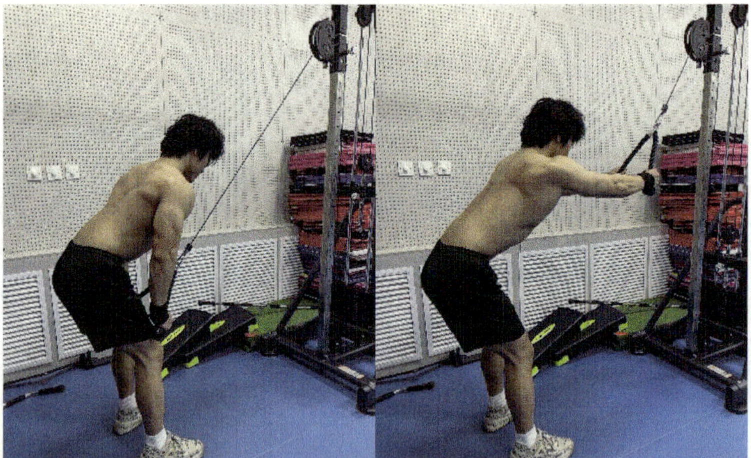

（a）　　　　　　　　（b）

图 7–3–5

六、引体向上

主要锻炼肌肉：背阔肌、大圆肌、小圆肌、冈下肌、三角肌后束、肱肌。

（一）预备姿势

两手握住横杆，使身体悬垂于杠上，双手之间的距离略宽于肩部，两腿自然弯曲或双脚交叉在一起来保持身体平衡。

（二）向上动作阶段［图 7–3–6（a）］

呼气时主要集中背部肌群发力，双臂屈臂拉引身体向上，直至横杆触及胸部稍作停留。这个动作能够有效地刺激背部和胸部肌群，提高肌肉力量和耐力水平，同时还能增强核心稳定性和协调性。

（三）向下动作阶段［图 7–3–6（b）］

在身体缓慢下落时，需要控制背部肌群的力量，使身体缓慢、有控制地下落，双臂伸直，充分伸展背阔肌肉。这个过程需要保持身体的稳定性，避免晃动和过度参与肩部和臂部肌肉，同时也需要控制呼吸，以维持身体的放松状态和稳定性。

（四）注意事项

身体不要前后摆动，而是要保持姿势的稳定，避免晃动和助力。身体的稳定性对于控制肩胛带和背部肌群的运动非常重要，可以有效地避免肩部过度参与。

（a）　　　　（b）

图 7–3–6

训练检测

1. 背部肌肉的功能是什么？
2. 如何做好一个正确的背部训练动作？

任务四　高尔夫球运动肩部动作训练

活动场地 / 环境

健身房。

任务要求

1. 了解三角肌的主要功能。
2. 了解高尔夫球运动中肩部动作训练的特点及注意事项。

能力训练

掌握高尔夫球运动中肩部动作训练的发力规律；初步形成高尔夫球运动肩部动作训练的概念。

课题一　三角肌的重要性及其主要功能

一、三角肌的重要性

三角肌是单一的一块扇形肌肉，而非三块独立的肌肉。中三角肌位于中间，它实际上是人体中最靠近外侧的肌肉。前束、中束附着于锁骨外侧半和肩峰之上，中束、后束附着于肩峰和肩胛骨的肩胛冈，三束肌肉共同止于肱骨侧面的三角肌粗隆，几乎覆盖了肱骨的一半长度。

二、三角肌的主要功能

在近固定时，前部肌纤维使上臂屈、水平屈、旋内，后部肌纤维使上臂伸、水平伸、旋外，中部肌纤维或整块肌肉使上臂外展。三角肌在挥杆击球技术中起着关键的作用。在挥杆击球的过程中，三角肌肉群的协调配合是非常重要的。

在挥杆过程中，三角肌肉和腹斜肌需要以一个整体的方式移动，使得球杆、手臂和肩膀能够以一个整体的形态一起移动。这一过程需要三角肌的协同作用，以保持身体的稳定和力量的传递。

此外，三角肌还可以帮助控制挥杆的力度和方向，以及在挥杆过程中控制肩部的稳定性，防止肩部的过度挤压和牵拉，从而减少肩关节的损伤风险。

课题二　肩部动作训练的特点及注意事项

一、坐姿杠铃颈前推举

主要锻炼肌肉：三角肌、上胸部、肱三头肌。

（一）预备姿势

坐在长凳或推举训练凳上，保持挺胸直背的姿势，收紧腹部和腰部肌肉，保持身体的稳定。双手握住杠铃，手距离略宽于肩膀，将杠铃提起并置于上胸部，手臂垂直地面。

（二）向上动作阶段［图 7-4-1（a）］

保持身体稳定不移动，将杠铃向上推至两臂伸直至稍停片刻。在上推的过程中不要使用猛力或爆发力，而是要保持动作的平稳。

（三）向下动作阶段［图 7-4-1（b）］

通过三角肌的控制，慢慢地将杠铃从上胸部缓慢而平稳地降下，在此过程中保持张力，并在到达最低点时保持小臂垂直地面的状态。在此过程中，要注意控制杠铃的速度和稳定性。

（a）　（b）

图 7-4-1

（四）注意事项

在进行这个训练时，需要保持挺胸直腹的姿势，同时收紧腰腹部肌肉来维持身体的稳定性，以避免受伤。

二、直立划船

主要锻炼肌肉：三角肌、肱肌、肱桡肌、肱二头肌、斜方肌。

（一）预备姿势

采用站姿，双脚与肩同宽度，保持脊椎和盆骨处于中立位，核心肌群收紧。

（二）向上动作阶段

动作开始时，以三角肌的收缩力缓慢、平稳带动杠铃垂直向上，直至超过肩部，上拉时肘关节始终高于杠铃。整个训练过程都要利用三角肌的力量完成，身体不能前后摆动。

（三）向下动作阶段

以三角肌的张力缓慢控制杠铃沿身体前侧下落，还原至开始位置。下落时速度要均匀、缓慢、有控制。

（四）注意事项

要避免腰腹没有收紧，身体不稳定，手腕发力过多。

三、站姿杠铃前平举

主要锻炼肌肉：三角肌前束和中束、胸大肌上部、肱二头肌。

（一）预备姿势

自然站立，两脚与肩同宽，腰腹收紧，双手采用中握距握住杠铃置于体前。

（二）向上动作阶段

动作开始时，两肘微屈，双手向前上方举起杠铃至双耳高度，稍停。腰腹收紧，身体不能前后摆动。

（三）向下动作阶段

持杠铃放下时，以三角肌的力量控制杠铃缓慢下落至开始位置。下放时要均匀、缓慢、有控制。

（四）注意事项

要避免腰腹没有收紧，身体不稳定，手腕发力过多。

四、坐姿哑铃推举

主要锻炼肌肉：三角肌、上胸部、肱三头肌。

（一）预备姿势

坐在长凳或有靠垫的凳上，两脚分开踏在地面上，目视前方，抬头挺胸，直腰挺背。

将哑铃分别放在双肩两侧，小臂垂直地面，掌心向前。

（二）向上动作阶段［图 7-4-2（a）］

上体保持不动，集中三角肌的收缩力，由两肩外侧向上方分别推起哑铃，形成两个半弧，直至两臂接近伸直，哑铃处在头顶上方为止，稍停。为了更好地集中三角肌的收缩力，必须以肩关节为支点由两肩外侧向中间上方推哑铃，形成两个半弧。

（三）向下动作阶段［图 7-4-2（b）］

均匀、缓慢控制住哑铃经肩部两侧下落，还原至开始位置。

（四）注意事项

要避免在推举过程中两侧哑铃竖直向上推，晃动身体借力，两只手用力不均衡。

（a）　　（b）

图 7-4-2

五、站姿哑铃侧平举

主要锻炼肌肉：三角肌中束、前束、后束。

（一）预备姿势

自然开立，两脚与肩同宽，身体略微前倾，双手握住哑铃置于身体两侧。为防止身体晃动而借力，可采用坐姿。

（二）向上动作阶段［图 7-4-3（a）］

动作开始时，双手同时缓慢向身体两侧画半圆弧，直至哑铃略超过肩部，稍停。要始终保持三角肌持续紧张，肘关节不能有屈伸动作。

（三）向下动作阶段［图 7-4-3（b）］

持哑铃放下时，以三角肌的力量控制哑铃慢慢下落。

（四）注意事项

要避免在做动作时耸肩，通过摆动身体借力完成动作。

（a）　　　　（b）

图 7-4-3

六、站姿哑铃前平举

主要锻炼肌肉：三角肌前束。

（一）预备姿势

自然开立，两脚与肩同宽，身体略微前倾，双手持哑铃置于大腿前侧。

（二）向上动作阶段

动作开始时，双手缓慢将哑铃向前上举，直至哑铃略超过肩部，稍停。要始终保持三角肌持续紧张，肘关节略弯曲但不能有屈伸动作。

（三）向下动作阶段

持哑铃放下时，以三角肌的力量控制哑铃缓慢下落，还原至开始位置。

（四）注意事项

要避免在做动作时手臂过多用力，通过摆动身体借力完成动作。

七、俯身哑铃侧平举

主要锻炼肌肉：三角肌后束、斜方肌。

（一）预备姿势

两脚自然站立，与肩同宽。两腿微屈，身体向前弯曲至地面平行。双手掌心相对握住哑铃，两臂自然下垂，肘关节微屈，肩、肘、手腕在一个平面内。

（二）向上动作阶段［图 7–4–4（a）］

保持双臂微屈，将哑铃从两侧向上慢慢平举至两肘与肩同高的位置，使三角肌处于顶峰收缩位，稍停。不可猛抬、猛拉，大臂不能做内收动作。

（三）向下动作阶段［图 7–4–4（b）］

以三角肌后束的张紧力将哑铃缓慢、流畅下放至肩下方位置，暂停。下放过程中双臂微屈，大小臂夹角保持不变。

（四）注意事项

不要刻意挺胸，通过摆动身体借力完成动作。

（a）　　（b）

图 7–4–4

八、坐姿史密斯推举

主要锻炼肌肉：三角肌、肱三头肌。

（一）预备姿势

史密斯架内放置长凳，端坐于横杆的下方位置，收紧腰腹，挺胸直腰。两手比肩略宽握杠，把横杆放于上胸部，小臂垂直地面。

（二）向上动作阶段［图 7-4-5（a）］

保持身体不动，把杠铃向上推起至两臂伸直或微屈状态，稍停。上推阶段不使用猛力、爆发力。

（三）向下动作阶段［图 7-4-5（b）］

用三角肌的控制力将杠杆缓慢、流畅地下放至上胸部，暂停。下放至最低点时三角肌要保持张力及最大的拉伸。

（a）　　　　（b）

图 7-4-5

（四）注意事项

不要通过摆动身体借力完成动作。

九、坐姿器械推举

主要锻炼肌肉：三角肌、肱三头肌、斜方肌。

（一）预备姿势

坐在机械凳上，两脚踏在地面上，抬头挺胸，直腰挺背，目视前方。两手握住机械手柄，小臂垂直地面。

（二）向上动作阶段［图 7-4-6（a）］

动作开始时，以三角肌的收缩力沿着轨道向上推起，直至双臂伸直。

（三）向下动作阶段［图 7-4-6（b）］

以三角肌的控制力缓慢下落至开始位置

（四）注意事项

避免在上推过程中腰腹没有收紧、耸肩借力、两只手用力不均衡，下落速度过快，动作没有控制。

（a）　（b）

图 7-4-6

十、站姿拉力器侧平举

主要锻炼肌肉：三角肌中束。

（一）预备姿势

调整拉力器至最低点，自然开立，两脚与肩同宽，身体侧对低滑轮，一只手握住拉力器置于身体同侧，目视前方。为保持身体稳定，可采用另一只手扶器械以保持身体平衡。

（二）向上动作阶段［图 7-4-7（a）］

身体不动，从体侧由下向外上方用力拉引绳索，直至手腕超过头部高度，稍停。整个过程中要保持三角肌持续紧张，不能猛拉。

（三）向下动作阶段［图 7-4-7（b）］

持绳索放下时，以三角肌的力量控制绳索缓慢下落，直至离左侧大腿 5 厘米处停下。

（四）注意事项

避免下放速度过快，身体晃动幅度太大。

（a）（b）

图 7-4-7

十一、站姿拉力器前平举（单臂）

主要锻炼肌肉：三角肌前束。

（一）预备姿势

调整拉力器至最低点，自然开立，两脚与肩同宽，身体正对低滑轮，左手握住拉力器把手置于体前，目视前方。为保持身体稳定，腰腹收紧。

（二）向上动作阶段

身体不动，左手肘关节保持微屈不变，从体前由下向外上方用力拉引绳索，直至手腕超过头部高度，稍停。整个过程中要保持三角肌持续紧张，不能猛拉，手臂不能有屈伸动作。

（三）向下动作阶段

持绳索放下时，以三角肌的力量控制绳索缓慢下落，直至离大腿前侧 5 厘米处停下。

（四）注意事项

避免下放速度过快，身体晃动幅度太大。

训练检测

1. 三角肌的主要功能是什么？
2. 如何做好一个正确的肩部训练动作？

任务五　高尔夫球运动手臂部动作训练

活动场地 / 环境

健身房。

任务要求

1. 了解手臂部肌肉的功能。
2. 了解高尔夫球运动中手臂部动作训练的特点及注意事项。

能力训练

掌握高尔夫球运动中手臂部动作训练的发力规律；初步形成高尔夫球运动手臂部动作训练的概念。

课题一　手臂部肌肉的功能

在高尔夫球运动中，肱二头肌、肱肌、喙肱肌和肱三头肌等上肢肌肉群协同发挥重要作用。肱二头肌主要参与握杆和挥杆的动作，通过前臂的弯曲推动击球过程。肱肌和喙肱肌在挥动球杆的过程中提供额外的握力和控制，有助于确保良好的杆头掌握和击球稳定性。肱三头肌参与整个挥杆动作，提供额外的力量和稳定性，同时维持手臂的直线运动。这些肌肉协同工作，配合肩部和躯干肌肉，确保高尔夫球运动中的精准击球、力量传递和姿势控制。整体而言，上肢肌肉在高尔夫球运动中是关键的执行器，对于挥杆的力量、准确性和稳定性都发挥着重要的作用。

小臂肌群位于尺骨和桡骨周围，分为前群和后群，多数是长肌，肌腹厚而宽，肌腹位于近侧，细长的腱位于远侧，所以小臂上半部膨隆，而下半部逐渐变细。

腕关节的运动肌群根据腕关节的运动轴分为四个功能组群。这四个功能组群的运动是参照平面上所定义的腕部运动，但是，实际上腕部的自然运动发生在一个倾斜平面上。为此，关节轴与不同肌肉的方向之间的关系是不可忽视的因素。

屈：小臂前侧的屈肌主要有桡侧腕屈肌、掌长肌、尺侧腕屈肌、指浅屈肌、指深屈肌。它们在特定情况下运动腕关节。

伸：小臂后侧的伸肌主要有尺侧腕伸肌、桡侧腕长伸肌、桡侧腕短伸肌。它们有助于握拳时伸腕动作的实现。

内收：腕关节内侧缘的内收肌主要有尺侧腕屈肌、尺侧腕伸肌。

外展：腕关节外侧缘的外展肌主要有桡侧腕屈肌、掌长肌、桡侧腕长伸肌、拇短展肌、拇短伸肌、拇长伸肌。

所有肌肉的走向和运动平面不是一致的，也就是说肌肉本身的纵轴没有和腕关节的任何一个轴发生垂直关系，因此没有纯粹的伸肌和屈肌，也没有纯粹的外展肌和内收肌。正因为这些肌肉都是斜向行走的，所以当它们各自收缩时，除了产生主要作用外，还产生辅助作用。

课题二　手臂部动作训练的特点及注意事项

一、大臂部位训练动作

（一）站姿杠铃弯举

主要锻炼肌肉：肱二头肌、肱肌。

1. 预备姿势。自然开立，两脚与肩同宽，腰腹收紧，双手握持杠铃垂于体前，握距与肩同宽。两臂握持杠铃，双肘夹紧并固定大臂。

2. 向上动作阶段［图 7-5-1（a）］。动作开始时，集中肱二头肌的收缩力带动前臂向上划半圆状弯举至肩前，使前臂垂直于地面，稍停。练习过程中不借助身体晃动来完成动作，仅仅依靠肱二头肌的力量带动杠铃向上弯举。

3. 向下动作阶段［图 7-5-1（b）］。以肱二头肌的控制力缓慢下落至开始位置，稍停。下落过程不能太快，应均匀、缓慢、有控制。

4. 注意事项。避免下放速度过快，身体晃动幅度太大。

（a）　　　　　　　　　　（b）

图 7-5-1

（二）站姿杠铃反握弯举

主要锻炼肌肉：肱肌、肱二头肌。

1. 预备姿势。两脚自然开立，与肩同宽。抬头挺胸，腰腹收紧，目视前方。双手反握杠铃，掌心向下，握距与肩同宽。

2. 向上动作阶段。动作开始时集中肱二头肌的收缩力带动前臂向上画半圆状弯举至肩前，稍停。杠铃弯举过程中，上臂固定不动，身体不能晃动。

3. 向下动作阶段。集中肱肌的力量缓慢下落至开始位置，稍停。杠铃在下落阶段动作要缓慢、有控制。

4. 注意事项。避免下放速度过快，身体晃动幅度太大。

（三）交替哑铃侧弯举

主要锻炼肌肉：肱桡肌、肱肌、肱二头肌。

1. 预备姿势。自然站立，两脚与肩同宽，收紧腰腹部。双手握持哑铃于体侧，保持身体稳定。

2. 向上动作阶段［图 7-5-2（a）］。手肘紧贴身体固定，手持哑铃，掌心向内，把哑铃缓慢向上弯起，收缩肱肌及前臂肌肉。在动作的上升过程中身体不能摆动。

3. 向下动作阶段［图 7-5-2（b）］。利用主动肌的力量有控制地、缓慢流畅地将哑铃放下至肘关节处于微屈状态，主动肌拉长时肌肉处于持续用力状态，全程不放松。

4. 注意事项。避免下放速度过快，手臂超伸。

（a）　　（b）

图 7–5–2

（四）俯坐单臂哑铃弯举

主要锻炼肌肉：肱二头肌、肱肌。

1. 预备姿势。俯坐于长凳上，手持哑铃下垂于两腿之间，上臂的肱三头肌靠在大腿前部膝关节内侧。一种是手臂悬垂在两腿间，这样可以使肱二头肌孤立集中收缩。

2. 向上动作阶段［图 7–5–3（a）］。慢慢将小臂向上弯起至胸前，直至小臂垂直于地面。上臂不能移动，紧贴大腿内侧。当小臂弯起至胸前时，使肱二头肌尽量收紧，到动作顶端时前臂尽量外旋至最大收缩位置，稍停。

3. 向下动作阶段［图 7–5–3（b）］。利用肱二头肌力量的控制力缓慢流畅地回到开始位置。在肘关节伸直的同时内旋小臂，可以使肱二头肌处于最大拉伸状态。

（a）　　（b）

图 7–5–3

4. 注意事项。避免下放速度过快，手臂超伸。

（五）斜托弯举

主要锻炼肌肉：肱二头肌、肱肌。

1. 预备姿势。坐在凳子上，双臂持杠铃置于斜托面，胸部紧贴斜托后端。上臂尽量向前伸出，处于预拉紧状态。

2. 向上动作阶段［图 7–5–4（a）］。大臂不动，向上缓慢弯曲前臂举起杠铃，当小臂垂直地面时，稍停。身体保持稳定，身体不要向后倾斜，不能有猛拉、缩肩动作。

3. 向下动作阶段［图 7–5–4（b）］。下放时，利用肱二头肌的控制力缓慢流畅地回到起始位置，稍停。放下过程中，注意对抗阻力，肌肉始终不放松。

4. 注意事项。避免下放速度过快，手臂超伸。

（a）　　　　（b）

图 7–5–4

（六）龙门架弯举

主要锻炼肌肉：肱二头肌、肱肌。

1. 预备姿势。调整两侧滑轮到高于身高的位置上，两腿自然站立在两个滑轮正中间，挺胸直腰，双手从左右各抓握一个手柄，双臂伸直。

2. 向内动作阶段。身体不动，大臂固定，利用肱二头肌的力量弯曲小臂拉引绳索，直至肱二头肌完全收紧后，稍停。

3. 向外动作阶段。集中肱二头肌的力量缓慢做离心运动，直至伸直前臂。

在放回绳索过程中，动作速度要缓慢、流畅，肌肉不能放松。

4. 注意事项。在练习过程中，不要有向前、向下夹肘的动作，避免胸大肌和背阔肌过多锻炼用力。

（七）凳上反屈伸

主要锻炼肌肉：肱三头肌。

1. 预备姿势。身体仰撑于两个长凳间，双手撑在背后的凳子上，两腿放在身体前面的凳面上，身体其余部分全部悬空在两凳子中间，挺胸抬头，挺胸收腰。

2. 向上动作阶段［图 7–5–5（a）］。集中肱三头肌的收缩力带动身体由后向上撑，直至手臂完全伸直，用力时呼气。

3. 向下动作阶段［图 7–5–5（b）］。躯干不动，集中肱三头肌的力量缓慢屈肘使上身尽量下沉，直至最大拉伸幅度，稍停。动作幅度要平稳、缓慢，臀部尽量下沉。

4. 注意事项。动作要缓慢，避免下放速度过快。

（a）　　　　（b）

图 7–5–5

（八）窄握杠铃卧推

主要锻炼肌肉：肱三头肌、胸大肌。

1. 预备姿势。仰卧在长凳上，使头、上背和臀部触及凳面，两脚平踏在地上，腰腹自然收紧，两肩下沉，双手伸直握杠，握距略窄于肩，保持身体的稳定。

2. 向上动作阶段［图 7-5-6（a）］。集中以肱三头肌的收缩力使横杠向上推起，直至横杠处在两肩关节的上方。杠铃在上升过程中大臂内收靠近身体两侧，并配合用力缓慢呼气。

3. 向下动作阶段［图 7-5-6（b）］。利用肱三头肌的控制力屈臂缓慢、流畅下降至接近胸面的位置。

4. 注意事项。当杠铃放下还原时，必须以肱三头肌的张紧力控制住慢慢放下至胸上方，稍停，减少胸部肌肉参与用力。

（a）　　　　　　（b）

图 7-5-6

（九）仰卧杠铃臂屈伸

主要锻炼肌肉：肱三头肌。

1. 预备姿势。仰卧在长凳上，使头、上背部和臀部整体触及凳面，两脚平踏在地面上，双手向上伸直握杠，握距与肩同宽。

2. 向下动作阶段。动作开始时，保持大臂固定不动，双手持杠铃缓慢向头顶后方下落。下落时要均匀、缓慢、有控制。

3. 向上动作阶段。集中肱三头肌的力量将小臂缓慢伸直，稍停。

4. 注意事项。当杠铃还原时，必须两肘向内夹紧，伸小臂时大臂不能向前拉动肘部，不要借助背阔肌的力量。

（十）颈后哑铃臂屈伸

主要锻炼肌肉：肱三头肌。

1. 预备姿势。坐在平凳上，两脚平踏在地上，紧腰收腹，两臂伸直将哑铃置于头部后方，大臂夹紧并固定在双耳外侧。保持身体和大臂不动，缓慢向后屈小臂向头后方落至最低点，稍停。

2. 向上动作阶段［图 7–5–7（a）］。集中肱三头肌的力量缓慢使哑铃沿着头后向上伸直小臂。确保大臂夹紧并固定在双耳外侧，手肘不要向外展，同时身体也不要晃动。

3. 向下动作阶段［图 7–5–7（b）］。利用肱三头肌的力量缓慢下落至起始位置。下落过程中要控制速度。

4. 注意事项。固定头颈，在用力的时候不要借力。

（a）　　（b）

图 7–5–7

（十一）俯身哑铃臂屈伸

主要锻炼肌肉：肱三头肌。

1. 预备姿势。两腿自然站立与肩同宽，上身前屈至躯干与地面平行，大臂贴紧身体两侧，小臂下垂，双手握持哑铃。

2. 向上动作阶段。保持大臂不动，肱三头肌的收缩力带动哑铃沿着体侧向上画半弧，直至小臂与大臂成一条直线，稍停。集中注意力，固定大臂保持与地面平行不动。

3. 向下动作阶段。利用肱三头肌的力量缓慢沿着体侧向下画半弧，直至小臂垂直地面。下落阶段要控制。

4. 注意事项作。身体尽量不要晃动，手腕不要过分发力。

（十二）正握拉力器下压

主要锻炼肌肉：肱三头肌。

1. 预备姿势。两腿自然站立，双脚与肩同宽，站在离横杆一步距离处，掌心向下握住横杠。

2. 向下动作阶段［图 7–5–8（a）］。动作开始时，集中肱三头肌的收缩力向下方按压器械横杆，直至小臂靠近大腿位置，稍停。向下按压时身体不能前倾，上身不能有前屈动作。

3. 向上动作阶段［图 7–5–8（b）］。以肱三头肌的张力控制直杆缓慢向上，直至最大幅度。

4. 注意事项。向上时大臂不能离开身体，只有屈小臂的动作。

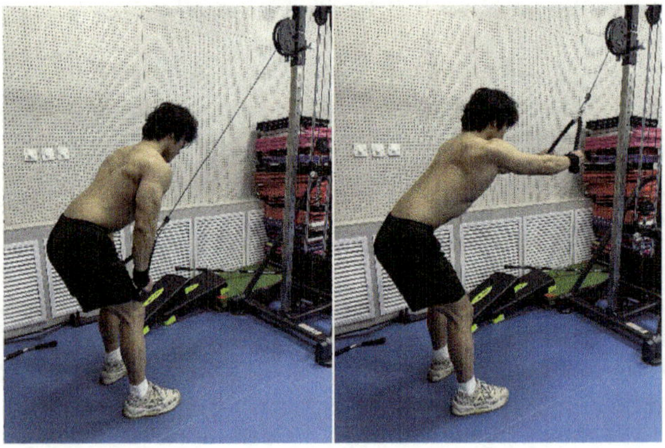

（a）　　　　（b）

图 7–5–8

二、小臂部位训练动作

（一）坐姿正握杠铃腕弯举

主要锻炼肌肉：前臂屈肌群。

1. 预备姿势。掌心向上，双手正握杠铃，握距与肩同宽。双手小臂放置于长凳上面，手腕、手掌和手指在凳子边沿之外悬空。

2. 向上动作阶段。收缩小臂屈肌群，将杠铃向上提起，最大限度弯曲手腕，再稍稍停顿。

3. 向下动作阶段。小臂不动，伸展手腕，向下放杠铃。将杠铃下放到最大伸展位置，稍稍停顿。握紧杠铃，最大限度伸展小臂伸肌。

4. 注意事项。动作要平缓，有控制，不可快起快落。

（二）坐姿反握杠铃腕弯举

主要锻炼肌肉：前臂伸肌群。

1. 预备姿势。掌心向下，双手反握杠铃，握距与肩同宽。双手小臂放置于长凳上面，手腕、手掌和手指在凳子边沿之外悬空。

2. 向上动作阶段。收缩小臂伸肌群，将杠铃尽可能地往上举至顶峰收缩位，再稍稍停顿。

3. 向下动作阶段。拉长小臂伸肌，将手腕尽可能往下放。将杠铃下放到最大伸展位置，稍稍停顿。握紧杠铃，最大限度拉长小臂屈肌，保证最大幅度。

4. 注意事项。动作要平缓，整个过程均匀、缓慢、有控制。

（三）坐姿正握哑铃腕弯举

主要锻炼肌肉：前臂屈肌群。

1. 预备姿势。掌心向上，双手正握哑铃。双手小臂放置于长凳上面，手腕、手掌和手指在凳子边沿之外悬空。

2. 向上动作阶段。收缩小臂屈肌群，将哑铃向上提起，最大限度弯曲手腕，再稍稍停顿。

3. 向下动作阶段。伸展手腕，向下放哑铃。将哑铃下放到最大伸展位置，稍稍停顿。握紧哑铃，最大限度伸展小臂屈肌。

4. 注意事项。动作要平缓、有控制，不可快起快落。

（四）坐姿反握哑铃腕弯举

主要锻炼肌肉：前臂伸肌群。

1. 预备姿势。掌心向下，双手正握哑铃。双手小臂放置于长凳上面，手腕、手掌和手指在凳子边沿之外悬空。

2. 向上动作阶段。收缩小臂伸肌群，将哑铃尽可能地往上举至顶峰收缩位，再稍稍停顿。

3. 向下动作阶段。拉长小臂伸肌，将手腕尽可能往下放。将哑铃下放到最大伸展位置，稍稍停顿。握紧哑铃，最大限度拉长小臂伸肌，保证最大幅度。

4. 注意事项。动作要平缓，整个过程要均匀、缓慢、有控制。

训练检测

1. 手臂部肌肉的功能是什么？

2. 如何做好一个正确的手臂部训练动作？

任务六　高尔夫球运动腰腹部动作训练

活动场地 / 环境

健身房。

任务要求

1. 了解腰腹部肌肉的功能。

2. 了解高尔夫球运动中腰腹部动作训练的特点及注意事项。

能力训练

掌握高尔夫球运动中腰腹部动作训练的发力规律；初步形成高尔夫球运动腰腹部动作训练的概念。

课题一　腰腹部肌肉的功能

一、腹肌的功能

（一）腹直肌

下固定时，一侧收缩，使脊柱向同侧侧屈；两侧同时收缩，使脊柱前屈，并可降低辅助呼气。上固定时，一侧收缩使骨盆向同侧侧倾，脊柱向同侧侧屈；两侧同时收缩，使骨盆后倾。无固定时，使胸廓下口和骨盆上口相互靠近，完成收腹团身动作。

（二）腹外斜肌

下固定时，一侧收缩，使脊柱向同侧侧屈和向对侧回旋；两侧同时收缩，使脊柱前屈，并可降肋辅助呼气。上固定时，一侧收缩使骨盆向同侧回旋及侧倾，使脊柱向同侧回旋及侧屈；两侧同时收缩，使骨盆后倾。无固定时，使胸廓下口和骨盆上口相互靠近，完成收腹团身动作。

（三）腹横肌

腹横肌与其他腹肌协同收缩，可增加腹压，协助完成咳嗽、呕吐、排便等生理功能。

在高尔夫球运动中，腹直肌负责维持身体的坚挺，保持上半身在挥杆过程中的姿势稳定性，防止身体扭曲。腹外斜肌参与身体的旋转运动，协助控制上半身的扭转，确保挥杆过程中身体的平衡和稳定。深层的腹横肌则通过提供核心稳定性，确保挥杆动作的协调性和平稳性。这些肌肉的有序协同活动为高尔夫球运动员提供了坚实的躯干基础，支持力量的传递，并有助于保持挥杆动作的精准性和效率。因此，腹部肌肉的强健和协调对于高尔夫球运动员的技术表现至关重要。

二、竖脊肌的功能

下固定时，一侧收缩，使脊柱向同侧屈；两侧收缩，使头和脊柱伸。上固定时，两侧同时收缩，使脊柱伸并带动下肢后摆；一侧收缩，使脊柱侧屈。

在高尔夫球运动中，这组肌肉主要负责保持脊柱的垂直姿势和稳定性，同时参与扭转和侧弯的动作。挥动高尔夫球杆的过程中，竖脊肌帮助维持身体的平衡和姿势，为运动员提供一个坚实的支撑点。通过保持脊椎的正确对齐，竖脊肌有助于确保挥杆动作的流畅性，并转化身体的扭转力量到高尔夫球杆上，从而影响挥杆的力量和方向控制。因此，竖脊肌在高尔夫球运动中是保持稳定、提高挥动效率的重要肌肉群。

课题二　腰腹部动作训练的特点及注意事项

一、仰卧卷腹

主要锻炼肌肉：腹直肌、腹内外斜肌、腹横肌。

（一）预备姿势

仰卧在垫上，两脚与肩同宽。屈膝，使大腿和小腿夹角成 90 度，两手放于体侧或头部两侧。

（二）向上动作阶段［图 7-6-1（a）］

动作将开始时，含胸收腹，使上背部离开地面，以腹部肌群的收缩力卷起上身。在上体卷腹过程中，要卷、压、吐，也就是在动作中要卷腹，在卷腹的同时要对肌肉进行压缩，在压缩的同时要把腹腔的气体逐渐吐至真空状态，稍停。

（三）向下动作阶段［图 7-6-1（b）］

在腹部肌群的控制下缓慢、流畅、有控制地下落，依次是腰部、背部、头部。下落过程中尽力拉长腹直肌，吸气。

（四）注意事项

没有配合呼吸是易出现的问题。

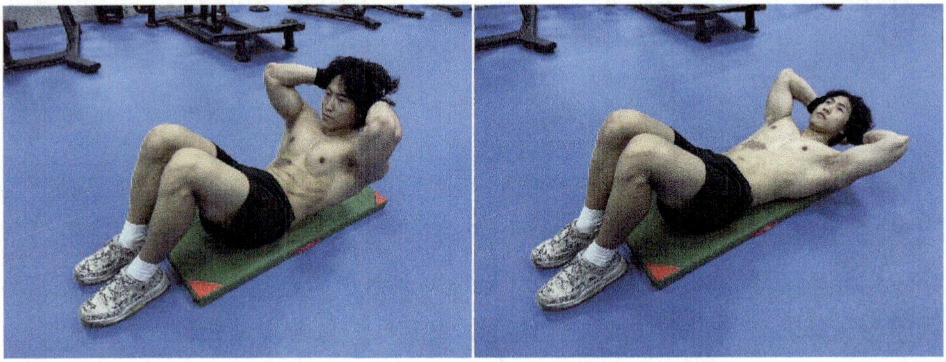

（a）　　（b）

图 7-6-1

二、悬垂收腹举腿

主要锻炼肌肉：腹直肌、腹内外斜肌、腹横肌。

（一）预备姿势

两手与肩同宽握住单杠，两臂自然伸直，两脚离地，全身自然下垂，身体保持稳定。

两腿微屈至锁定状态。

（二）向上动作阶段［图 7-6-2（a）］

保持两臂伸直，以腹部肌群的收缩力举起双腿和抬起臀部，称作收腹抬臀，呼气，短暂停留。

（三）向下动作阶段［图 7-6-2（b）］

在腹部肌群的控制下，大小腿缓慢、流畅、有控制地下落。下落时，身体不能摆动。

（四）注意事项

向上尽力收缩腹肌，上举的位置越高越好。

（a）　　　　（b）

图 7–6–2

三、腹部两头起

主要锻炼肌肉：腹直肌、腹内外斜肌、腹横肌。

（一）预备姿势

躺在瑜伽垫或者地板上，双手放在头部两侧，手掌朝下，双腿伸直向上抬起，脚尖向下。

（二）向上动作阶段［图 7–6–3（a）］

吸气，将双腿向胸部屈曲，直到大腿和地面平行，膝盖不要弯曲。

（三）向下动作阶段［图 7–6–3（b）］

呼气，慢慢将双腿放下，回到起始位置。

（四）注意事项

动作要慢，不要用力过猛，否则容易受伤。同时，注意腹部要收紧，不要放松，这样才能更好地锻炼到腹肌。

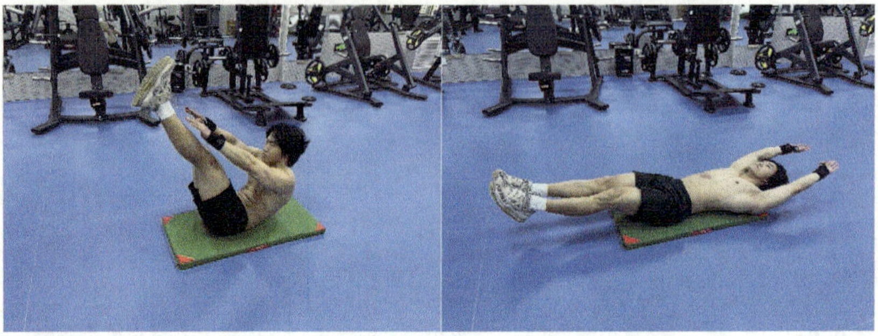

（a）　　　　　　（b）

图 7–6–3

四、坐姿屈膝上举

主要锻炼肌肉：腹直肌、腹内外斜肌、腹横肌。

（一）预备姿势

端坐于长凳一端，双手扶撑在长凳的边缘，上体后倾大约 45 度角，两腿微屈悬垂。保证凳子稳固，无晃动。

（二）向上动作阶段［图 7–6–4（a）］

以腹部肌群的收缩力抬起双腿，同时，上身弯曲，向下用力压缩腹肌，呼气。将两膝尽量向两肩靠近，形成含胸弯腰姿势，使腹部肌群处于顶峰收缩位，稍停。

（三）向下动作阶段［图 7–6–4（b）］

以腹部肌群的控制力，使躯干和两腿慢慢伸展还原。双腿和躯干展开时尽量缓慢。

（a）　　　　　　（b）

图 7–6–4

（四）注意事项

收缩腹肌时配合呼吸。

五、山羊挺身

主要锻炼肌肉：竖脊肌。

（一）预备姿势

俯卧在罗马椅或长凳上，调整器械使大腿上端紧贴凳边的同时上身探出器械之外，两脚固定，上体前屈，两手放于体前或体侧。

（二）向上动作阶段［图 7–6–5（a）］

呼气，挺胸抬头腰部收紧，集中竖脊肌的力量将缓慢向上挺起上身，稍停。全程速度不要过快，均匀、缓慢、有控制。

（三）向下动作阶段［图 7–6–5（b）］

吸气，以竖脊肌的控制力缓慢将上身向下落至最低点，稍停。重点是向下过程中要充分伸展竖脊肌。

（四）注意事项

避免出现腰部反弓现象。

（a）　　（b）

图 7–6–5

六、背部两头起

主要锻炼肌肉：竖脊肌。

（一）预备姿势

俯卧于地面或硬床垫等硬物体表面，双腿合拢，放直并平放在地面上，双臂向前伸展，掌心向下，头略向上扬，下巴着地。这是动作的初始状态。

（二）向上动作阶段［图 7–6–6（a）］

在吸气的同时将腿、臂和躯干绷直并同时向上抬起，头颈也向上扬起，抬身后保持片刻。

（三）向下动作阶段［图 7–6–6（b）］

呼气，匀速放下，回到初始状态。

（四）注意事项

抬起的过程中不要使用爆发力，而要保持匀速。

（a）　　　　（b）

图 7–6–6

训练检测

1. 腰腹部肌肉的功能是什么？
2. 如何做好一个正确的腰腹部训练动作？

任务七　高尔夫球运动臀部动作训练

活动场地 / 环境

健身房。

任务要求

1. 了解臀部肌肉的功能。
2. 了解高尔夫球运动中臀部动作训练的特点及注意事项。

能力训练

掌握高尔夫球运动中臀部动作训练的发力规律；初步形成高尔夫球运动臀部动作训练的概念。

课题一　臀部肌肉的功能

近固定时，臀大肌使大腿在髋关节处伸和旋外。臀大肌上部和下部的功能是不同的，上部肌纤维收缩使大腿外展，下部肌纤维收缩使大腿内收。远固定时，一侧肌肉收缩使骨盆向对侧回旋，两侧肌肉同时收缩使骨盆后倾。

臀中肌和臀小肌位于臀部外上方，大部分被臀大肌所覆盖，臀中肌在浅层，臂小肌在深层。近固定时，使大腿在髋关节处外展，前部使大腿在髋关节处屈和旋内，后部使大腿在髋关节处伸和旋外。远固定时，前部两侧纤维同时收缩使骨盆前倾，一侧收缩使骨盆向同侧回旋；后部两侧肌纤维同时收缩使骨盆后倾，一侧收缩使骨盆向对侧回旋。

臀部肌群在高尔夫球运动中发挥着至关重要的作用。它们共同协作以支持运动员的动作。首先，臀部肌群是挥动过程中的主要发力点，通过有力的臀部收缩，运动员能够有效地传递力量到高尔夫球杆上，实现挥杆的力量和速度。其次，臀部肌群对于维持平衡和稳定性至关重要。臀部肌群的强健和协调性有助于保持身体平衡，确保挥杆动作的准确性。因此，强化和灵活性训练臀部肌群，可以提高挥杆效率，增加击球距离，并减少运动伤害的风险，使运动员在高尔夫球场上表现更为出色。

课题二　臀部动作训练的特点及注意事项

一、跪撑单腿侧上举

主要锻炼肌肉：臀大肌。

（一）预备姿势

两手于肩部下方伸直撑地，屈髋、屈膝支撑于垫上。腰腹收紧，保持背部平直，身体稳定。

（二）向上动作阶段

身体不动，以臀大肌的收缩力将单腿用力上举至最大收缩位，保持片刻。不能仰头，单腿侧上举过程中保持膝关节微屈。

（三）向下动作阶段

身体不动，单腿缓慢、流畅、有控制地下降至开始位置。

（四）注意事项

避免身体核心不稳定，左右晃动。

二、跪撑单腿后上举

主要锻炼肌肉：臀大肌、腘绳肌。

（一）预备姿势

两手于肩部下方伸直撑地，屈髋、屈膝支撑于垫上。腰腹收紧，保持背部平直，身体稳定。

（二）向上动作阶段

身体不动，以臀大肌、腘绳肌的收缩力将单腿用力上举至最大收缩位，保持片刻。不能仰头，单腿后上举过程中保持膝关节微屈。

（三）向下动作阶段

身体不动，单腿缓慢、流畅、有控制地下降至开始位置。

（四）注意事项

避免身体核心不稳定，左右晃动。

三、屈腿硬拉

主要锻炼肌肉：臀大肌、腘绳肌。

（一）预备姿势

两脚开立与髋同宽，大腿外旋，两脚尖成 V 字形站立，挺胸直腰。掌心向后，双手握住杠铃横杠，握距略比肩宽，使横杠贴近身体，挺胸收腹，背部挺直，目视前方。

（二）向上动作阶段［图 7-7-1（a）］

用力伸髋，充分利用臀大肌、腘绳肌的收缩力量将杠铃向上提起，将杠铃拉至大腿中部时，继续伸膝、伸髋和展体将杠铃拉起至身体挺直，稍停。

（三）向下动作阶段［图 7-7-1（b）］

以髋关节为轴，上体前倾，缓慢、流畅、有控制地向前弯曲至最大伸展位，这时髋部高于双膝，低于肩部，短暂停留，感受臀大肌、腘绳肌的拉伸。

（四）注意事项

避免身体核心不稳定，左右晃动。注意动作要平稳，不能猛拉、猛起。整个下降过程中腰背一定要挺直，不能弓腰。

（a） （b）

图 7-7-1

四、站姿绳索外展

主要锻炼肌肉：臀中肌、臀小肌、臀大肌。

（一）预备姿势

右侧面向器械站立，右手扶器械把杆，把拉力器调整至最低档，并把拉力器固定小腿下端，保持身体稳定。

（二）向外动作阶段［图 7–7–2（a）］

动作开始时，右腿不动，左腿向左侧做外展动作至最大幅度，稍停。做动作时腿伸直，身体保持平衡，均匀用力，不使用爆发式外展。

（三）向内动作阶段［图 7–7–2（b）］

利用外展肌群的控制力缓慢回到开始位置。要控制返回的速度，肌肉不能放松，要始终处于紧张状态。

（四）注意事项

避免身体核心不稳定、左右晃动。动作要平稳，不能猛拉、猛起。

（a）　　　　　　（b）

图 7–7–2

五、高位剪蹲

主要锻炼肌肉：股四头肌、臀大肌、腘绳肌。

（一）预备姿势

自然站立，两脚与肩同宽，上体挺直，收腹紧腰，把杠铃置于颈后上斜方肌，或双手持哑铃置于体侧。背后放一长凳，与小腿齐高。右脚向后迈一步，并放于地面上，前小腿垂直于地面。

（二）向下动作阶段［图 7–7–3（a）］

屈髋、屈膝下蹲。在下蹲的过程中，要求缓慢、流畅、有控制，收腹、紧腰，上身不能前倾。

（三）向上动作阶段［图 7–7–3（b）］

下蹲至最低位置时，重心后移，两腿同时向上伸直，如此反复练习。

（四）注意事项

控制好平衡，身体不能左右摆动。

（a）　　（b）

图 7–7–3

六、仰卧挺髋举

主要锻炼肌肉：臀大肌、腘绳肌。

（一）预备姿势

两脚分开与肩同宽，大腿外旋，两脚成 V 字形，双腿屈曲，仰卧在长凳上，上背部紧贴凳面边缘。有一定基础者可以负重进行练习。

（二）向上动作阶段［图 7–7–4（a）］

动作开始时，以臀大肌和腘绳肌的力量缓慢上举至最大收缩位，收臀、挺髋。不能使用猛力、爆发力。

（三）向下动作阶段［图 7–7–4（b）］

以臀大肌和腘绳肌的控制力缓慢下降至开始姿势。下降阶段臀大肌要充分伸展。固定好长凳，练习中不能移动。

（四）注意事项

控制臀部发力，腿部肌肉不宜参与太多。

（a）　　　　（b）

图 7–7–4

七、坐姿器械腿外展

主要锻炼肌肉：臀大肌。

（一）预备姿势

坐在外展训练器的座位上，双脚并拢踩在脚踏板上，两膝部外侧紧贴在挡托上。上体挺直靠在背板上，两手握住两侧固定手托。

（二）向后动作阶段［图 7–7–5（a）］

身体不动，以外展肌的收缩力缓慢使左右大腿分别向外侧展开至最大收缩位，无猛力、爆发力，无上体的前后摆动。

（三）向前动作阶段［图 7–7–5（b）］

以外展肌的控制力缓慢、流畅、有控制地回到开始位置，稍停。整个过程中动作平稳，不能放松，保持臀大肌的持续用力。

（四）注意事项

控制臀部发力，腿部肌肉不宜参与太多。

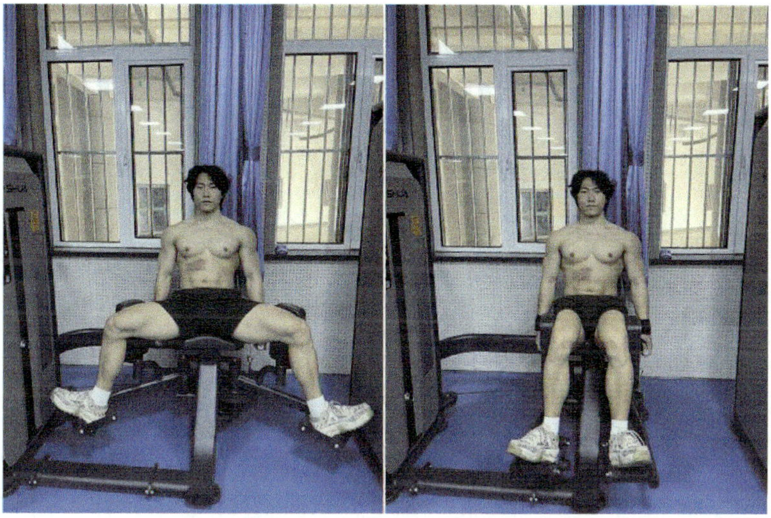

（a）　　　　（b）

图 7-7-5

训练检测

1. 臀部肌肉的功能是什么?

2. 如何做好一个正确的臀部训练动作?

任务八　高尔夫球运动腿部动作训练

活动场地 / 环境

健身房。

任务要求

1. 了解腿部肌肉的功能。
2. 了解高尔夫球运动中腿部动作训练的特点及注意事项。

能力训练

掌握高尔夫球运动中腿部动作训练的发力规律；初步形成高尔夫球运动腿部运动训练的概念。

课题一　腿部肌肉的功能

一、大腿肌群的功能

大腿前外侧肌群包括股四头肌、缝匠肌和阔筋膜张肌。股四头肌位于大腿前面，是人体中体积最大的肌肉之一，由四块相互联系的肌肉组成，包括股直肌、股中肌、股内侧肌和股外侧肌。股四头肌近固定时，使小腿在膝关节处伸，股直肌可使大腿在髋关节处屈；远固定时，可使大腿在膝关节处伸，维持人体直立姿势。缝匠肌在近固定时，使大腿屈和旋外，使小腿屈和旋内；远固定时，两侧收缩，使骨盆前倾。阔筋膜张肌在近固定时使髂胫束紧张，使大腿屈和旋内。

大腿后侧肌群又称腘绳肌，由三块肌肉组成，包括半腱肌、半膜肌和股二头肌。股二头肌近固定时，长头使大腿在髋关节处伸，并使小腿在膝关节处屈和旋外；远固定时，两侧收缩使骨盆后倾，一侧收缩使大腿在膝关节处屈。半腱肌和半膜肌近固定时，使大腿在髋关节处伸，并使小腿在膝关节处屈并旋内；远固定时，两侧同时收缩使骨盆后倾，一侧收缩使大腿在膝关节处屈。

大腿内侧肌群包括耻骨肌、长收肌、短收肌、大收肌、股薄肌。耻骨肌、长收肌和短收肌近固定时，使大腿在髋关节处屈、内收；远固定时，两侧同时收缩使骨盆前倾。大收肌近固定时，使大腿在髋关节处内收、伸；远固定时，两侧同时收缩使骨盆后倾。股薄肌近固定时，使大腿在髋关节处内收，使小腿在膝关节处屈、旋内；远固定时，两侧同时收缩使骨盆前倾。

大腿肌群协同工作，支持并影响运动员的挥杆动作。首先，大腿肌群是挥动力量的主要来源之一。在挥动高尔夫球杆时，运动员需要通过强有力的大腿肌肉来传递动力，实现挥杆的力量和速度。其次，大腿肌群对于维持平衡和姿势的稳定性至关重要。通过强化大腿肌肉，特别是内外侧肌群的平衡发展，运动员可以更好地控制身体的姿势，保持挥杆动作的准确性。因此，通过定期的训练和锻炼，大腿肌群的强健可以提高挥杆效率、增加击球距离，并减少受伤风险，有助于运动员在高尔夫球场上取得更好的表现。

二、小腿肌群的功能

（一）前侧肌群的功能

前侧肌群包括胫骨前肌、踇长伸肌和趾长伸肌。胫骨前肌近固定时，使足在踝关节处伸、内翻；远固定时，使小腿在踝关节处伸。踇长伸肌近固定时，使趾伸，并使足伸和内翻；远固定时，使小腿在踝关节处伸。趾长伸肌近固定时，使足伸和外翻，并伸第2~5趾；远固定时，使小腿在踝关节处伸。

小腿前侧肌是高尔夫球挥杆过程中的重要肌肉之一，它主要负责腿部的弯曲和伸直动作。在高尔夫球挥杆时，小腿前侧肌群可以帮助运动员更好地控制腿部的动作，使挥杆更加稳定和准确。此外，小腿前侧肌群的强度和柔韧性也直接影响到运动员的挥杆效果。

（二）后侧肌群的功能

后侧肌群包括腓肠肌、比目鱼肌、胫骨后肌、趾长屈肌和踇长屈肌。腓肠肌近固定时，使小腿在膝关节处屈，使足在踝关节处屈；远固定时，使小腿在踝关节处屈，可拉大腿下端向后，协助伸膝维持人体直立。比目鱼肌近固定时，收缩使踝关节跖屈，辅助膝关节微屈；远固定时，收缩固定小腿于踝关节处，协助大腿在膝关节处伸并维持身体平衡。胫骨后肌近固定时，使足内翻，并协助足在踝关节处屈；远固定时，使小腿在踝关节处屈，保持足尖站立，是维持足弓的重要肌肉之一。趾长屈肌近固定时，使足在踝关节处屈，屈第 2~5 趾，并协助足内翻；远固定时，使小腿在踝关节处屈，维持足尖站立姿势。踇长屈肌近固定时，使足在踝关节处屈、屈趾，并协助足内翻；远固定时，使小腿在踝关节处屈，维持足尖站立姿势。

在高尔夫球挥杆时，小腿后侧肌的收缩可以使运动员的腿部伸展，增加挥杆的力量，提高球的速度和距离。此外，小腿后侧肌还可以帮助运动员保持身体的平衡和稳定，从而使挥杆更加准确和稳定。

（三）外侧肌群的功能

外侧肌群包括腓骨长肌和腓骨短肌。腓骨长肌近固定时，使足外翻，并协助足在踝关节处屈；远固定时，使小腿在踝关节处屈，锻炼维持足尖站立和维持足弓。腓骨短肌近固定时，使足外翻，并协助足在踝关节处屈；远固定时，使小腿在踝关节处屈，锻炼维持足尖站立和维持足弓。

在高尔夫球挥杆运动中，小腿外侧肌肉主要负责腿部的外侧伸展，是高尔夫球挥杆中腿部运动的重要组成部分。小腿外侧肌群的收缩可以增加运动员腿部的力量和稳定，提高球的飞行速度和距离。同时，小腿外侧肌群也可以帮助运动员保持身体的稳定和平衡，使挥杆动作更加准确和稳定，提高运动员的运动水平。

课题二　腿部动作训练的特点及注意事项

一、大腿部训练动作

（一）颈前深蹲

主要锻炼肌肉：股四头肌、臀大肌、腘绳肌。

1. 预备姿势。两脚自然站立，与肩同宽，脚尖略向外。两手正手握杠，向上抬手肘，将横杠放在颈前上胸和两肩三角肌前束处，抬头挺胸，直腰挺背，目视前方。

2. 向下动作阶段［图 7-8-1（a）］。吸气，头部稍微抬起，两眼始终注视前方，直腰直背，上体尽量保持不动，始终做垂直向下运动，屈髋、屈膝缓慢、有控制地下蹲。确保下蹲时膝关节的方向同脚尖的方向一致，蹲至大腿平行或稍低于地面成全蹲位置为止（大小腿夹角小于90度），稍停。

3. 向上动作阶段［图 7–8–1（b）］。挺胸收腰直背，以股四头肌的力量向上伸髋伸膝，直至伸直双腿。向上阶段要挺胸抬头，直腰直背，上体始终保持正直。

4. 注意事项。易出现核心收不紧、后背收不紧的情况，导致髋、膝、踝受力不均。

（a）　　　　　　（b）

图 7–8–1

（二）颈后深蹲

主要锻炼肌肉：股四头肌、臀大肌、腘绳肌。

1. 预备姿势。两脚自然站立，与肩同宽，脚尖略向外。两手宽于肩握杠，将横杠放在颈后，即隆起的斜方肌上和三角肌上，收紧腰腹，挺胸直腰。

2. 向下动作阶段［图 7–8–2（a）］。吸气，头部稍微抬起，两眼始终注视前方，直腰直背，上体尽量保持不动，始终做垂直向下运动，屈髋、屈膝缓慢控制下蹲。确保下蹲时膝关节的方向同脚尖的方向一致，蹲至大腿平行或稍低于地面成全蹲位置为止（大小腿夹角小于90度），稍停。

3. 向上动作阶段［图 7–8–2（b）］。挺胸收腰直背，以股四头肌的力量向上伸髋伸膝，直至伸直双腿。向上阶段要挺胸抬头，直腰直背，使杠铃重心始终在脚尖和脚后跟之间。

4. 注意事项。易出现核心收不紧、后背收不紧的情况，导致髋、膝、踝受力不均。

（a）（b）

图 7–8–2

（三）史密斯架颈后深蹲

主要锻炼肌肉：股四头肌、臀大肌、腘绳肌。

1. 预备姿势。站在史密斯架中间，两脚自然站立，与肩同宽，脚尖略向外。双手宽于肩，握杠铃杆并放于上斜方肌上。两脚稍靠前，收紧腰腹，挺胸直腰。

2. 向下动作阶段［图 7–8–3（a）］。吸气，头部稍微抬起，两眼始终注视前方。直腰直背，上体尽量保持不动。始终做垂直向下运动，屈髋、屈膝缓慢控制下蹲。确保下蹲时膝关节的方向同脚尖的方向一致，蹲至大腿平行或稍低于地面成全蹲位置为止（大小腿夹角小于90度），稍停。

3. 向上动作阶段［图 7–8–3（b）］。挺胸收腰直背，以股四头肌的力量向上伸髋伸膝，直至伸直双腿。向上挺胸抬头，腰背收紧，保持身体稳定。

（a）（b）

图 7–8–3

4. 注意事项。易出现核心收不紧、后背收不紧等情况，导致髋、膝、踝受力不均。

（四）哑铃箭步蹲

主要锻炼肌肉：股四头肌、臀大肌、腘绳肌以及内收肌群。

1. 预备姿势。两脚自然开立，与肩同宽。两手各持一个哑铃，两臂自然下垂于体侧。两腿一脚向前一脚向后，呈前后站立姿势，抬头挺胸收腹，目视前方。

2. 向下动作阶段［图 7–8–4（a）］。躯干保持不动，上身垂直于地面，重量均匀分布在两腿上。前后腿同时屈膝下蹲，前小腿垂直地面，后腿尽量伸展膝关节不触地，稍停。下蹲速度要缓慢，身体要保持平衡。

3. 向上动作阶段［图 7–8–4（b）］。抬头挺胸保持身体重心稳定，两腿同时集中用力缓慢向上伸直双腿。上身挺直，身体尽量不要左右晃动。

4. 注意事项。易出现核心收不紧、上身前倾或后仰等情况。

（a）　　（b）

图 7–8–4

（五）直腿硬拉

主要锻炼肌肉：腘绳肌、臀大肌。

1. 预备姿势。两脚自然站立，与肩同宽。双手正手握杠铃，握距略宽于肩，大臂贴近身体两侧。身体微微前倾，抬头挺胸，直腰直背。

2. 向下动作阶段［图 7–8–5（a）］。动作开始时，保持挺胸抬头，腰背收紧，挺直躯干，身体缓慢前倾，臀部略向后移，伸直双膝不要弯曲，直至躯干与地面平行，稍停。两腿始终伸直，膝盖略弯，不能含胸弓腰。

3. 向上动作阶段［图 7–8–5（b）］。保持腰背部的挺直，集中腘绳肌的力量带动身体缓慢向上，臀部向前移，直至身体直立握杠铃于体前。动作平稳上升，不要使用猛力。

4. 注意事项。易出现核心收不紧、含胸弓腰等情况。

（a）　　　　（b）

图 7–8–5

（六）上斜腿举

主要锻炼肌肉：股四头肌、臀大肌、腘绳肌。

1. 预备姿势。坐在上斜腿举练习器上，上体仰卧并靠紧背垫，双脚与肩同宽，脚尖略向外平踏在脚踏板上。双手于体侧固定手柄，大腿与小腿的夹角在90度左右，放开安全阀。

2. 向上动作阶段［图 7–8–6（a）］。动作开始时，以股四头肌的收缩力缓慢向上推起脚踏板至两腿伸直，稍停。向上运动时，整个脚掌都要受力，脚蹬也不能离开踏板。

3. 向下动作阶段［图 7–8–6（b）］。屈髋、屈膝，以股四头肌的控制力均匀、缓慢下落至预备姿势，放下安全阀。下放至大腿与小腿的夹角在 90 度左右，保证股四头肌始终处于紧张状态。

4. 注意事项。易出现膝关节超伸，不要使用爆发力。

（a）　（b）

图 7-8-6

（七）坐姿器械夹腿

主要锻炼肌肉：大腿内收肌群（大收肌、长收肌、短收肌、股薄肌、耻骨肌）。

1. 预备姿势。坐在内收训练器的坐垫上，双膝关节内侧靠紧挡托，上体挺直靠在背板上，两手握住两侧固定手托，两大腿充分外展，使内收肌群充分拉伸。

2. 向前动作阶段［图 7-8-7（a）］。身体不动，以内收肌的收缩力使左右双膝向内靠拢，稍停。无猛力、爆发力。

3. 向后动作阶段［图 7-8-7（b）］。以内收肌的控制力缓慢、流畅、有控制地外展至最大幅度，稍停。整个过程动作平稳，内收肌始终处于持续紧张状态。

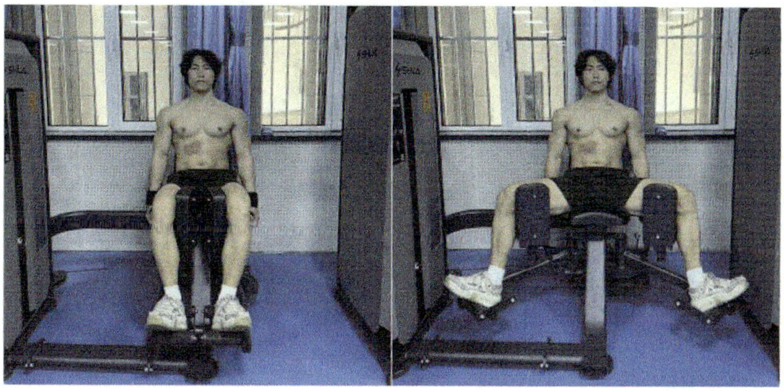

（a）　（b）

图 7-8-7

4. 注意事项。易出现猛力、爆发力，肌肉参与不够。

二、小腿部训练动作

（一）站姿提踵

主要锻炼肌肉：腓肠肌、比目鱼肌。

1. 预备姿势。自然站立于地面或站立于有一定高度的踏板上，前脚掌着踏板，后脚跟悬空，肩上负重或双手持哑铃。

2. 向上动作阶段。保持身体平衡稳定，膝关节伸直，尽可能高地向上提起脚后跟，用力收缩腓肠肌和比目鱼肌，稍停。

3. 向下动作阶段。脚后跟缓慢往下落至最低限度，充分伸展小腿肌群。练习时下降速度要缓慢，有控制。

4. 注意事项。避免出现动作不均匀、过快、动作幅度小等情况。

（二）坐姿提踵

主要锻炼肌肉：比目鱼肌。

1. 预备姿势。身体正直坐在长凳上，两脚掌踏在地上或稳定的垫木上，抬头挺胸，收腹直腰，双腿并拢，在大腿上放置负重物或杠铃，两手扶重物使其不要滑动，保证安全。

2. 向上动作阶段［图 7-8-8（a）］。保持身体不动，以小腿三头肌的收缩力尽可能高向上提起脚后跟，达到小腿三头肌的顶峰收缩后，稍停。

3. 向下动作阶段［图 7-8-8（b）］。在小腿三头肌的控制下缓慢下落，使小腿肌群得到充分伸展。下落速度要缓慢，伸展幅度要大。

（a）　　　　（b）

图 7-8-8

4. 注意事项。不要使用冲击式动作，收缩时达到最大幅度。

（三）机械架提踵

主要锻炼肌肉：腓肠肌、比目鱼肌。

1. 预备姿势。站立于提踵机上，双手掌心相对握住把手，将阻力杆放于双肩上，身体自然站立，膝关节要伸直，直腰直背。

2. 向上动作阶段［图 7–8–9（a）］。保持身体稳定，膝关节伸直，尽力向上提起脚后跟，至小腿三头肌的顶峰收缩后，稍停。动作要均匀、缓慢，收缩幅度要大。

3. 向下动作阶段［图 7–8–9（b）］。脚后跟缓慢往下落至最低限度，充分伸展小腿肌群。

4. 注意事项。练习时不能突然下落，有控制，速度要慢，膝关节不能弯曲。

（a）　　　　（b）

图 7–8–9

训练检测

1. 腿部肌肉的功能是什么？

2. 如何做好一个正确的腿部训练动作？

项目八
FMS 测试与功能性训练

项目描述

本项目将探讨如何运用FMS测试与功能性训练来提升高尔夫球运动员的身体素质和运动表现。参与者将学习如何通过FMS测试评估高尔夫球运动员的运动弱链，然后根据测试结果为他们制订个性化的功能性训练计划，以优化他们在高尔夫球运动中的表现。

学习目标

了解FMS测试的实操方法与弱链筛查，学习功能性训练的概念和功能性训练在高尔夫球项目中的应用。

能力目标

运用FMS测试技能，评估高尔夫球运动员的运动模式，识别运动员的弱链。根据FMS测试结果，为高尔夫球运动员制订个性化的功能性训练计划，帮助他们在高尔夫球运动中取得更好的成绩。

任务一　FMS 测试与弱链筛查

活动场地 / 环境

训练场地或体育健身中心。

任务要求

1. 全面了解FMS测试的内容、意义和操作方法。
2. 学习如何对高尔夫球运动员进行弱链筛查。

能力训练

通过本任务的学习，能够有效地运用FMS测试来评估高尔夫球运动员存在的弱链，根据评估结果制订个性化的功能性训练计划，以提升高尔夫球运动员的运动素质和身体机能；初步形成FMS测试和弱链筛查的概念。

课题一　FMS 测试

一、FMS 测试的概念

FMS测试，全称为Functional Movement Screen，中文翻译为功能性运动筛查，是一种用于评估个体功能性运动模式的方法。它通过一系列的动作检查，识别潜在的运动障碍、不平衡和身体功能问题。FMS测试的目的是帮助健身教练、运动医学专家以及运动员本人了解个体运动模式的优点和不足，从而为制订个性化的训练计划提供依据。

FMS测试通常涵盖了一组运动模式，这些模式代表了人体常见的基本运动。通过评估这些运动模式，可以发现可能存在的问题，如关节不稳定、肌肉不协调、柔韧性不足等，这些问题可能会影响运动员的运动效果、身体健康和运动能力。

在FMS测试中，每个运动模式都有特定的动作要求和评分标准。测试者会观察运动员在执行动作时的动作质量、稳定性和控制程度，并根据评分标准进行评分。最终，各项得分会被汇总，从而得到一个综合的评估结果，指导后续的训练计划制订。

FMS测试的优势在于它能够帮助识别潜在的身体功能问题，甄别运动模式中的弱点，为运动员制订更有针对性的训练计划。通过定期进行FMS测试，运动员可以监测其身体功能的改进和变化，从而持续优化训练方案，提高身体素质和运动能力。

二、FMS 测试的意义

FMS测试在高尔夫球运动中能够帮助运动员识别潜在的身体问题，优化击球技巧，降低运动伤害的风险，提升身体灵活性和协调性，为高尔夫球运动员制订个性化的训练方案，从而促进他们在高尔夫球领域的表现和进步。其意义在于以下几个方面：

（一）优化高尔夫球击球技巧

高尔夫球运动是一项技术性很强的运动，要求运动员具备稳定的身体控制和协调性。通过FMS测试，可以发现可能影响高尔夫球击球技巧的身体问题，如关节不稳定、核心肌群不协调等。通过针对性地训练，可以解决这些问题，从而优化高尔夫球运动员的击球技巧。

（二）预防运动伤害

高尔夫球运动的击球动作涉及全身的协调运动，任何不平衡或不稳定都可能增加受伤的风险。FMS测试可以帮助识别可能导致运动伤害的身体问题，如肩膀、腰部、臀部等部位的不稳定。通过解决这些问题，可以降低运动员受伤的概率。

（三）提升身体灵活性

高尔夫球运动需要运动员具备一定的灵活性，以适应不同的击球姿势和动作。FMS测试可以揭示运动员的柔韧性问题，如肌肉紧张、关节活动范围受限等。通过针对性地伸展和柔韧性训练，可以提升运动员的身体灵活性，使其更加适应不同的击球情况。

（四）改善稳定性和协调性

高尔夫球运动的击球需要身体的稳定性和协调性，尤其是在挥杆过程中。FMS测试可以发现身体不稳定、协调性问题，如核心肌群的弱点。通过强化这些弱点，可以提高运动员在挥杆时的稳定性和协调性，从而改善击球效果。

（五）制订个性化训练方案

每名高尔夫球运动员的身体特点和问题都可能不同，因此制订个性化的训练计划至关重要。FMS测试为教练和运动员提供了详细的身体功能信息，使他们能够更有针对性地制订训练方案。

三、FMS 测试的内容

FMS测试涵盖了一系列基本的运动模式，以评估个体的功能性运动模式和身体素质，共包含深蹲、单腿平衡和弓箭步等七个项目。该测试将受试者在各个项目中获得的分数作为评分标准，从低到高分别为 0~3 分，满分为 21 分。评分标准为：三级评分表示个体能够完全达到测试动作的要求，动作质量良好，没有明显的问题或限制；二级评分表示个体能够部分达到测试动作的要求，但在动作过程中可能出现某些问题，如轻微的不稳定或部分失衡；一级评分表示个体无法完成测试动作的要求，出现明显的问题，如失衡、无法保持正确姿势等；零级评分表示个体在执行测试动作时出现疼痛或不适，需要中止动作。以下是七个项目的评分细则。

（一）深蹲（Deep Squat）

评估个体的下半身关节稳定性、躯干姿势和核心控制能力。测试者需要在保持躯干稳定的情况下，进行深蹲动作，同时保持双脚平行。（图 8–1–1、图 8–1–2）

图 8–1–1　深蹲正面

图 8–1–2　深蹲侧面

三级：双脚平行，躯干保持竖直，下蹲时髋、膝、脚踝处于良好的对齐状态。（图8–1–3、图8–1–4）

图 8–1–3　三级深蹲正面

图 8–1–4　三级深蹲侧面

二级：下蹲时存在轻微的前倾、膝内扣或其他不稳定的迹象。（图8–1–5、图8–1–6）

图 8–1–5　二级深蹲正面

图 8–1–6　二级深蹲侧面

一级：无法保持躯干竖直，腰部过度前倾，膝内扣明显，失去平衡。（图8–1–7、图8–1–8）

图 8-1-7　一级深蹲正面

图 8-1-8　一级深蹲侧面

零级：下蹲时出现疼痛或无法执行。

（二）单腿平衡（Single Leg Balance）

评估个体的单腿稳定性和平衡控制能力。测试者需要一条腿单独站立，保持平衡的同时，进行一系列的动作。（图8-1-9、图8-1-10）

图 8-1-9　单腿平衡正面

图 8-1-10　单腿平衡侧面

三级：稳定地站在单腿上，躯干和髋部保持稳定，未使用另一条腿进行平衡。（图8-1-11、图8-1-12）

图 8-1-11　三级单腿平衡正面

图 8-1-12　三级单腿平衡侧面

二级：存在轻微的躯干或髋部不稳定，或另一条腿轻轻触地。（图 8-1-13、图 8-1-14）

图 8-1-13　二级单腿平衡正面

图 8-1-14　二级单腿平衡侧面

一级：无法保持平衡，或需要另一条腿支撑。（图 8-1-15、图 8-1-16）

零级：平衡时出现疼痛或无法执行。

图 8-1-15 一级单腿平衡正面

图 8-1-16 一级单腿平衡侧面

（三）弓箭步（Hurdle Step）

评估个体的髋关节灵活性、步幅控制和核心稳定性。测试者需要在跨过一道障碍物的同时，保持髋部的稳定。（图 8-1-17）

图 8-1-17 弓箭步

三级：能够跨越障碍物，同时保持髋部稳定，躯干不晃动。（图 8-1-18）

二级：存在轻微的髋部旋转或躯干不稳定，但能够成功完成动作。（图 8-1-19）

图 8-1-18　三级弓箭步

图 8-1-19　二级弓箭步

一级：需要额外的支撑，无法完成跨越或髋部控制严重不稳定。（图8-1-20）

图 8-1-20　一级弓箭步

零级：出现疼痛或无法执行。

（四）肩关节灵活性（Shoulder Mobility）

评估个体的肩关节灵活性和稳定性。测试者需要站立或呈坐姿，脊柱保持中立，避免扭曲或代偿性动作。要求受试者将测试侧手臂从前侧抬起并通过最大可控范围向背后移动，尽可能触碰对侧肩胛骨（即“肩膀后伸”动作)。另一只手不需要做动作，仅支持身体平衡。测试过程中询问受试者是否感到疼痛，如果感到疼痛则为0分。(图8-1-21、图8-1-22、图8-1-23)

图 8-1-21　肩关节灵活性

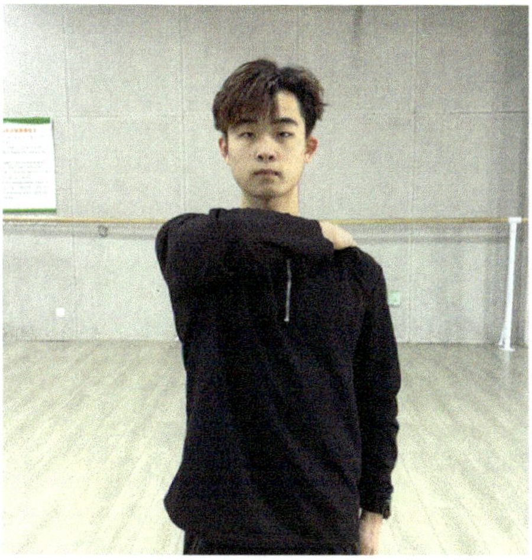

图 8-1-22　肩峰撞击排查测试正面

图 8-1-23　肩峰撞击排查测试侧面

三级：双手分别握拳，绕过肩关节从背后尝试互相接触。双手之间的距离小于一只手的手长(即从中指指尖到掌根的长度)。(图8-1-24)

二级：双手之间的距离介于一只手的手长和一手半手长之间。(图8-1-25)

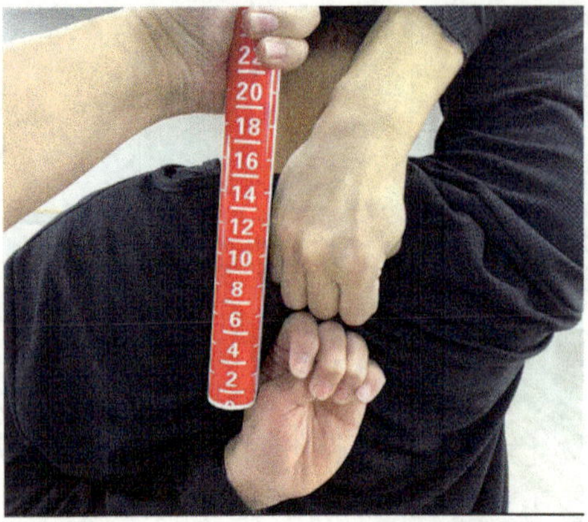

图 8-1-24　三级肩关节灵活性

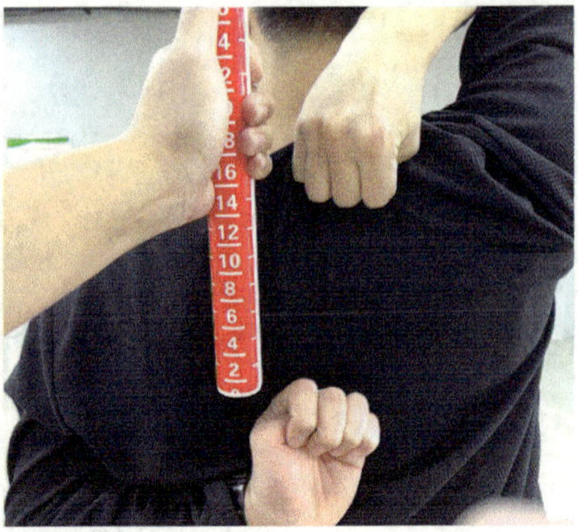

图 8-1-25　二级肩关节灵活性

一级：双手之间的距离大于一手半手长，或者完全无法靠近。（图8-1-26）

零级：出现疼痛或无法执行。

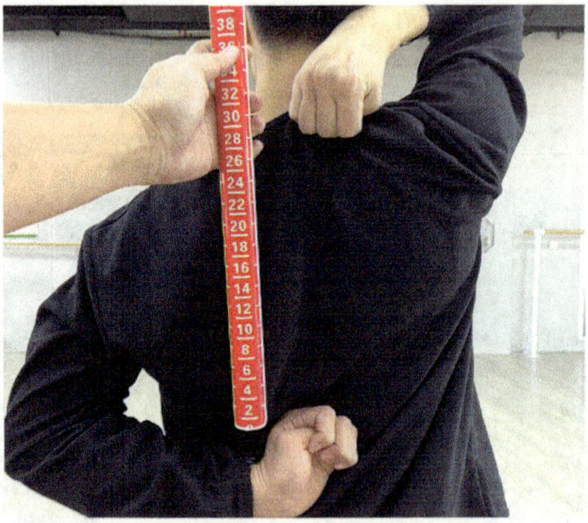

图 8-1-26　一级肩关节灵活性

（五）直膝抬腿（Active Straight Leg Raise）

评估个体的髋关节灵活性和髋屈肌群的控制。测试者需要在躺卧的状态下，尽可能提起一条腿，并保持腿部直立。（图8-1-27）

三级：能够将一条腿至少抬至与地面平行，另一条腿保持伸直。（图8-1-28）

图 8-1-27　直膝抬腿

图 8-1-28　三级直膝抬腿

二级：能够抬起腿，但角度不够大，或存在轻微的腰部抬升。（图8-1-29）

一级：无法保持腿伸直，或出现腰部翘起的情况。（图8-1-30）

零级：出现疼痛或无法执行。

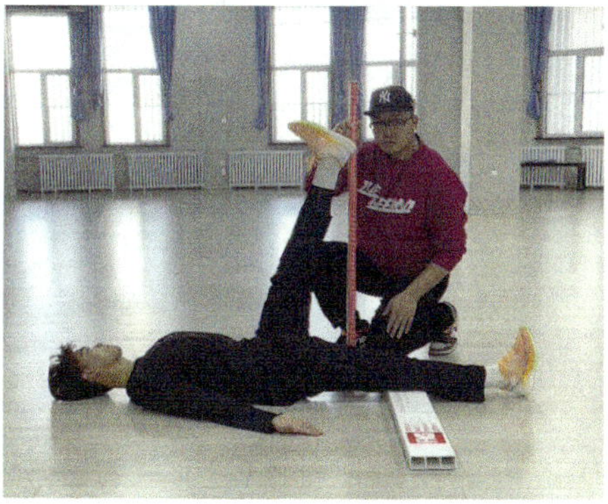

图 8-1-29　二级直膝抬腿

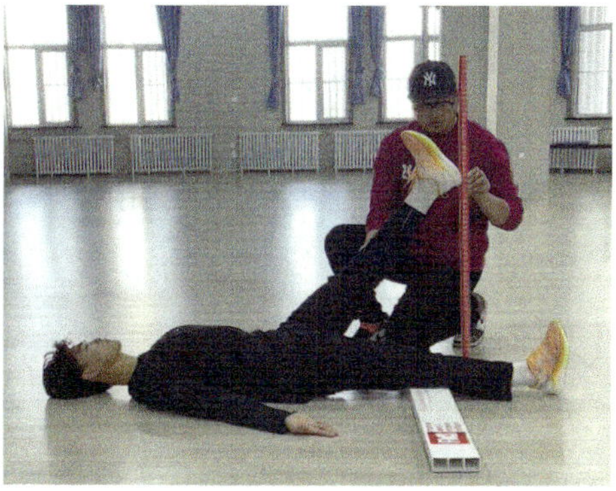

图 8-1-30　一级直膝抬腿

（六）俯卧撑（Trunk Stability Push-Up）

评估个体的核心稳定性和上半身力量。测试者需要模拟俯卧撑的动作，但手臂会在身体两侧进行推动。在俯卧撑测试后还需要进行躯干伸直排除测试，用于检测髋关节的活动度，如果感到疼痛则为 0 分。（图 8-1-31、图 8-1-32、图8-1-33）

三级：能够完成推杆动作，同时保持躯干和髋部稳定。（图8-1-34）

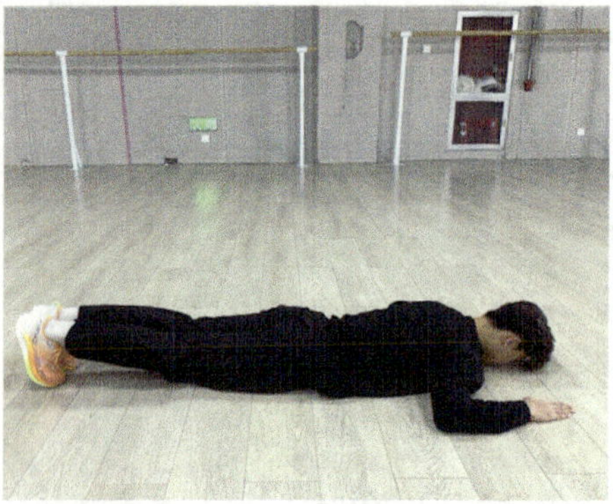

图 8-1-31　俯卧撑 1

图 8-1-32　俯卧撑 2

图 8-1-33　躯干伸直排除测试

图 8-1-34　三级俯卧撑

二级：能够完成推杆，但躯干或髋部存在轻微的不稳定。（图 8-1-35）

一级：无法保持躯干和髋部的稳定。（图 8-1-36）

零级：出现疼痛或无法执行。

图 8-1-35　二级俯卧撑

图 8-1-36　一级俯卧撑

（七）旋转稳定性（Rotary Stability）

评估个体的旋转控制和核心稳定性。测试者需要在俯卧的状态下，将一只手臂和相对的腿伸直，然后进行一系列的旋转动作。在旋转稳定性测试后还需要进行脊柱屈曲排除测试，如果感到疼痛则为 0 分。（图 8-1-37、图 8-1-38、图 8-1-39）

图 8-1-37　旋转稳定性 1

图 8-1-38　旋转稳定性 2

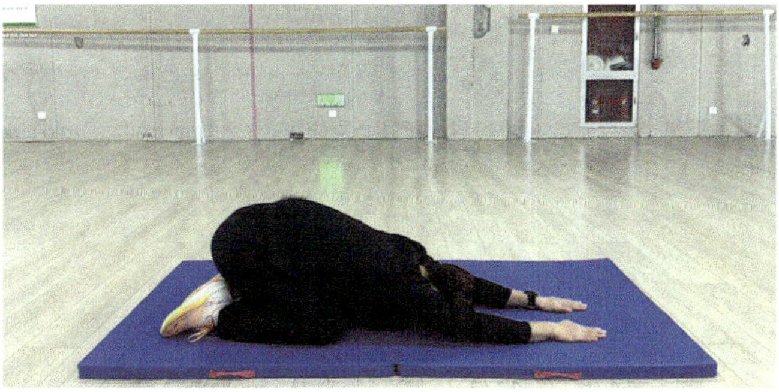

图 8-1-39　脊柱屈曲排查测试

三级：能够在俯卧状态下进行一系列的旋转动作，同时保持躯干和髋部的稳定。（图8-1-40）

图 8-1-40　三级旋转稳定性

二级：能够进行旋转，但存在轻微的躯干或髋部不稳定。（图8-1-41）

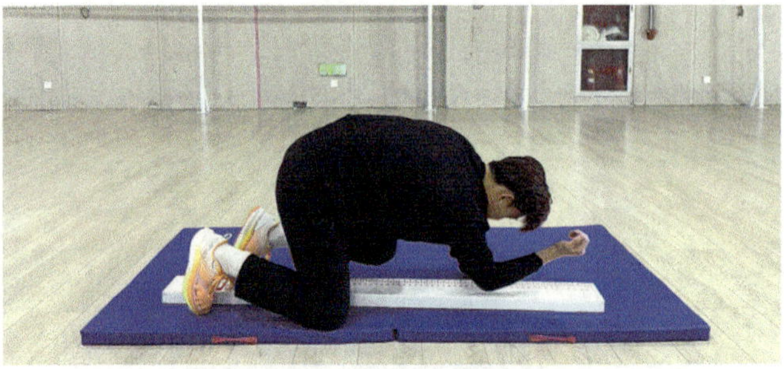

图 8-1-41　二级旋转稳定性

一级：无法保持躯干和髋部的稳定，或旋转不稳定。（图8-1-42）

零级：出现疼痛或无法执行。

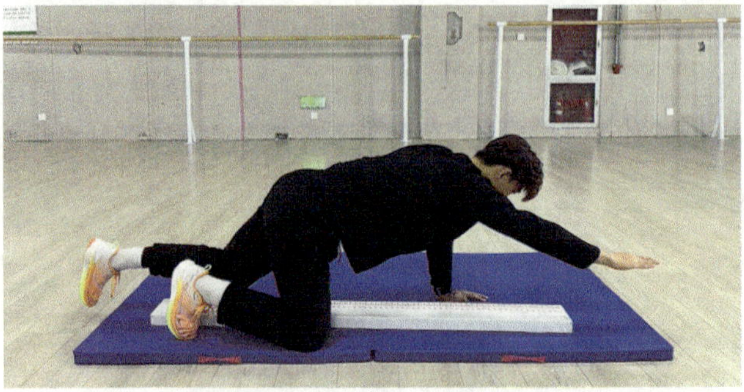

图 8-1-42　一级旋转稳定性

课题二　弱链筛查

弱链筛查是指通过FMS测试对受试者进行评估，识别个体在运动中可能存在的弱点和不足之处。这些弱点通常是导致运动不稳定、不平衡以及可能引发伤害的因素。以下是进行弱链筛查的一般步骤。

一、了解个体背景

在进行弱链筛查之前，与运动员交流，了解其运动历史、伤病史以及目前的健康状况。这有助于确定哪些运动模式或部位可能需要更详细的检查。

二、进行 FMS 测试

进行选定的测试，每个测试都会涉及特定的运动或动作。测试者需要注意动作质量、稳定性以及是否出现异常。同时测试人员需要对受试者发出以下测试口令进行指导。

（一）深蹲

在双侧同时发力的运动模式中，用于测试髋、膝、踝灵活性及稳定性。

口令：身体站直，且让双脚与肩同宽，脚趾朝前。双手抓住杆子，并将杆子放在头上，让肩膀及手肘呈 90 度，将杆子举高在头的正上方，维持躯干直立且持续将两脚跟杆子保持在位置上，向下尽量蹲到最低，在最低的姿势下数到一，然后再回到起始位置。

（二）跨栏

在单脚支撑发力的动作模式中，用于测试髋膝踝灵活性及稳定性。

口令：站直双脚并且脚趾碰到测试的板子上，用双手拿着杆子并将它放在头上，使肩膀跟手肘呈 90 度，维持双手位置，将杆子向下放到脖子的底部并挂在肩膀上，维持躯干挺直，将右脚跨过绳子，确保将足部朝向胫骨抬起并维持足部的排列垂直于脚踝、膝盖及髋部。用脚跟碰一下地板并回到起始位置，同时维持原本的排列。

（三）直线上腿分蹲

在分腿站立的运动模式中，用于测试髋膝踝灵活性及稳定性。

口令：右脚站上板子的正中央，脚趾放在零的刻度上，左脚的脚跟放在所测胫骨长度的位置，两边的脚趾都要朝前，同时整个足部都要跟板子有接触，直到将杆子沿着脊椎放置，同时碰到头部的后面、上背跟尾椎。当握着杆子时，右手应该要在脖子的弯曲处，左手在腰的弯曲处，维持直立的姿势，让杆子保持垂直并且三点接触，向下到弓步蹲的位置，让右边膝盖碰到板子的正中间，然后回到起始位置。

（四）肩关节活动度

用于测试肩部灵活性。

口令：双脚并拢站立挺直，两手自然放于两侧，双手握拳，让手指包覆大拇指，在一个动作中，将右边拳头尽量从头上往下去摸到背部，同时左边拳头尽量由下往上摸到背部。停在一开始的触碰位置后，不要再试着用手爬来更加靠近。

肩峰撞击排查测试：用于测试肩关节的空间有无变小。

口令：双脚并拢站立挺直，两手自然放于两侧，将右手手掌放在左边肩膀的前侧，维持手掌位置的同时，将右边手肘尽可能抬高。有任何疼痛吗?

（五）直膝盖抬腿

用于测试腘绳肌、臀大肌、小腿三头肌、髂腰肌的肌力及柔韧性，以及骨盆的稳定性。

口令：平躺且双膝盖后侧压在板子上，双脚并拢，脚尖朝上，两侧手臂手掌朝上并置于身体两侧，受测脚保持伸直，同时对侧脚膝盖后侧维持与板子的接触，尽可能地往上抬起受测脚。

（六）躯干稳定性俯卧撑

用于测试肩部稳定性及核心肌群抗伸展能力。

口令：脸朝下趴着，并将双臂过头伸直，二手臂与肩膀同宽。手掌朝下并往下滑移直到测试起止位置（男性到额头高度，女性到下巴高度）。将双脚并拢，并将手肘些微离地。维持身体稳定不动的情况下，将身体当作一个单位整体撑起。上述所提的起始位置为 3 分的标准，若需要测试 2 分的标准，则男性到下巴、女性到锁骨平齐位置。

躯干伸直排除测试。

口令：脸朝下趴姿，将双手手掌朝下置于肩膀下方。下半身不动的情况下，将你的上半身撑起，直到手肘完全伸直。有任何疼痛吗?

（七）旋转稳定度

用于测试受试者躯干的旋转稳定性。

口令：将双手及膝盖放在板子旁边，双手在肩膀下方，膝盖在髋部下方。大拇指、膝盖跟脚趾一定要碰到板子的边缘，脚趾勾起撑地。同时移动并将右手往前抬起、右脚往后起，就像在飞一样，产生一个直线。然后不要放下，将右边的手肘跟左边膝盖互相触碰在板子的正上方。再把手脚在板子上方伸直，然后回到起始位置。

脊柱屈曲排除测试。

口令：摆出一样的起始位置但脚尖朝后，将屁股移动到脚跟。将胸口往膝盖降下，再让手在身体前方尽量往前伸。有任何疼痛吗？

三、观察和记录

在测试过程中，注意观察个体的动作，特别是可能出现问题的部位。记录个体在每个测试中的表现，包括动作质量、稳定性以及是否出现疼痛或不适。

四、分析结果

根据测试的结果和观察，分析个体在不同运动模式中可能的弱点和不足之处。这可能包括肌肉群不平衡、核心稳定性问题、柔韧性不足等。

五、制订训练计划

基于弱链筛查的结果，制订个性化的训练计划。针对性地强化弱点，平衡肌肉群，提高稳定性和柔韧性，以及预防可能的伤害。

六、定期复查

弱链筛查应该是一个持续的过程。定期进行筛查，可以帮助监测个体的进展，调整训练计划，并及时发现新的弱点。

训练检测

1. 什么是FMS测试？
2. FMS测试如何赋分？
3. 如何做弱链筛查？
4. 如何做好一个弱链筛查报告？

任务二　功能性训练

活动场地 / 环境

训练场地或体育健身中心。

任务要求

1. 了解功能性训练的核心原则、意义和目标群体。
2. 了解功能性训练的应用。

能力训练

掌握如何根据个体的需要制订个性化的功能性训练计划，提升运动素质和身体机能；初步形成功能性训练的概念。

课题一　功能性训练概述

功能性训练不仅仅是模拟日常生活运动模式，它还涉及培养身体的运动模式适应性，使身体能够在各种复杂的情况下保持平衡、稳定和灵活。这种训练方法更注重身体的整合，通过将肌肉协同工作来实现特定的运动目标，从而提升身体的功能性。

一、功能性训练的核心原则

一是多维度运动。功能性训练要求身体在不同平面上进行运动，如前后、左右、扭转等，从而模拟现实生活中的各种运动挑战，进一步提高身体的适应性。

二是整体性训练。在功能性训练中，我们不仅关注单一肌肉的力量，更关注肌肉群的协同工作。通过整体性训练，身体不同部位之间的配合可以更加流畅，从而更好地适应日常活动。

三是稳定性和协调性。稳定性不仅指的是肌肉力量，还包括核心稳定性、平衡和身体控制。功能性训练强调的是在动作中保持稳定性和良好的协调性，从而降低运动损伤的风险。

二、功能性训练的意义

一是预防运动损伤。功能性训练强调强化弱链，改善不平衡，有助于减少在日常生活和运动中可能发生的运动损伤。通过增强肌肉协调性，降低不稳定性，功能性训练为身体提供了更好的防护机制。

二是提升日常功能。功能性训练不仅仅关注锻炼肌肉力量，更关注在现实生活中表现出色，从提升步行姿势到扭转能力，都会直接影响日常活动的质量。

三、功能性训练的目标群体

一是运动员和运动爱好者。对于运动员来说，功能性训练可以使他们更好地适应比赛中复杂多变的运动模式，提高竞技水平。运动爱好者可以通过功能性训练改善他们在不同运动中的表现，同时减少潜在的运动损伤。

二是普通人群。功能性训练可以改善日常生活中的动作质量，减轻工作带来的身体不适，从而提升生活质量。

课题二　功能性训练的应用

这一课题将重点讨论如何将功能性训练应用于实际训练场景中，以及如何根据不同运动员的需求制订个性化的训练计划。

一、以 FMS 测试为基础的个体评估

功能性评估在功能性训练中具有重要作用。FMS测试作为一种广泛应用的评估工具，能够系统地评估运动员在关键运动模式上的功能和稳定性。根据 Cook 和 Burton（2006）的研究，FMS测试不仅可以帮助识别运动员存在的弱链和不平衡，还可以预测运动损伤的潜在风险。根据FMS测试的结果，能够获得针对运动员的定量数据，从而更精确地制订功能性训练计划。

二、制订个性化训练计划

基于FMS测试结果制订个性化训练计划是功能性训练的核心步骤之一。

Bliven 和 Anderson（2013）指出，运动员的弱点和不足是独特的，因此通用的训练计划可能无法充分满足运动员的个性化需求。个性化训练计划需要结合FMS测试的结果，针对性地选择训练动作、增加稳定性训练、改善协调性等，以最大程度地提升运动员的功能性水平。

三、功能性训练动作示范

在功能性训练中，动作的正确执行至关重要。根据 Behm 和 Colado（2012）的研究，功能性训练的动作示范不仅有助于强调正确的动作姿势和技巧，还可以提供动作的逐步指导，确保运动员在安全和有效的条件下完成训练。动作示范还可以帮助运动员理解动作的范围、速度、力量应用等关键要素，从而提高训练的效果。

四、持续评估和调整

功能性训练不是一次性的过程，而是需要不断监控和调整的过程。根据 Myer 和 Faigenbaum（2012）的研究，定期评估运动员的训练进展是确保训练效果的关键。通过设定明确的训练目标，使用定量的测量工具，能更好地了解训练的效果。根据评估结果，训练计划应相应地进行调整，以保证训练的连续性和适应性。

五、功能性训练在不同领域中的应用

功能性训练的应用领域广泛。在运动领域，根据 Santana等人（2010）的研究，功能性训练已被广泛应用于不同类型的运动员，从专业运动员到业余爱好者，以提升他们的综合运动素质、竞技表现和运动损伤预防。

六、总结

综合参考文献和实践经验，功能性训练应用的关键在于将理论知识转化为实际操作，为运动员制订个性化的训练计划，持续监控训练进展，并灵活调整训练内容。通过学习这一课题，可以更全面地了解如何在实际训练中应用功能性训练，以提升运动员的身体素质。

训练检测

1. 功能性训练的核心原则是什么？
2. 如何制订个性化的功能性训练计划？

参考文献

[1] 李志诚，等. 教练员指南 [M]. 北京：人民体育出版社，1992.

[2] 卓人刚，庄曹. 高尔夫自学手册 [M]. 沈阳：辽宁科学技术出版社，2005.

[3] 勒纳德，郭威. 高尔夫常见问题与解救技巧 [M]. 杨雪，译. 沈阳：辽宁科学技术版社，2010.

[4] 裴勇. 精彩高尔夫 [M]. 北京：人民体育出版社，2005.

[5] 康钧. 大学高尔夫教程 [M]. 北京：首都经济贸易大学出版社，2018.

[6] 赵必华，查啸虎. 课程改革与教育评价 [M]. 合肥：安徽教育出版社，2007.

[7] 肖远军. 教育评价原理及应用 [M]. 杭州：浙江大学出版社，2004.

[8] 张肇丰，徐士强. 教育评价的30种新探索 [M]. 上海：华东师范大学出版社，2014.

[9] 田中耕治. 教育评价 [M]. 高峡，田辉，项纯，译. 北京：北京师范大学出版社，2011.

[10] 胡中锋. 教育评价学 [M]. 北京：中国人民大学出版社，2013.

[11] 体育理论编写小组. 体育理论 [M]. 北京：人民体育出版社，1996.

[12] 程书肖. 教育评价方法技术 [M]. 北京：北京师范大学出版社，2004.

[13] 田麦久，刘大庆. 运动训练学 [M]. 北京：人民体育出版社，2012.

[14] 体育院校成人教育协作研究组. 运动训练学 [M]. 北京：人民体育出版社，2002.

［15］张力为，毛志雄. 运动心理学［M］. 北京：高等教育出版社，2007.

［16］季浏，殷恒蝉，颜军. 体育心理学［M］. 3 版. 北京：高等教育出版社，2016.

［17］许湘岳，吴强．自我管理教程［M］．北京：人民出版社，2011.

［18］谭成清，李艳翎．体能训练［M］．长沙：湖南师范大学出版社，2012.

［19］王卫星．高水平运动员体能训练的新方法［M］．北京：北京体育大学出版社，2013.

［20］李宗展. 中国高尔夫项目专项体能指标的研究［D］. 武汉：武汉体育学院，2016.

［21］张魏磊. 中国女子职业高尔夫运动员体能训练体系的构建研究［D］. 北京：北京体育大学，2018.

［22］邓云龙，张海忠. 论现代体能训练新理念新方法［J］. 军事体育进修学院学报，2009，28（4）：73–75.

［23］徐国栋，袁琼嘉. 运动解剖学［M］．北京：人民体育出版社，2011.

［24］王瑞元，苏全生. 运动生理学［M］．北京：人民体育出版社，2012.

［25］陆爱云. 运动生物力学［M］．北京：人民体育出版社，2009.

［26］刘同员．体育健身学［M］．北京：人民体育出版社，2008.

［27］凌小盼，凌硕，钟松宏. 青少年高尔夫体能训练方法探究［J］. 体育世界（学术版），2020（3）：114–115.

［28］BEHM D G，COLADO J C. The effectiveness of resistance training using unstable surfaces and devices for rehabilitation［J］. International journal of sports physical therapy，2012，7（2）：226–241.

［29］COOK G，BURTON L. Functional movement screen［J］. Athletic therapy today，2006，11（5）：38–43.